NOVA ORDEM EDUCACIONAL,
ESPAÇO EUROPEU DE EDUCAÇÃO
E APRENDIZAGEM AO LONGO DA VIDA:
ACTORES, PROCESSOS, INSTITUIÇÕES.
SUBSÍDIOS PARA DEBATE.

FÁTIMA ANTUNES

NOVA ORDEM EDUCACIONAL, ESPAÇO EUROPEU DE EDUCAÇÃO E APRENDIZAGEM AO LONGO DA VIDA: ACTORES, PROCESSOS, INSTITUIÇÕES. SUBSÍDIOS PARA DEBATE.

NOVA ORDEM, EDUCACIONAL, ESPAÇO EUROPEU DE EDUCAÇÃO
E APRENDIZAGEM AO LONGO DA VIDA:
ACTORES, PROCESSOS, INSTITUIÇÕES. SUBSÍDIOS PARA DEBATE.

AUTOR
FÁTIMA ANTUNES

EDITOR
EDIÇÕES ALMEDINA, SA
Av. Fernão Magalhães, n.º 584, 5.º Andar
3000-174 Coimbra
Tel.: 239 851 904
Fax: 239 851 901
www.almedina.net
editora@almedina.net

PRÉ-IMPRESSÃO | IMPRESSÃO | ACABAMENTO
G.C. GRÁFICA DE COIMBRA, LDA.
Palheira – Assafarge
3001-453 Coimbra
producao@graficadecoimbra.pt

Agosto, 2008

DEPÓSITO LEGAL
280585/08

Os dados e as opiniões inseridos na presente publicação
são da exclusiva responsabilidade do(s) seu(s) autor(es).

Toda a reprodução desta obra, por fotocópia ou outro qualquer
processo, sem prévia autorização escrita do Editor, é ilícita
e passível de procedimento judicial contra o infractor.

Biblioteca Nacional de Portugal - Publicação na Publicação

ANTUNES, Fátima

Nova ordem educacional, espaço europeu de educação
e aprendizagem ao longo da vida

ISBN 978-972-40-3547-5

CDU 37.014

a meu pai, uma referência de vida
a Steve Stoer, uma referência científica e académica

INTRODUÇÃO

Este livro discute algumas das actuais transformações sociais no terreno da educação através da ideia de uma *nova ordem educacional*. Esta expressão sublinha que as relações sociais educacionais são já outras, em dimensões decisivas, mesmo quando não somos ainda capazes de teorizá-las adequadamente segundo categorias pertinentes para a sua análise compreensiva e explicativa. A ideia de uma *nova* ordem aponta para a profundidade, alcance e âmbito das mudanças, enquanto a proposta do seu mapeamento em torno de quatro eixos ou abordagens procura arriscar um itinerário de exploração analítica apoiado nos trabalhos de diversos cientistas sociais.

O capitalismo está a mudar, o *regime de acumulação* distancia-se daquele que há décadas atrás foi tomado como padrão nos países centrais, as instituições que suportam o *modo de regulação* tornaram-se outras, incluindo a educação.

Um primeiro e importante eixo considerado é a *acção transnacional* que engloba uma dupla expressão e protagonismo: por um lado, as poderosas organizações internacionais e, por outro, a actuação *a partir de baixo*, no quadro do que alguns vêem como uma promessa de *sociedade civil global*.

A *governação pluriescalar* é a dimensão mais vocacionada para captar aquela outra educação; as questões que se colocam referem objectos centrais: o que constitui a educação? quem beneficia de qual educação? quem a distribui? segundo que arranjos, regras e condições? com que consequências? Investigando que instituições (estado/autoridade pública, mercado, comunidade/terceiro sector, agregado doméstico) coordenam que actividades (fornecimento, financiamento, propriedade, regulação), a que níveis (subnacional, supranacional ou nacional) é o *modo de regulação*, e a divisão funcional e escalar da *governação* da educação que podem ser discutidos.

A *agenda globalmente estruturada* para a educação e a influência de (novos) *modelos* de ambição *mundial* desenham-se ainda: estes como aproximações assumidamente frágeis, aquela como ferramenta conceptual mais consolidada para apreender as formas, conteúdos, processos e configurações dessa nova ordem educacional.

O itinerário seguido expõe intencionalmente o caminho ensaiado na construção desta proposta. O primeiro capítulo foi originalmente publicado em 2006 no *European Educational Research Journal*, vol. 5, n.º 1 e é uma versão desenvolvida de um artigo saído em 2005 na revista *Sociologia, Problemas e Práticas,* n.º 47, pp. 125-143. Discutir os processos de *europeização* como mediações de dinâmicas de *globalização*; apreender e caracterizar os seus díspares ritmos e modalidades para salientar a abrupta novidade da "revolução silenciosa no campo da educação" da última década, eis o que se julgou possível quando interpelámos desenvolvimentos educacionais importantes na Europa mobilizando a perspectiva da *agenda globalmente estruturada* para a educação.

O capítulo seguinte é constituído por um texto agora actualizado e inicialmente integrado no número 75 de 2006 da *Revista Crítica de Ciências Sociais.* Os significados de dinâmicas como o *Processo de Bolonha* são aí discutidos procurando apreender alguns dos contornos da *política de educação*, nas suas relações com outros processos e estruturas sócio- -económicos e políticos quando considerados os *contextos de influência* e de *produção do texto.* Estes envolvem hoje escalas, processos e actores muito distintos daqueles que conhecemos no último meio século no quadro dos sistemas nacionais de democracia pluralista representativa, designadamente europeus. A interpelação destas mudanças, segundo uma leitura que colecta os efeitos *indirectos* dos processos de *globalização*, permite visibilizar ensaios de des-institucionalização e invenção de modalidades *ad-hoc* de *Estado-em-rede*, movimentos de des-regulação e aproximações a instrumentos da chamada *nova gestão pública.* Os projectos de construção do *espaço europeu de educação* e de adopção da *aprendizagem ao longo da vida* como orientação estratégica para as políticas e os sistemas de educação e formação europeus são tomados como estimulantes desafios e analisadores para a exploração de direcções esboçadas pelas transformações em desenvolvimento.

Cruzando mares e cruzando olhares, as relações educação-trabalho foram o ponto de partida para discutir a *europeização* da educação, desde o lugar teórico-político da semiperiferia europeia. Manteve-se o estilo do texto, originalmente apresentado e escrito para o Brasil, dando-lhe agora um título um pouco diferente. As relações sociais da educação são aqui discutidas a partir das articulações com a esfera do trabalho e da centralidade que, nos discursos e programas políticos, lhes é atribuída na formação do *capital humano* e *social* que dinamiza a *economia/sociedade do conhecimento*. A interpelação dessa centralidade e das conexões entre educação, cidadania e competitividade (Afonso & Antunes, 2001) percorre um debate que segue em torno do movimento das competências e da agenda de harmonização das qualificações no *espaço europeu de educação* através dos *Processos de Bolonha e Copenhaga*. O modelo educativo que aflora em documentos programáticos e iniciativas parece fortemente apostado em vincar a integração funcional da educação nas estratégias económicas. Não sem complexidades, tensões e ambivalências. No entanto, as mudanças ensaiadas apenas se realizam através da interacção de actores, seus poderes e interesses no terreno que aquelas ajudaram a construir. E também aqui os dados ainda estão a ser lançados e o jogo permanece em aberto.

O quarto capítulo apresenta um texto inicialmente incluído no n.º 6 da revista *Administração Educacional* editado em 2006. O processo de definição do *regime jurídico da habilitação profissional para a docência* na educação pré-escolar e nos ensinos básico e secundário em Portugal é mote para a discussão de múltiplos nexos entre a construção de medidas nacionais, movimentos e actores transnacionais e dinâmicas de mudança globais. O *método aberto de coordenação* das políticas em torno do *Programa Educação & Formação 2010* e os *Processos de Bolonha e Copenhaga* vêm desencadeando uma 'revolução silenciosa' em que não poucas vezes os professores e a escola se encontram no centro dos debates e dos cenários para o futuro. Aí, novas profissionalidades e arranjos institucionais para a educação apontam para a configuração de subjectividades e identidades mas também pedagogias, codificações, formas e suportes do conhecimento. Os debates em torno da formação para a docência atravessam e dividem espaços nacionais, instâncias europeias e actores transnacionais; apreender posicionamentos, desenvolvimentos e alianças permite sinalizar assimetrias e negociações entre as propostas e os modelos, bem como sugerir leituras compreensivas de novas ordenações das relações sociais de educação e orientações metodológicas para a análise das políticas educativas.

O último capítulo ensaia um balanço de algumas linhas de discussão e pesquisa prosseguidas anteriormente. As políticas de educação da União Europeia assumiram, a partir de meados da década de noventa, duas bandeiras agora colocadas na primeira linha de acção: a *aprendizagem ao longo da vida* e o *espaço europeu de educação*. Enquanto projectos políticos os seus contornos apresentam-se tão vagos quanto ambiciosos: ambos se constituíram como objectos político-cognitivos em construção, mas dotados de forte carga sugestiva e mobilizadora, herdeiros de múltiplas conotações e aspirações de longa duração e alcance; ambos acolheram ainda ambivalências dos sentidos de mudança; ambos se configuram também como projectos de transformação sócio-educativa em sintonia com novos ciclos do capitalismo e da modernidade enquanto sistema histórico e paradigma sócio-cultural dominantes nos últimos séculos. Neste capítulo procura-se, num primeiro momento, explorar em que sentidos as mudanças que vivemos podem ser melhor entendidas como mutações do capitalismo, como transformações da modernidade ou ambas e que implicações decorrem desta discussão para a compreensão dos novos tempos em educação. Uma breve análise de documentos de referência europeus para a educação sinaliza a construção dos sentidos para a *aprendizagem ao longo da vida* em torno da *governação* dos territórios, das populações e sujeitos; aparece também vincado o projecto de impulsionar a mudança dos sistemas de educação e formação no quadro de alterações quanto ao contrato social entre o Estado e a sociedade civil. A apropriação em Portugal do mesmo objecto político-cognitivo de *aprendizagem ao longo da vida* é explorada a partir da leitura de três documentos programáticos nacionais centrais[1]. Esta aproximação sugere que a *aprendizagem ao longo da vida* tem vindo a ser encarado entre nós sobretudo como um instrumento de impulsão e de gestão de mudanças sociais e educacionais. Este olhar de perto para a contextualização portuguesa daquela agenda política incita a considerar as ênfases e combinações específicas, as tematizações, divergências e ambivalência do processo desenvolvido em Portugal a partir do final do final da década de noventa. Neste percurso, as tensões e possibilidades das políticas de

---

[1] Trata-se de: o *Plano Nacional de Emprego* 2001; o *Plano Nacional de Emprego 2005-2008*; o *Programa Nacional de Acção para o Crescimento e o Emprego (PNACE 2005/2008). Relatório do 1º ano de execução.*

educação/aprendizagem ao longo da vida assomam ainda através da sugestão de uma discussão que procure apreender e contrastar as articulações entre os programas de acção, a acção dos programas e os programas em acção. Trata-se de percorrer as implicações, disjunções, inibições e contradições entre momentos, contextos e actores das políticas e das práticas educativas, nos diversos níveis e contextos em que os processos de *europeização* conjugam as especificidades das realidades portuguesas no quadro da nova ordem educacional.

Do que a partir de agora se discute se procura dar conta ainda nas 'últimas notas', sob a forma de um roteiro para pesquisas e debates que, encerrado este livro, se seguirão.

A EUROPEIZAÇÃO DAS POLÍTICAS DE EDUCAÇÃO E FORMAÇÃO: PERCURSOS, PROCESSOS E MODALIDADES (1957/71-2006)

INTRODUÇÃO

Temos vindo a assistir nas últimas décadas a um complexo e alargado conjunto de transformações sociais frequentemente referenciadas a processos de *globalização*. Segundo alguns autores, estamos perante "a intensificação das relações sociais de escala mundial, relações que ligam localidades distantes de tal maneira que as ocorrências locais são moldadas por acontecimentos que se dão a muitos quilómetros de distância e vice-versa". É também sublinhado que "o resultado (de tais desenvolvimentos) (...) consiste em tendências que se opõem mutuamente" qualquer que seja a dimensão institucional considerada (a economia capitalista mundial, o sistema de Estados-nação, a ordem militar mundial ou a divisão internacional de trabalho) (Giddens, 1992: 50, 54-60). Para Santos, ainda, aqueles fenómenos constituem "feixes" ou "conjuntos diferenciados de relações sociais", contraditórios, desiguais, envolvendo tensões, conflitos, vencedores e vencidos. Desse modo, qualquer dinâmica de *globalização* poderia ser definida como um "processo pelo qual determinada condição ou entidade local estende a sua influência a todo o globo desenvolvendo a capacidade de designar como local outra condição social ou entidade rival" e contribuindo para a constituição de "uma trama de globalismos localizados e localismos globalizados" (Santos, 1997: 14, 17; cf. também 1995: 262-5). Em particular, na perspectiva deste autor, é crucial compreender as interrelações entre, e os distintos e complexos processos sociais envolvidos com, o desenvolvimento de dinâmicas de *globalização de-cima-*

-para-baixo (configurando essencialmente fenómenos de *globalização hegemónica*) e aquelas que tendem a assumir um potencial contra-hegemónico constituindo-se frequentemente como processos impulsionados *de-baixo-para-cima* (ou baseados nas acções dos sujeitos, individuais e colectivos, cujo poder nas relações sociais se encontra estruturalmente rarefeito).

Algumas das mudanças mais expressivas que, neste contexto, podem ser evocadas referem-se aos sistemas políticos cujas metamorfoses desafiam a teoria científico-social e os instrumentos conceptuais disponíveis (cf. Santos, 1998, 2001).

I. GLOBALIZAÇÃO, UNIÃO EUROPEIA E POLÍTICAS EDUCATIVAS NACIONAIS

Uma das dinâmicas mais visíveis prende-se com a constituição de entidades económico-políticas regionais de que a União Europeia é o exemplo mais desenvolvido. As organizações regionais têm sido analisadas como uma obra dos Estados que, através da fundação de entidades supranacionais com base em acordos multilaterais, procuram criar condições favoráveis e dotar-se de uma capacidade acrescida para influenciar a direcção, o conteúdo e os efeitos das dinâmicas de *globalização*. As organizações regionais constituem-se, dessa forma como instâncias de mediação que criam, modelam, filtram e veiculam aqueles processos (cf. Dale & Robertson, 2000). A União Europeia representa uma das formas institucionais mais avançadas neste domínio, abrangendo um vasto âmbito de intervenção e assumindo progressivamente um papel mais activo (através de uma intervenção directa ou diferida, em sentidos divergentes e com resultados diversificados) na área das políticas sociais.

Os processos que referimos apresentam-se estreitamente associados com a emergência de novas *formas de actuação* do Estado com impacto decisivo naquela área de acção. Na senda de diversos investigadores condensamos esse vasto leque de modalidades de intervenção pública sob as noções de *Estado de competição*, *Estado-em-rede* e *Estado-articulado*r que, embora de modo imperfeito e insatisfatório, pretendem dar conta de formas específicas de acção estatal que podem surgir singularizadas ou combinadas em determinadas áreas da vida social. O Estado parece assim envolvido em transformações que apontam para três configurações ou *formas de actuação* parciais fundamentais: o *Estado de competição* (*competition state*) cujas prioridades se orientam para a actuação em instâncias supranacionais e para a intervenção no nível nacional de modo a promover a competitividade da sua economia e a expandir as oportunidades de acumulação (cf. Cerny, 1990: 53, 205, 220 e ss.); o *Estado-articulador* voltado para a criação de condições de mediação dos interesses sociais, sob novas fórmulas e arranjos institucionais de que não é o único nem o principal protagonista (cf. Santos, 1998: 59-69; 1999: 38-9); e o *Estado em rede* (*the network state*) enquanto articulação de segmentos de Estados que asseguram a intervenção em áreas da vida social cujo controlo escapa às fronteiras da soberania nacional (cf. Castells, 1997: 266-9, 1998: 331, 350-2, 366-7, 375)[1]. Nesse sentido, o protagonismo assumido pelas formas político-institucionais supranacionais referidas resulta do crescente recurso, por parte dos Estados, à forma de actuação como *Estado-em-rede*, num conjunto cada vez mais amplo de áreas da vida social.

Neste trabalho, procura-se examinar e recensear alguns dos fenómenos que, no campo da educação, podem ser associados ao denominado processo de *integração* europeia, considerando que, em diversos sentidos, "a Europeização da educação ocorre como um elemento de uma mais ampla globalização em educação" (Lawn & Lingard, 2002: 295). A relação entre os processos de *globalização* e os fenómenos educativos tem vindo a ser estudada segundo duas principais perspectivas. Um conjunto de trabalhos e de autores sustenta que estamos perante a difusão mundial de padrões de organização da educação escolar, como parte de um processo de *globalização* cultural de longa duração (em que se inclui, e em paralelo com, a expansão da forma política do Estado-nação); neste contexto são sublinhadas a penetração de ideologias e a institucionalização de modelos educativos largamente estandardizados, tendo como principais actores, nas últimas décadas, as organizações internacionais (OCDE, UNESCO, Banco Mundial, entre outras)[2].

---

[1] Discutimos algumas destas metamorfoses recentes na organização (e luta) política em Antunes (2004a: 81-88).

[2] Alguns dos estudos desenvolvidos neste âmbito podem ser encontrados, por exemplo, em Ramirez & Boli (1987); Meyer, Kamens, Benavot, Cha & Wong (1992). Para uma crítica aprofundada e um confronto com a hipótese, a seguir referida, de *uma agenda globalmente estruturada* para a educação, consultar Dale (2000a; 2000b). O estudo da

Uma outra proposta teórica argumenta que os efeitos mais importantes dos processos de *globalização* no campo da educação ocorrem através da mediação do Estado, da sua posição no contexto global e do complexo de processos e relações sócio-político-institucionais que configuram o contexto nacional. Desse modo, a elaboração e o desenvolvimento de políticas educativas nacionais inscrever-se-iam numa *agenda globalmente estruturada*, no sentido de que os problemas identificados ou endereçados, as prioridades perseguidas, os recursos mobilizados, as soluções prosseguidas são decisivamente condicionados pelas dinâmicas e relações político-económicas globais, e pela situação do Estado e da formação social nacional nesse contexto; no entanto, ainda que o leque de escolhas dos Estados possa encontrar-se diminuído, estes não só continuam a ser protagonistas decisivos da regulação supranacional como constituem instâncias de mediação cruciais na definição de políticas educativas cujo desenvolvimento se substancia nos níveis nacional, local e institucional. Deste modo, a formulação e o desenvolvimento das políticas educativas são analisados como um complexo de processos inscritos em múltiplos níveis e verificando, por essa via, mediações decisivas diversas. Assim, a *agenda política nacional* para a educação é *globalmente estruturada*, verificando conexões fortes com processos e relações supranacionais e globais, sendo ainda decisivamente modelada pelas condições, interpretações, e recursos sócio-institucionais nacionais relevantes e específicos de uma dada formação social (cf. Dale, 1999, 2000a, 2000b; Antunes, 2001, 2004a).

Neste trabalho, focaliza-se um dos níveis que, nas últimas décadas, tem vindo a assumir uma importância crescente na configuração do campo da educação, o nível supranacional. Centramos a atenção na União Europeia e abordaremos esta questão investigando, através de diferentes olhares, o modo como a educação tem sido considerada e definida no contexto comunitário e as possíveis implicações desses processos ao nível dos sistemas de ensino dos Estados-membros.

---

influência das organizações internacionais na política educativa portuguesa é desenvolvida por Teodoro (2001).

II. PERCURSOS: A EDUCAÇÃO NO CONTEXTO COMUNITÁRIO

No que toca à educação há também uma concordância significativa entre os autores no sentido de considerar que: (i) o início dos anos setenta constitui o momento em que se regista o primeiro afloramento de iniciativas no campo da educação ao nível comunitário; (ii) em meados dos anos oitenta, com o Acto Único Europeu, assistimos à intensificação dessa intervenção e (iii) o Tratado da União Europeia (TUE) (1992) representa um marco decisivo neste percurso dada a consagração, com a integração do artigo 126, da legitimidade da competência e da acção da União Europeia no domínio educativo.

Neste trabalho, iremos, assim, considerar duas etapas e quatro fases neste processo de progressiva gestação e consolidação da intervenção política comunitária no campo da educação. A primeira etapa abrange o período anterior ao TUE e pode ser analisada, de acordo com o que já afirmámos e é consensual entre diversos estudiosos, como compreendendo duas fases distintas (cf. Rodriguez, 1993; Beukel, 1993; Brine, 1998; Field, 1998).

1. 1ª etapa (1957/1971-1992): a emergência da intervenção política comunitária no campo da educação

Sugerimos em outros trabalhos que este período verifica uma primeira fase em que ocorre a institucionalização da educação como área de cooperação e de acção comunitária (1971-1986) e um segundo momento em que se assiste à emergência e progressiva consolidação da intervenção política comunitária no campo da educação através dos *Programas de Acção* Comunitários (1986-1992) (cf. Antunes, 1999a, 2001). Dado que nestes trabalhos procedemos a uma discussão detalhada desse processo, limitar-nos-emos agora à apresentação de uma breve síntese sublinhando as questões mais relevantes, do ponto de vista analítico.

No decurso desses vinte anos, é visível o desenvolvimento de dois processos interligados quanto ao modo como a educação tem sido considerada no contexto da Comunidade/União Europeia. Por um lado, assistimos à institucionalização e consolidação da educação como área de cooperação e acção e, posteriormente, de intervenção política comunitária;

por outro lado, emerge e intensifica-se a construção de entendimentos, orientações e normas de acção comuns para as políticas educativas nacionais dos Estados-membros (cf. Antunes, 1999a). A emergência de múltiplas relações (funcionais e) de (inter)dependência crescentes entre a elaboração das políticas (nacionais e comunitárias) e as prioridades e instituições comunitárias evidencia o despontar de um processo crescentemente vincado de *europeização* da educação no contexto comunitário (nomeadamente após 1986) (cf. Antunes, 1999a). Tal significa, basicamente que é possível identificar dimensões da intervenção política pública em educação em que as instituições da Comunidade/União Europeia e os sistemas políticos nacionais podem ser vistos como tendendo a constituir uma totalidade (cf. Andersen & Elliassen, 1993a, 1993b), não forçosamente integrada ou isenta de conflitos, mas, pelo contrário, consideravelmente fragmentada, difusa e contraditória.

Argumentámos ainda que, entre meados da década de setenta e o início da década de noventa, e no contexto de instituições comunitárias como o Conselho Europeu, teve lugar a construção e explicitação de um conjunto de entendimentos comuns aos, e orientações para os, Estados--membros tendentes a estabelecer uma matriz discursiva que redefine a educação em torno de um conjunto de vectores ou pólos discursivo--ideológicos (cf. Antunes, 1999b).

Defendemos que a elaboração de um tal quadro, ainda que difuso, constitui uma modalidade específica de promoção/modelação de processos de globalização ao nível desta organização regional; isto porque, por um lado, aquelas orientações são susceptíveis de constituir um *referencial global europeu* traduzido por normas de acção comuns que vão influenciar os processos de produção de políticas nacionais e comunitárias[3]; por outro lado, as formas de actuação de *Estado em rede*, de *Estado*

---

[3] A análise que identifica um *referencial global europeu* para as políticas educativas públicas nacionais é inspirada na perspectiva desenvolvida por Mény, Muller, & Quermonne (1995). Nóvoa, num trabalho que constitui o primeiro estudo que conhecemos em Portugal sobre a intervenção da Comunidade/União Europeia no domínio da educação, chama a atenção para a "longa lista de documentos. que definem *orientações* ao mesmo tempo em que constroem uma *linguagem* para falar da educação na Europa" sublinhando a importância dos discursos para a definição e sustentação das políticas nacionais e comunitárias e defendendo consequentemente a necessidade da sua análise (Nóvoa, 1998: 97-111, ênfase no original).

de competição e de *Estado-articulador*, emergentes no contexto das transformações ocorridas nas últimas décadas, são desenhadas através das mudanças propostas (cf. Antunes, 2004a, em particular capítulo 3).

2. 2ª etapa (1992-200...): a edificação de uma política comunitária na área da educação e do espaço europeu de educação/formação

2.1. *3ª fase: O TUE e a ampliação da esfera de intervenção da União Europeia (1992-1998/9)*

O Tratado de Maastricht definiu no artigo 126 (mais tarde, incluído como artigo 149 do Tratado de Amsterdão, assinado em 1997) competências específicas da União Europeia na área da educação. Ainda que aquelas sejam definidas como complementares, de apoio, encorajamento, contribuição para o desenvolvimento da acção dos Estados-membros, que permanecem plenamente responsáveis pelo conteúdo e organização do sistema de ensino, a inclusão formal no Tratado deste novo domínio de actuação cria condições, quer para legitimar a intervenção que vinha sendo desenvolvida, quer para ampliar o seu alcance. Dessa forma, o Conselho da União Europeia constituído pelos Ministros da Educação assumiu o estatuto de um dos órgãos da União, com reuniões regulares e uma agenda específica. Do mesmo modo, a educação passou a contar com uma Direcção-Geral (XXII) e um Comissário responsável; estas alterações conjugaram-se de molde a permitir, produzir e visibilizar a intensificação da actividade organizacional e a atribuição de uma mais vincada saliência ao perfil institucional deste campo de actuação, agora com uma nova legitimidade. Um outro desenvolvimento associado é a expansão do âmbito dos *Programas de Acção*, a partir de 1994; a nova geração de *Programas*, reorganizados com a denominação de Socrates, para a educação, e Leonardo da Vinci, para a formação, inclui, integrado no primeiro, um *Programa* de pequena dimensão, Comenius, para promover parcerias transnacionais de escolas do ensino básico e secundário.

Por outro lado, dois Livros Brancos publicados nesta época, um sobre *Crescimento, Competitividade e Emprego – os Desafios e as Pistas para entrar no Século XXI* (cf. CE, 1994), o outro com o título *Ensinar e Aprender. Rumo à Sociedade Cognitiva* (cf. CCE, 1995[4]) concorreram para sublinhar a percepção de um papel vital da educação e da formação no contexto das prioridades e das políticas da União crescentemente centradas na preocupação da promoção da competitividade da economia europeia (cf. Antunes, 1996; Field, 1998: 71-8).

Assim, este período caracteriza-se por uma ampliação de facto da capacidade de intervenção da União Europeia no domínio da educação, que é decisivamente sublinhada por outros desenvolvimentos, sobretudo ao nível do pensamento programático e ideológico na mesma área. Nesse contexto, as questões relativas aos *recursos humanos* assumem uma centralidade progressiva no processo de *integração* europeia, dado o papel que lhes é atribuído na competitividade da economia da União Europeia, preocupação crescentemente obsessiva; nesse sentido, a política delineada pelas instâncias comunitárias nos domínios da educação e formação é dominantemente inspirada, e mesmo colonizada, por orientações vistas como imperativas que decorrem das prioridades ou *necessidades* percepcionadas com origem na economia. Os sistemas educativos e formativos são reiteradamente descritos como obstáculos a tais desígnios e submetidos a uma crítica demolidora associada a um discurso reformista radical, sobretudo ao nível da retórica em que sobressai o dramatismo do quadro apresentado. A promoção e adopção de noções de *sociedade de aprendizagem/do conhecimento/da informação* ou de *aprendizagem ao longo da vida* como guião para a interpretação da realidade e para a orientação das políticas ganha no decurso destes anos um impulso decisivo projectando, de forma mais ou menos vaga ou substantiva, a reconfiguração das instituições, processos e conteúdos educativos e de formação (cf. CCE, 1995; Field, 1998: 71-85, 183 e ss.; Lima, L. C., 2003). É com base nesta análise, tecida em torno dos imponentes desafios envolvidos nos processos de *globalização* e nas profundas alterações vividas pelas sociedades, que os documentos programáticos e/ou de definição de políticas produzidos pelas instituições comunitárias, sobretudo pela Comissão Europeia, vincam, com grande intensidade, a necessidade de acção no âmbito da UE no domínio da educação e da formação (cf. CE, 1994; CCE, 1995). Nesse sentido, ao longo da década de noventa, é possível verificar a acentuação de uma tendência que, embrionariamente,

---

[4] Qualquer destes documentos é publicado pela Comissão Europeia; no entanto, as respectivas edições em português referem num caso a designação Comissão Europeia (CE) e no outro Comissão das Comunidades Europeias (CCE). É por esse motivo que a referência bibliográfica apresenta esta oscilação de designação.

podia ser já identificada em épocas anteriores, mas que assume agora o carácter de uma orientação política deliberada e crescentemente prosseguida: o desenvolvimento de uma intervenção nas áreas da educação e formação que se inscreve em, e é transversal a, várias políticas comunitárias, com destaque para as Políticas Sociais e de Investigação e Desenvolvimento Tecnológico (cf. Field, 1998).

O processo de *europeização* apresenta, nesta fase, um significativo potencial de consolidação, concretizado através da legitimação jurídica e formal da integração da educação na esfera de competências da União Europeia, da institucionalização de organismos e instrumentos que facilitam e viabilizam essa intervenção e de instâncias que favorecem a conjugação de interpretações, orientações e formas de actuação, por parte dos Estados-membros. Por outro lado, são largamente e reiteradamente difundidas e adquirem grande visibilidade perspectivas, apreciações, orientações e propostas oriundas de instâncias da União Europeia e relativas aos domínios e sistemas de educação e formação que paulatinamente desenham um novo *mandato* para estas esferas de acção social e projectam a reconfiguração das instituições, dos processos e dos conteúdos que as corporizam.

2.2. *4ª fase: a edificação da articulação sistemática de políticas e do espaço europeu de educação/formação (1998/9-200...)*

Os últimos anos da década de noventa verificaram os primeiros, e em alguns casos decisivos, passos do que podemos considerar uma nova fase do processo de *europeização* das políticas educativas e de formação, agora sob o lema de uma cooperação reforçada, quer porque mais estreitamente articulada, quer porque tendendo a ampliar o âmbito regional dos países envolvidos: as iniciativas mais emblemáticas abrangem quer os Estados-membros da União Europeia, quer os países em vias de, ou candidatos à, adesão, quer ainda os que fazem parte da EFTA incluindo assim, conforme os casos e os momentos, entre vinte e cinco a trinta ou cerca de quarenta países europeus[5]. Abre-se desta forma uma fase em que

---

[5] O conjunto de processos que vamos analisar incluem, pelo menos, 31 países: os quinze mais antigos membros da UE, os dez que seguidamente aderiram, a Bulgária, Roménia, Turquia e os três países da EFTA/EEE (Islândia, Noruega e Liechtenstein) (cf., por exemplo, CCE, 2003b).

a União Europeia tende a ampliar e aprofundar a sua capacidade de actuação e influência redesenhando as fronteiras da sua acção em termos quer de áreas políticas quer de limites territoriais. De acordo com a *Newsletter* electrónica (14 de Julho de 2003) *Education and Culture at a Glance*, "Mme Reding sublinhou o progresso da cooperação Europeia desde o marco da Cimeira da UE de Março de 2000 em Lisboa, descrevendo-o como «uma revolução silenciosa no campo da educação»" (cf. *Newsletter*, 2003).

Consideraremos, agora, um conjunto de iniciativas que parecem sinalizar a emergência de um novo momento deste percurso: o *Programa de objectivos comuns para 2010* (1999/2000), posteriormente renomeado *Educação & Formação 2010*, o *processo de Bruges/Copenhaga* (2001//2002), o *processo de Bolonha* (1999). Estes processos apresentam traços comuns e verificam singularidades que justificam considerá-los como definindo direcções similares prosseguidas através de vias particulares. Em primeiro lugar, torna-se patente nos documentos e nas propostas que o horizonte face ao qual se delineiam estas iniciativas é o da consolidação de um bloco económico regional que ultrapassa as fronteiras da organização político-económica constituída pela actual União Europeia: é o processo de *globalização* e a situação da Europa nesse contexto que estão em causa. Em segundo lugar, encontramos a percepção e a afirmação, de um modo sem precedentes, da necessidade de constituir e desenvolver um nível de actuação política, nos domínios da educação e da formação, de escala não apenas comunitária mas europeia. Em terceiro lugar, este segundo aspecto é sublinhado pela concepção de uma (ou várias?) nova(s) entidade(s) a construir/em construção que integra(m), mas não se confunde(m) com, os sistemas educativos e de formação e que aparece(m) codificada(s) sob a designação de *espaço europeu* (do conhecimento, de ensino superior, de educação e formação, de aprendizagem ao longo da vida, de investigação e inovação...). É a edificação desta(s) nova(s) entidade(s), cujos contornos político-institucionais e culturais são deixados na bruma, até pela sua repetida evocação simbólica, que aparece como horizonte de referência dos projectos, das iniciativas, das propostas ou das declarações políticas.

3. Processos: uma matriz de políticas, o controlo ex-post e mudanças em cascata

3.1. *A definição de uma matriz de políticas e o controlo a posteriori*

O Programa *Educação & Formação 2010* começou a ser delineado a partir de 1999 vindo a constituir-se como um conjunto de objectivos assumidos pelos Estados subscritores para os sistemas educativos e de formação do conjunto dos países envolvidos a serem prosseguidos através da cooperação política usando o *método aberto de coordenação*. Seguiu-se a aprovação de um *Programa de Trabalho Detalhado* e de *Parâmetros de Referência Europeus* que apontavam para "resultados médios europeus" a serem utilizados como instrumentos de monitorização da execução daquele Programa (cf. Comissão Europeia, 2002; Conselho «Educação, Juventude e Cultura», 2003: 7).

O *Processo de Bruges/Copenhaga* foi lançado na sequência de uma Resolução do Conselho, em Março de 2002, como uma plataforma de coordenação de políticas envolvendo os trinta e um países europeus atrás mencionados. Aliás, tudo parece levar a crer que esta instância constitui uma emanação do *Programa de Objectivos Comuns para 2010*, desenvolvendo algumas especificidades no tratamento de questões que sublinham a vertente da educação e formação profissional. Assim, o *Processo de Copenhaga* é coordenado, senão liderado, pela Comissão Europeia e serviços ou organismos acoplados (por exemplo, a Direcção-Geral de Educação e Cultura), procurando desenvolver uma articulação mais estreita das questões envolvidas com aquela área, integrando-as simultaneamente no conjunto do hoje designado Programa *Educação & Formação 2010*.

Se a intervenção política comunitária no campo da educação tem lugar explicitamente desde a década de oitenta através dos *Programas de Acção*, se uma política comunitária nesse domínio adquire contornos progressivamente mais nítidos ao longo dos anos noventa, deparamo--nos agora com um novo desenvolvimento: não se trata apenas da intervenção através de iniciativas protagonizadas por instituições comunitárias envolvendo a participação voluntária de instituições e actores do campo educativo (que induzem e favorecem o desenvolvimento de processos congruentes com políticas comunitárias, mas excluem a mobilização de políticas e sistemas nacionais enquanto tal); o que de inédito testemunhamos neste momento é a constituição formal e explícita de um nível de governação supranacional como *locus* de inscrição das políticas a desenvolver para os sistemas educativos e de formação. Este conjunto de iniciativas representa, assim, a tentativa de edificação de um processo sistemático de articulação das políticas nacionais de educação e formação em torno de prioridades e objectivos comuns acordados e congruentes ou convergentes com metas e estratégias definidas ao nível da União Europeia. Dir-se-ia que as fases anteriores, prosseguidas nas últimas três décadas, terão permitido a lenta gestação do processo de *europeização* que, agora, ensaia a maturidade.

Surpreendemos, deste modo, a institucionalização de uma instância supranacional como fonte declarada de elaboração de políticas nacionais no campo da educação e formação (neste caso, abrangendo desde Janeiro de 2003, trinta e um países europeus); este novo processo de articulação de políticas nacionais no terreno da educação e da formação apresenta características específicas em que sobressaem o método e o objecto adoptados. Em primeiro lugar, o método: o chamado *método aberto de coordenação* exclui quer a imposição dos fins quer a definição das medidas concretas a ser implementadas[6] assentando no compromisso político entre os Estados e na autonomia destes quanto às vias de consecução dos objectivos acordados; no entanto, a execução da política (designada como *programa* nos documentos oficiais) é objecto de controlo explícito que é realizado pelas instâncias que a definem – o Conselho «Educação», a Comissão Europeia, o Conselho Europeu – e baseado em parâmetros e indicadores conhecidos, regularmente aferidos e publicamente divulgados. Desse modo, o método de concretização da política/programa inclui como elemento crucial a determinação dos procedimentos de controlo do seu grau de consecução. Aquele processa-se *a posteriori*, em função de resultados medidos com base em parâmetros e indicadores padronizados que resultam de um trabalho de racionalização e codificação de dimensões e processos sociais referenciáveis às sociedades e aos sistemas de

---

[6] O *método aberto de coordenação* é apresentado em documentos subscritos pela Comissão Europeia como "um novo meio de fomentar a convergência das políticas nacionais para objectivos comuns", tendo sido "delineado para ajudar os Estados-membros a desenvolverem progressivamente as suas próprias políticas" através da "comparação e aprendizagem mútuas" com recurso a uma "gama de indicadores, valores de referência, intercâmbio de boas práticas, avaliações pelos pares" (cf. Comissão Europeia, 2002: 10).

educação e formação. Aquele trabalho de racionalização e codificação, de base técnico-administrativa, é objecto de um intenso investimento (visível no impressionante número de grupos de trabalho constituídos pela Comissão Europeia para este *Programa*) e desempenha um papel axial na edificação deste processo de regulação supranacional das políticas nacionais de educação e formação (cf. CCE, 2003b; CCG, 2003[7]). Nesse sentido, Nóvoa & Dejong-Lambert defendem que "o que é apresentado como uma estratégia para melhorar a educação é, contudo, na realidade um *modo de governação*" (Nóvoa & Dejong-Lambert, 2003: 60), dado que "a paleta de instrumentos concebidos para favorecer a aprendizagem mútua e seguir os progressos alcançados – indicadores, critérios de referência, intercâmbio de boas práticas, avaliação pelos pares, etc. – impõe um *princípio* de regulação, ao nível europeu, que reduz consideravelmente as margens de autonomia nacional" (Nóvoa, 2005a: 214). É nessa medida que o compromisso e a autonomia dos Estados têm contornos e consequências definíveis.

Dessa forma, é o próprio método de elaboração e desenvolvimento da política que pode constituir-se como portador de mudanças importantes: fica instituída uma *matriz de políticas,* definida por objectivos assumidamente com o alcance de uma década, cuja prossecução será avaliada com base em resultados medidos segundo parâmetros e indicadores, geralmente de natureza quantitativa e cuja relevância ou relação com os objectivos são postuladas mais do que demonstradas. Desse modo, os grupos sociais, interesses e actores em presença nos contextos concretos da educação e da formação são liminarmente excluídos, quer do processo de elaboração, quer de avaliação da concretização da política. Esta concepção e realização tecnocrática da política – que dispensa os actores e ignora os processos e os contextos concretos de acção – constitui o quadro instituído para as políticas educativas e de formação a desenvolver nos próximos anos pelos Estados em causa e apresenta-se também como um elemento novo neste terreno da vida social; qual o seu impacto e quais os seus efeitos são questões cujas respostas os próximos tempos hão-de testemunhar.

Por outro lado, o objecto da política são as políticas de educação e formação dos Estados envolvidos visando modelá-las de modo a

---

[7] Trata-se do Relatório do Grupo de Coordenação de Copenhaga (Copenhagen Coordination Group, acima referido pela sigla CCG).

maximizar a sua congruência com prioridades definidas pela União. Trata-se, também, de inaugurar novos modos de elaboração das políticas públicas, e nomeadamente as de carácter nacional; estas são agora não só o resultado de processos de confronto, negociação, interpretação e mobilização entre actores, interesses, grupos sociais e recursos em acção no nível nacional num contexto que inclui de modo crucial constrangimentos e pressões extranacionais, mas devem ainda responder a compromissos explicitamente assumidos em instâncias supranacionais que podem tornar-se uma inspiração ou condicionamento cujo peso está ainda por verificar.

3.2. *Educação & formação 2010: a agenda globalmente estruturada para a educação e a europeização das políticas educativas nacionais*

O Relatório intercalar conjunto do Conselho da União Europeia (Educação, Juventude e Cultura) e da Comissão Europeia ao Conselho Europeu, adoptado na reunião de 26 de Fevereiro de 2004, intitulado *"Educação e Formação 2010" O Sucesso da Estratégia de Lisboa Depende de Reformas Urgentes*, apresenta um balanço modesto dos progressos feitos desde 2001 e um conjunto de áreas e indicadores em que a consecução dos objectivos definidos está longe de se mostrar promissora[8]. São ainda avançadas orientações em torno de um conjunto de linhas de actuação que devem concentrar as intervenções aos níveis nacional e comunitário. Por outro lado, define-se ainda que, em cada dois anos (2006, 2008 e 2010), será apresentado ao Conselho Europeu um relatório de seguimento, pelo que "os Estados Membros fornecerão à Comissão a informação necessária acerca das acções tomadas e dos progressos feitos ao nível nacional em direcção aos objectivos comuns [reflectindo] as prioridades que guiam as reformas e acções a nível nacional dependendo da situação específica a cada país" (CEU, 2004: 32-3).

Intenta-se, assim, estabelecer as condições e processos que favoreçam a formulação de políticas educativas e de formação a nível nacional

---

[8] O documento mencionado é da responsabilidade do Conselho da União Europeia (*Council of the European Union*) acima referido pela sigla CEU (conferir bibliografia).

orientadas para corresponder a metas definidas em outras instâncias de *governação*. As dinâmicas de *europeização* e de construção de um *referencial global europeu* para as políticas educativas nacionais – entendidas como a articulação de prioridades e políticas nacionais e comunitárias e a constituição de modelos de interpretação de problemas e soluções e de normas de acção comuns –, que encontrámos em desenvolvimento progressivo, em momentos anteriores, verificam agora modalidades cujas formalização, institucionalização e potencial influência são indubitavelmente superiores.

Simultaneamente, a definição deste enquadramento político-institucional explicita como uma evidência incontornável a necessidade e a tentativa de edificar, no terreno da educação, respostas a pressões e processos globais, assumindo que a orientação das políticas educativas nacionais deve constituir-se como a prossecução de *uma agenda globalmente estruturada* para a educação.

3.3. *O Processo de Bolonha*

A 25 de Maio de 1998, os Ministros responsáveis pelo ensino superior de quatro países (França, Itália, Alemanha e Reino Unido) subscreveram uma *Declaração conjunta sobre harmonização da arquitectura do sistema europeu do ensino superior* que ficou conhecida como a *Declaração da Sorbonne*; nessa mesma reunião, os Ministros europeus responsáveis pelo ensino superior foram convidados para um encontro a decorrer em Bolonha no ano seguinte. As preocupações evidenciadas neste documento prendem-se com uma amálgama de mudanças, algumas já em curso, outras pretendidas, que envolvem o ensino superior, os sistemas europeus e a posição, nesse domínio, do designado Espaço Económico Europeu no contexto mundial (cf. Sorbonne Joint Declaration, 1998).

A conferência de 1999 reuniu já 29 ministros e, na sua declaração conjunta, evoca a União Europeia em associação com a dimensão continental como contextos relevantes para a determinação em criar o *espaço europeu de ensino superior*; ênfase particular é colocada na ideia de "aumentar a competitividade internacional do sistema Europeu de ensino superior". Os ministros comprometem-se a: "coordenar as nossas políticas para alcançar no curto prazo, e em qualquer caso durante a primeira década do terceiro milénio" um conjunto de seis objectivos que consideram "ser de primeira relevância em ordem a estabelecer o espaço Europeu de ensino superior e promover mundialmente o sistema Europeu de ensino superior" (cf. Declaração de Bolonha, 1999).

Com a excepção da adopção de um sistema de graus, comparáveis e baseado em dois ciclos, os outros objectivos constituíam, desde 1986, o foco da intervenção política comunitária no domínio da educação e do ensino superior através dos *Programas de Acção*, em particular ERASMUS, mas também COMETT, TEMPUS, ARION, promovidos pela Comissão Europeia com base em decisões do Conselho Europeu. Pelo que, o processo lançado em 1999 representa um novo momento, decisivamente distinto, mas com raízes que remontam a um percurso de mais de uma década e continua a ser amplamente alimentado por instrumentos e dinâmicas políticos já em desenvolvimento[9].

---

[9] O comunicado da Conferência de Ministros responsáveis pelo Ensino Superior, em Berlim a 19 de Setembro de 2003, Realizando o Espaço Europeu de Ensino Superior, constitui um documento que regista:

(i) a perspectiva de acelerar a realização do EEES;

(ii) a definição de, e o compromisso dos Ministros (Ministers commit themselves) com, três prioridades intermédias para 2005, implicando a implementação: de sistemas de garantia de qualidade (quality assurance systems); do sistema de graus de dois ciclos; do Suplemento de Diploma e do Sistema Europeu de Transferência de Créditos para permitir o reconhecimento de graus e períodos de estudos;

(iii) o sublinhado à dimensão social do Processo de Bolonha e ao equilíbrio pretendido entre uma necessidade, a de aumentar a competitividade, e um objectivo, o de promover as características sociais do Espaço Europeu do Ensino Superior;

(iv) a menção a dez áreas de acção/questões: garantia de qualidade, estrutura de graus, promoção de mobilidade, estabelecimento de um sistema de créditos, reconhecimento de graus, instituições de ensino superior e estudantes, promoção da dimensão europeia no ensino superior, promoção da atractividade do EEES, aprendizagem ao longo da vida, o EEES e o Espaço Europeu de Investigação como dois pilares da sociedade baseada no conhecimento (cf. "Realising the European Higher Education Area" Comuniqué of the Conference of Ministers responsible for Higher Education in Berlin on 19 September 2003. In http://www.bologna-berlin2003.de/en/aktuel/index.htm).

Um processo de mudança em cascata ou a desconexão fabricada como estratégia política

Estamos, assim, perante um novo processo político, inovador também em termos de método e de objecto; testemunhamos a congregação da vontade política de um amplo leque de Estados que procuram edificar uma plataforma supranacional, com base em entendimentos intergovernamentais, no seio da qual elegem solene e publicamente um programa político comum e declaram a sua determinação em promover mudanças convergentes com tal programa. O Presidente do Grupo Preparatório da Conferência de Berlim referia, numa entrevista, o assim designado *processo de Bolonha* sublinhando "a sua estrutura básica de concordar em princípios Europeus sem excessiva regulação burocrática (*bureaucratic over-regulation*) dos detalhes"[10]. O processo consiste em identificar o que se supõe constituir os nós vitais de actuação que permitirão assentar as alavancas que desencadearão as transformações desejadas; assim, a definição dos sistemas de graus, de créditos e de garantia da qualidade, por um lado, e a intensificação da mobilidade e de programas de estudos integrados, por outro, tendem a apresentar-se como mudanças sem significativo potencial de conflito, transversais aos sistemas nacionais e aparentemente distantes daquela que é a agenda mais controversa e problemática que tem lugar no nível interno dos Estados envolvidos. Do mesmo modo, as dimensões sociais, culturais, institucionais e históricas que estão no cerne dos sistemas nacionais de ensino superior são cuidadosamente ignoradas e ocultadas sob afirmações de enaltecimento respeitoso da diversidade e das diferenças. Aquelas são questões remetidas para o foro nacional, enquanto as metas designadas para convergência supranacional aparecem tratadas como questões técnicas, politicamente neutras e consensualmente estimáveis sob o desígnio da eficiência e da eficácia necessárias para responder aos desafios do futuro.

Assistimos, deste modo, ao delinear perante os nossos olhos de um programa político supranacional de base intergovernamental para o ensino superior que parece deixar intocadas a maior parte das questões essenciais,

---

[10] Conferir *Towards a European Area of Higher Education and Research. Strategies and Perspectives*, in http://www.bologna-berlin2003.de/de/aktuel/Friedrich/Friedrich_Interview_eng.htm.

enquanto eleva ao topo da agenda outros alvos com uma relação aparentemente indirecta e diferida com aquelas que são as questões controversas no plano interno. Somos testemunhas dos primeiros passos de um processo de *mudança em cascata* em que são ainda obscuras as conexões entre diversos níveis de alterações e os efeitos daquelas que agora se levam a cabo? Este sinuoso percurso parece assentar de momento numa aparentemente débil conexão entre os temas mais polémicos que se agitam no interior dos sistemas de ensino superior e as alterações bastante menos contestadas impulsionadas no contexto da agenda solenemente acordada em plataformas intergovernamentais.

As declarações e as propostas dirigem-se, em primeiro lugar, à designada construção do *espaço europeu do ensino superior* – evocado em associação com os termos de atractividade, competitividade, mobilidade, compatibilidade, comparabilidade, garantia de qualidade que convergem para desenhar os contornos de uma realidade sobretudo económica muito mais que cultural – e, nessa medida, remetem para mudanças, problemas e preocupações relacionadas com a construção de uma entidade de âmbito europeu e para o confronto com as pressões e constrangimentos, também eles descritos com uma forte tonalidade económica, que resultam do posicionamento desta região no contexto mundial; no entanto, as mudanças perseguidas não deixam de estar relacionadas e ter consequências quanto aos problemas, também eles prementes, dos diversos Estados nacionais face aos seus sistemas de ensino superior, nomeadamente no que toca ao financiamento. A expansão do ensino superior, a crescente procura que verifica – associadas à percepção de que este crescimento não pode nem deve ser travado, enquanto se verifica a cada vez maior retracção dos recursos públicos para o sustentar nos moldes dominantes nos países europeus – são componentes de parte inteira no impulso que desencadeou e alimenta este processo. De que modo se encadeia esta disparidade de questões e pressões será uma interrogação sem respostas auto-evidentes; no entanto, a simultaneidade é, julgamos nós, neste caso, plena de significado. Ainda que as questões mais conhecidas de acesso, sucesso, financiamento, governo e regulação dos sistemas nacionais estejam permanentemente na agenda interna dos Estados envolvidos, e sejam, por vezes discutidas a par da evocação do *processo de Bolonha*, e dos temas aí dominantes, estão, no entanto, sistematicamente ausentes dos documentos oficiais decorrentes desse processo. Como se a agenda supranacional, profundamente entrelaçada com as agendas nacionais, e com consequências decisivas nesse âmbito, uma vez mais dispensasse e ignorasse os actores e processos nos contextos concretos de acção; neste caso, o divórcio será ainda mais radical e doloroso porque, se a agenda supranacional se constitui sobretudo em torno de processos e instrumentos que delineiam uma entidade de carácter vincadamente económico, os contextos e instituições que compõem os sistemas nacionais de ensino superior estão longe de assumir essa natureza de modo dominante. Pelo que o *espaço europeu de ensino superior* poderá, entre outras coisas, vir a afastar-se significativamente daquele que parece ser o projecto até ao momento mais ventilado ou constituir-se como um processo sumamente agressivo para as realidades nacionais dos Estados envolvidos.

3.4. *A nova arquitectura e o novo elenco no campo da educação*

Estranhas formas de ser da nova política: o Processo de Bolonha, uma instituição ad-hoc?

O *Processo de Bolonha* inaugura uma fase e constitui uma modalidade inédita na regulação supranacional da educação: por um lado, o seu âmbito geográfico-político tende a assumir contornos continentais; por outro lado, a sua configuração organizacional é a de uma plataforma intergovernamental – a Conferência Ministerial –, com uma institucionalização mínima, sem estruturas fixas pré-definidas, assentando em grupos de seguimento e de coordenação formados em cada Conferência Ministerial e em diversos grupos de trabalho temáticos; por outro lado, ainda, esta sua natureza de associação voluntária parece altamente dependente do impulso e da sustentação sistemáticas proporcionados por organizações supranacionais, com realce para a União Europeia – através da assistência e envolvimento contínuos da Comissão Europeia, como membro efectivo dos Grupos de Seguimento e Preparatórios que são presididos pelo Presidente da União Europeia – e para o Conselho da Europa, com o estatuto de membro consultivo, e a UNESCO.

Encontramo-nos, assim, perante uma dinâmica radicalmente nova de mudança educacional e de elaboração de políticas educativas, em que os governos definem e assumem compromissos políticos em *fora* supranacionais constituídos para o efeito, com características quase *ad-hoc*, sem uma configuração institucional reconhecível, que são *posteriormente ratificados* pelas instituições nacionais e em que o carácter voluntário, formalmente não vinculativo, da adesão legitima a ausência de processos institucionalizados e estruturados de debate, negociação e construção de *consensos nacionais prévios* aos compromissos assumidos acerca das mudanças propostas. De facto, as decisões tomadas nas Conferências Ministeriais são transpostas para os sistemas educativos nacionais, constituindo um expedito processo de alteração das estruturas, peça a peça, dando corpo ao programa definido ao nível supranacional.

O modelo seguido parece aproximar-se do *método aberto de coordenação*, com uma acrescida aparente leveza (isto é, não-institucionalização) das formas organizacionais, dos procedimentos, dos compromissos adoptados, logrando alcançar com sucesso um alto grau de realização possibilitado pela sistemática política do facto consumado e da fragmentação das medidas tomadas cujas natureza e consequências escapam à apreensão dos diversos protagonistas com interesses nas mudanças em apreço. A verdade é que a característica mais evidente deste processo é, por um lado, a sua vertiginosa expansão e aceleração em simultâneo com a virtual exclusão de todo o processo de participação na decisão por parte dos protagonistas sociais, políticos e institucionais envolvidos nas mudanças no terreno da acção. Com diversas origens, e não obstante se verificarem diferentes dinâmicas de envolvimento nos diversos países, se têm feito ouvir vozes que assinalam a ausência, o afastamento, o alheamento e/ou cepticismo por parte da comunidade académica em relação aos *fora*, às decisões tomadas e às suas implicações (cf. Reichert & Tauch, 2003; Kwiek, 2003; Antunes, 2005d).

Trata-se, assim, de um processo político que intenta reduzir a política aos acordos ministeriais redefinindo o contexto nacional como espaço de implementação técnica. Este é, então, um processo que redesenha a arquitectura das políticas educativas, segundo um modelo bipolar em que o momento e o espaço da decisão e da implementação são liminarmente cindidos, se excluem mutuamente de modo quase absoluto, remetendo o espaço e as instituições nacionais para uma subordinada e imposta posição de cumprimento das orientações definidas em plataformas supranacionais. A nova arquitectura bipolar edifica também um novo elenco para o processo de elaboração e desenvolvimento das políticas educativas. O espaço de decisão é monopolizado pelos Ministros, a influência oficialmente admitida de carácter consultivo inclui entidades de âmbito europeu que agrupam Estados (Conselho da Europa, UNESCO), instituições do ensino superior (Associação Europeia de Universidades, EUA, e Associação Europeia das Instituições de Ensino Superior, EURASHE) e estudantes (ESIB, representando as Associações Nacionais de Estudantes na Europa), os contextos e actores nacionais envolvidos com o sistema de ensino superior são remetidos para um papel e participação implementativos de natureza técnica[11]. De notar que os programas para as diferentes linhas de acção são frequentemente definidos e propostos por grupos de trabalho em que participam especialistas ou representantes designados pelos governos. Alguns analistas têm argumentado que "the idea of the 'space' is much more a way to perceive a new area only partially visible, wich is being shaped by constante interaction between small groups of linked professionals, managers and experts. This space does not have a constitutional position, a legislative legality, a fixed place of work or a regulated civic or business mission (cf. Nóvoa & Lawn, 2002)" (Lawn & Lingard, 2002: 292).

É esta arquitectura do processo de elaboração das políticas que tende a produzir um duplo efeito paradoxal de quase-irrelevância/inelutabilidade percebidas das decisões, por parte dos actores nacionais, que são colocados perante a obrigatoriedade de implementar medidas e procedimentos que surgem de forma arbitrária e fragmentada, cujos sentido e alcance se apresentam nebulosos, sendo justificados e legitimados com base num mandato oriundo de um processo supranacional incontornável. O círculo da política parece fechar-se no exacto ponto em que foi aberto: a arena supranacional como espaço exclusivo e excludente de decisão.

Um debate incipiente ou a desconexão fabricada como estratégia política

Em Portugal, para além de algumas notícias esparsas na imprensa, aquando de iniciativas de algum modo relacionadas, a *Declaração de Bolonha* não obteve eco significativo, pelo menos em termos de posições

---

[11] A anunciada "discussão" pública do *Processo de Bolonha*, no nosso país, para Maio de 2004 foi explicitamente apresentada nos documentos oficiais como a divulgação dos compromissos assumidos e do programa, elaborado pelos serviços do Ministério da Ciência e do Ensino Superior, para a sua concretização (cf. *Processo de Bolonha* in http://www.mces.gov.pt/docs/ficheiros/processo_bolonha_0.pdf)

e debates públicos. Assim, em 2001 – apenas a algumas semanas da reunião de Praga, e não obstante o redactor do relatório do Grupo de Seguimento ser um português, Pedro Lourtie – um professor universitário lamentava nas páginas de um jornal nacional, o desconhecimento quase completo que vigorava no meio académico face às questões em causa (cf. Costa, 2001); o próprio Conselho Nacional de Educação (CNE) refere meses mais tarde, "a apatia do Ministério da Educação", o "debate embrionário" e o desconhecimento da comunidade académica quanto ao *Processo* (cf. CNE, 2002). Ainda em 2001 o Conselho de Reitores das Universidades Portuguesas elaborou propostas quanto ao sistema de graus académicos e, numa reunião da Sociedade Europeia para o Ensino Superior, em Setembro daquele ano, Marçal Grilo, ministro da Educação do Governo Socialista entre 1995-1999 que representou Portugal e assinou a *Declaração de Bolonha*, pronunciou-se de forma bastante crítica quanto a alguns aspectos que, do seu ponto de vista, representariam riscos de homogeneização para os sistemas de ensino superior europeus[12]. Em 2002 tornam-se progressivamente mais frequentes a informação e as tomadas de posição sobre determinados aspectos ou o programa político do processo no seu todo. Em 2003, a Lei de Bases da Educação proposta pelo Governo incluía já explicitamente a intenção de adequar o sistema de graus aos objectivos prosseguidos no âmbito do *processo de Bolonha*. Ao longo do mesmo ano, desenvolveram-se algumas iniciativas, na área das engenharias e, entre Abril e Junho, o Ministério da Ciência e Ensino Superior organizou um ciclo de seminários no Porto, *Reflectir Bolonha: Reformar o Ensino Superior – > eficácia > eficiência > competitividade das Instituições e do País*, que incluía a apresentação de experiências e reflexões em que "para além de problemas da estrutura de graus e da organização curricular pretende-se dar mais atenção ao paradigma de aprendizagem", referindo-se a presença de comunicantes de diversos países europeus[13].

Para além das tomadas de posição do Conselho de Reitores das Universidades Portuguesas e do Conselho Nacional de Educação, surgiram, na imprensa nacional, sindical e educacional, entrevistas e artigos

---

[12] Cf. Jornal *Público*, edição de 25 de Abril de 2001, p. 35 e edição de 11 de Setembro de 2001, p. 30.

[13] Conferir desdobrável de divulgação do seminário.

de opinião, análise ou informação discutindo aspectos parcelares ou a totalidade do programa e do *processo de Bolonha*. As posições publicamente divulgadas de protagonistas dos meios universitários e académicos, alguns com larga experiência de exercício de responsabilidades político-institucionais, vão desde um apoio ou crítica global a uma perspectiva em que se aceita ou adere ao *processo*, enunciando, no entanto, vincadas reservas quanto a alguns dos seus objectivos ou dos riscos insuficientemente acautelados. As principais posições críticas e receios advêm de três tipos de questões:

(i) aquilo a que um dos mais activos intervenientes nas políticas, no estudo e nos debates do ensino superior referiu como a "'gula' do sector comercial em relação ao sistema universitário", temor em larga medida fundado nas iniciativas e propostas para a consideração da educação como um qualquer outro serviço sujeito às regras do comércio livre avançadas nas negociações da Organização Mundial do Comércio (cf. Amaral, 2002a, 2002b; Rosa, 2003; Seixas, 2003; Vicente, 2003);

(ii) a tendência para a desresponsabilização financeira do Estado e a consequente privatização do ensino superior nas suas diversas vertentes, associadas ou não a um quadro próximo do referido anteriormente (cf. CNE, 2002; Rosa, 2003; Vicente, 2003);

(iii) a uniformização dos sistemas de ensino superior com base em modelos institucionais e curriculares padronizados a que alguns acrescentam a facilitação da emergência de uma regulação burocrática centralizadora a partir de Bruxelas (cf. Amaral, 2002a).

Em contraste, outros (ou, em alguns casos, os mesmos) enaltecem o desencadear deste processo como uma oportunidade para debater e inovar estrategicamente o ensino superior. São enunciados dois vectores com potencial para sustentar as mudanças preconizadas:

(i) a estrutura dos graus, em que se antevê a possibilidade de edificação de uma nova arquitectura direccionada para permitir a flexibilidade e a diversidade de percursos de formação (CNE, 2002; Santos, S., 2002; Simão, Santos & Costa, 2002);

(ii) a organização pedagógica associável à adopção de um sistema de créditos de tipo ECTS (European Credit Transfer System: Sistema Europeu de Transferência de Créditos) que, pretendendo traduzir as aprendizagens realizadas pelo aprendente, correponderia a uma "alteração de paradigma" da organização do ensino (cf. CNE, 2002; Lourtie, 2002; Santos, S., 2002; Simão, Costa & Costa, 2002; Crespo, 2003; Seixas, 2003).

O Estado-em-rede, o mercado da educação e o Acordo Geral de Comércio de Serviços

Na verdade, esta corresponde a uma modalidade *sui generis* de actuação dos Estados europeus como *Estado-em-rede*, em que, sem ainda haver lugar a partilhar a soberania, já que os compromissos não são formalmente vinculativos, procedem à conjugação da soberania que detêm para levar a cabo mudanças articuladas em direcção a um projecto cuja configuração final permanece indesvendável. O *Espaço Europeu de Ensino Superior* que se afirma pretender construir é uma entidade de contornos ainda indefinidos. É, aliás, a aparente clareza e relativa neutralidade dos objectivos intermédios, em contraste com a nebulosa meta final, que parece favorecer a adesão de múltiplos protagonistas envolvidos, já que aquela fórmula pode condensar e compatibilizar os diversos significados relevantes que cada um pretenda nela inscrever; apenas o desenvolvimento do processo permitirá esclarecer quais os efeitos possíveis e efectivados da conjunção da realização das linhas de acção previstas.

Desta forma, se o *Acordo Geral de Comércio de Serviços* (AGCS), em vigor desde 1995, parece não ser alheio ao desencadear deste *Processo*, não é ainda claro em que sentidos esta plataforma supranacional promove e procura modelar os desenvolvimentos que possam resultar daquele *Acordo* para os sistemas europeus de ensino superior. A comparabilidade e compatibilidade de graus e de qualificações, a adopção de um sistema de transferência e acumulação de créditos, o desenvolvimento de sistemas de garantia da qualidade, o incremento da mobilidade e a promoção da atractividade do EEES apresentam-se como linhas de acção/objectivos susceptíveis de favorecer a constituição de um mercado europeu de ensino superior, sugerindo igualmente a preocupação com a sua regulação a nível europeu. Nesse sentido, não parece ser de excluir a possibilidade de que o *Processo de Bolonha* constitua uma tentativa, por parte dos Estados Europeus, e da União Europeia, em particular, de promover e regular, através da constituição do EEES que contempla também um mercado europeu do ensino superior, a aplicação do *Acordo Geral de*

Comércio de Serviços ao sector do ensino superior. De resto, são fortemente sugestivos nesse sentido os títulos e o teor de duas comunicações públicas de Viviane Reding, Comissária responsável pela Educação e Cultura, em 2003: a primeira, pronunciada na abertura da exposição do *Mercado Mundial da Educação*, a 20 de Maio, em Lisboa, intitula-se "Fazer da UE uma figura proeminente no Mercado Mundial de Educação"; a segunda, apresentada na Convenção das Instituições Europeias do Ensino Superior, a 29 de Maio, em Graz, tem por título "Fazer do Ensino Superior Europeu uma Referência Mundial" e afirma nos seus derradeiros parágrafos:

> "o potencial da Europa é enorme. Temos o maior mercado único do mundo. Milhares de universidades produzem conhecimento e transmitem o seu conhecimento a centenas de milhares de graduados em cada ano. Muitas universidades, muitos departamentos são de nível mundial (*world classe*). Mas não usamos completamente o nosso potencial. Há ainda demasiadas barreiras à mobilidade de estudantes, professores e investigadores. As universidades não cooperam o suficiente, a transmissão do novo conhecimento para o mundo das empresas não é bem organizada e o financiamento é frequentemente inadequado ou usado ineficientemente" (cf. Reding, 2003b: 9).

O facto de a União Europeia ter já avançado no sentido da aplicação do AGCS, nos quatro subsectores aí definidos para os serviços educativos (subsectores primário, secundário, superior e formação de adultos) usando a fórmula inédita de "serviços educativos financiados privadamente" (*privately funded*) (cf. Laval, Weber, Baunay, Cussó, Dreux, & Rallet, 2002: 29-31, 37-39), bem como a linguagem de tónica marcadamente económica que descreve o EEES nos vários documentos oficiais, sugerem que, se o curso provável daqueles processos não for inflectido, a questão a colocar pode não ser se a educação vai ser regulada pelo AGCS, mas quando e em que termos e condições.

Este é, de qualquer forma, um tema visivelmente ausente, quer das Declarações saídas das Conferências Ministeriais, quer dos documentos produzidos pela Comissão Europeia, pelos Grupos de Trabalho ou pelos diversos participantes a título consultivo, com a excepção reiterada da entidade que representa os estudantes, ESIB[14].

---

[14] Os relatórios preparados para apresentação na Conferência Ministerial de Berlim a 18-19 de Setembro de 2003 quer pelo *Grupo de Seguimento do Processo de Bolonha*,

De resto, a assim designada *dimensão social* do *Processo de Bolonha* obtém um eco muito débil, quer nas preocupações demonstradas pelas várias entidades participantes que prepararam documentos para a Conferência Ministerial de Berlim em Setembro de 2003, quer no Comunicado que dela resultou. Sem dúvida, são as linhas de acção/objectivos colocados como questões fundamentalmente técnicas (na medida em que aparecem esvaziadas de sentido enquanto medidas políticas) que monopolizam a atenção e as páginas dos documentos.

Pelo contrário, a Comissária responsável pela Educação e Cultura, Viviane Reding, em intervenções públicas, frequentemente se referiu à discussão sobre o AGCS e a educação, apresentando a posição da Comissão Europeia:

> "Os compromissos (...) são limitados aos serviços educativos privadamente financiados. A Comissão nada fará que possa minar valores amplamente aceites e partilhados na Europa em relação a questões como padrões académicos, coesão social e condições de acesso equitativas, a manutenção da diversidade cultural, a liberdade de investigação e o papel da pesquisa. A Comissão [não fez] nenhuma nova concessão no sector educativo. Ainda que o AGCS tenha um papel a desempenhar, a Comissão mantém-se concordante (*remains sympathetic to*) com a perspectiva expressa por comentadores da área da educação de que a educação transnacional deve primeiramente ser considerada em *fora* especificamente dedicados à educação (*education-specific fora*), particularmente onde questões de qualidade ou reconhecimento de qualificações académicas emergem" (cf. Reding, 2003a: 7).

Assim, se parece ser um facto o compromisso por parte da Comissão Europeia no sentido de não haver lugar, de momento, a novos compromissos da UE relativos à submissão do sector da educação às regras de livre mercado do *Acordo Geral de Comércio de Serviços*, não são, no entanto, conhecidas posições claras, inequívocas e públicas, por parte, quer dos Estados-membros, quer das instituições comunitárias relevantes,

---

quer pela Associação das Universidades Europeias dão conta do debate acerca da relação entre o EEES e o AGCS, incluindo secções específicas sobre o tema que aparece como uma preocupação reiterada por parte do ESIB; no entanto, e ao arrepio de propostas explícitas nesse sentido, o Comunicado saído da Conferência Ministerial não menciona sequer a questão (cf. Zgaga, 2003; Reichert & Tauch, 2003).

que garantam a determinação de manter a educação (e outros serviços sociais públicos) excluída daquele *Acordo*. Pelo contrário, os silêncios, as sugestões e as declarações ambíguas, dúplices, surpreendentemente ingénuas ou encantatórias face à questão em apreço deixam fundas dúvidas e inquietações quanto aos sentidos, desenvolvimentos e metamorfoses possíveis das enigmáticas políticas e projectos em formação.

3.5. *A vertigem de mudanças (in)visíveis*

Sugerimos, com base na análise apresentada, que é possível reter um conjunto de processos desenvolvidos nos domínios da educação e da formação no contexto da União Europeia que caracterizam este período decorrido entre 1998 e 2003:

(i) a designação explícita daquelas áreas como componentes cruciais para uma estratégia de promoção da competitividade da economia comunitária/europeia no contexto global;

(ii) a assunção deste imperativo como referência axial para as iniciativas políticas nos campos da educação e da formação;

(iii) a constituição de plataformas políticas, mais amplas que a UE, para coordenar as políticas de educação e formação;

(iv) a definição de políticas assentes em processos baseados no *método aberto de coordenação*;

(v) a invenção e desenvolvimento de mecanismos e instrumentos produtores da comparabilidade e harmonização dos sistemas europeus de educação e formação (sistemas de graus, sistemas de transferências de créditos, *Suplemento ao Diploma*, *Europass...*).

III. NOTAS FINAIS: A EUROPEIZAÇÃO DAS POLÍTICAS EDUCATIVAS NACIONAIS – PERCURSOS, PROCESSOS E METAMORFOSES

O momento que actualmente vivemos parece constituir uma fase inédita, a vários títulos, de um processo cujos primórdios remontam já a mais de três décadas. As dinâmicas de *europeização* e de constituição de um *referencial global europeu* para as políticas educativas – que corporizam alguns dos modos pelos quais a União Europeia se tem constituído como instância de mediação dos processos de *globalização* – assumem hoje, como se procurou mostrar, uma intensidade, amplitude e profundidade de intervenção claramente distantes daquelas que ocorriam há apenas uma década atrás. Por outro lado, aqueles processos ocorrem actualmente no contexto de arenas supranacionais que claramente extravasam o âmbito da União Europeia, quer porque incluem outros Estados não aderentes, mas com relações privilegiadas com aquela organização regional, quer porque são desencadeados com base em dinâmicas intergovernamentais autónomas, ainda que desenvolvendo fortes conexões com actores, recursos, prioridades e políticas comunitários. Nesse sentido, pode registar-se, sem que possa ainda ser analiticamente esclarecido, o facto de os termos *europeu* e *europeização* condensarem hoje um significado mais oscilante que designa quer o bloco regional e o sistema político constituídos pela União Europeia quer, conforme os processos e os momentos históricos, outras plataformas, movimentos e acordos intergovernamentais com recortes variáveis no contexto do continente europeu, em que a União assume, em qualquer dos casos, uma centralidade e um protagonismo assinaláveis.

Em trabalhos anteriores, argumentámos que, entre 1971 e 1992, é possível identificar modalidades distintas de produção de processos de *europeização* das políticas educativas nacionais:

   (i) a definição de agendas e prioridades comuns aos Estados-membros, na esfera da educação;

   (ii) o estabelecimento de uma agenda e uma política comunitárias para a educação;

   (iii) a recontextualização de políticas comunitárias (cf. Antunes, 2004a).

Se, algo generica e esquematicamente, se pode considerar que a realidade actual é recoberta por esta análise, há metamorfoses decisivas quanto ao sentido e aos processos que hoje informam estas modalidades de *europeização*. E esta segunda constatação é tão decisiva para a compreensão das dinâmicas em causa como aquela que em primeiro lugar se enuncia. Assim, por um lado, os dois processos sinalizados em (i) e (ii) tendem a conjugar-se, de tal modo que é um *quadro estratégico* de referência comum, *Educação & Formação 2010*, que constitui a matriz

A *Europeização das Políticas de Educação e Formação* 41

programática, quer dos compromissos assumidos pelos Estados[15], quer das políticas desenvolvidas, naquelas áreas, pelas instituições da União Europeia (Conselho Europeu e Comissão Europeia); por outro lado, dada a formalização dos compromissos em causa – em instâncias legitimadas pelo seu estatuto jurídico no contexto do sistema político estabelecido, no que toca ao *Programa* acima mencionado, em *fora* debilmente institucionalizados e legitimados, mas efectiva e fortemente actuantes e influentes, como parece ser o caso do *Processo de Bolonha* –, os Estados tendem a assumi-los e a apresentá-los como politicamente vinculativos (beneficiando do bónus de legitimação assim angariado), constituindo a regulação supranacional como um facto consumado e um imperativo incontornável, limitando, senão esvaziando, o processo político democrático de formulação e promulgação de políticas e remetendo o espaço e os actores nacionais para o domínio da implementação de orientações e medidas previamente decididas[16].

Nesse sentido, o processo de *europeização* verificaria hoje mais especificamente as seguintes modalidades de produção:

(i) a definição, ao nível da União Europeia, de uma *matriz de políticas* a desenvolver pelos Estados nos domínios da educação e formação e o *controlo a posteriori* de todo o processo;

(ii) a constituição de *plataformas intergovernamentais,* em que tem lugar a decisão de medidas a implementar pelos Estados no campo da educação;

(iii) o desenvolvimento de uma agenda e uma política comunitárias (isto é, definida e desenvolvida sob a égide de instituições comunitárias) para a educação e a formação.

---

[15] É de todo relevante que os Estados, para além de construírem entendimentos comuns, assumam compromissos políticos face a objectivos, parâmetros e metas muito concretamente estabelecidas.

[16] Deve, no entanto, ser notado que, quer o conteúdo dos acordos, quer a sua assunção, apresentam diferenças importantes: curiosamente, são os compromissos decorrentes do debilmente institucionalizado e legitimado *Processo de Bolonha* que incidem sobre medidas políticas concretas e parecem ser encarados como mais fortemente vinculativos pelos Estados, enquanto *Educação & Formação 2010*, desenvolvido no âmbito da União Europeia, constitui antes uma matriz programática e parece, portanto, ser interpretado pelos Estados como uma fonte, e não uma carta, de medidas de política educativa e de formação.

Isto é, se não estão ausentes as modalidades de *europeização* da educação antes identificadas, a sua formulação terá de ser alterada para dar conta das inovações e dinâmicas em curso.

O balanço que, em síntese, pode ser feito deve ainda sublinhar que a regulação supranacional da educação se tornou programaticamente explícita e efectivamente actuante, constitui um processo que evidencia um dinamismo notável e assume um carácter metamórfico e polimórfico, originando práticas novas e alterando os sistemas políticos que corporizam a elaboração e o desenvolvimento das políticas educativas nacionais. No curto período de meia década (1998-2003), a arquitectura e o elenco das políticas no campo da educação sofreu transformações dramáticas, ainda parcelarmente institucionalizadas e consolidadas, sem dúvida, mas já com consequências visíveis.

Por outro lado, argumentamos que a constituição desta(s) agenda(s) ao nível supranacional, sendo em si mesma um processo político de *globalização*, é ainda estruturada por outros processos de âmbito global, designadamente de natureza económica; aquele conjunto de prioridades, problemas, expectativas e soluções é também assumidamente apresentada como devendo inspirar, condicionar ou constituir as agendas políticas nacionais para a educação. Nesse sentido, muito evidentemente a União Europeia, e outras plataformas intergovernamentais regionais como o *Processo de Bolonha*, constituem instâncias de mediação que criam, promovem, modelam, filtram e veiculam os processos de *globalização*.

Neste trabalho não aprofundamos os conteúdos da(s) agenda(s) constituídas ao nível supranacional, nem esclarecemos o processo de desenvolvimento das políticas educativas para os níveis nacional, local e institucional onde efectivamente são realizadas. Nessa medida, as coordenadas e a ambição do estudo que apresentamos são bem claros: procuramos analisar algumas dimensões de uma constelação limitada de fenómenos, inscrita ao nível supranacional, que participa do complexo de processos envolvidos na elaboração das políticas educativas nacionais no contexto da União Europeia.

GOVERNAÇÃO E ESPAÇO EUROPEU DE EDUCAÇÃO: REGULAÇÃO DA EDUCAÇÃO E VISÕES PARA O PROJECTO 'EUROPA'

1. Introdução

O campo da decisão política em educação foi profundamente alterado nos últimos anos: ampliou-se e complexificou-se, por um lado, para incluir modalidades e protagonistas do espaço supranacional (e subnacional); está hoje reduzido e esvaziado, ao nível nacional e para algumas áreas, em que os processos e procedimentos, as instâncias, espaços e *fora* legítimos de decisão se viram contornados, ultrapassados, ignorados, e reactivados sob um outro estatuto, designadamente enquanto esferas de ratificação, desenvolvimento (concretização) ou implementação das opções e decisões formadas em níveis supranacionais.

O sinal de partida foi dado e encontramo-nos já em processo de franco afastamento dos modelos, formas e processos de decisão que considerávamos como típicos das democracias ocidentais pluralistas, edificados, ao longo de várias décadas, no seio dos territórios e sistemas políticos nacionais, nomeadamente europeus: estiveram ausentes, ou imensamente diminuídos, relativamente a recentes e importantes decisões, a negociação com parceiros sociais legitimados por um mandato de representatividade, a discussão pública mais ou menos ampla, o debate político, prévio e inerente a uma decisão, parlamentar ou não, entre as diversas forças políticas, partidárias ou outras. Refiro-me aos designados *Processo de Bolonha* e *Programa Educação & Formação 2010*, este integrando ainda um *Processo de Bruges/Copenhaga*.

Com um impacto mais ou menos imediato, de maior ou menor dimensão, estas diferentes constelações de opções e decisões políticas envolveram principalmente ou exclusivamente os Ministros da Educação e/ou os

Chefes de Estado e de Governo, que elaboraram e/ou aprovaram declarações, medidas, programas, linhas de acção; no caso do *Processo de Bolonha* têm vindo a participar, em estádios mais recentes, nos debates e grupos de trabalho, entidades que agregam, ao nível europeu, instituições de ensino superior e associações de estudantes, tendo os docentes e investigadores sido liminarmente excluídos até à quarta Conferência Ministerial de 19-20 de Maio de 2005 em Bergen, na Noruega. Como veremos adiante, a esta nova arquitectura e novo elenco no campo da educação não é alheio o intencionalmente procurado efeito de *desregulação* (através da eliminação sumária e extra-legal dos controlos democráticos inerentes aos processos políticos estabelecidos nos sistemas nacionais) produzido pelos expeditos e debilmente institucionalizados *Processos ad-hoc* de decisão política intergovernamental baseados na adesão voluntária (cf. capítulo 1).

Assim, o ciclo político, se pode continuar a ser analisado como constituído pelas arenas de acção tradicionalmente consideradas – o *contexto de influência*, o *contexto de produção do texto da política*, o *contexto da prática* – (cf. Bowe, Ball & Gold, 1992), engloba hoje processos e actores muito distintos.[1]

2. A agenda para a educação: constituição e conteúdo

Para estudar este fenómeno de deslocação do processo de formação das políticas para a educação em direcção ao nível supranacional vamos

---

[1] O *contexto de influência* constitui a arena em que múltiplos interesses protagonizados por diversos actores e entidades, se mobilizam para marcar a definição e os propósitos da educação; aí se constituem os discursos e conceitos em que a política educativa vai assentar; o *contexto da produção do texto da política* mantém uma relação estreita com o anterior que, no entanto, é frequentemente difícil: por um lado, estes textos pretendem expressar a política, às vezes oficialmente, outras vezes de modos mais informais; por outro lado, fazem-no numa linguagem que procura referenciar-se a um pretenso bem público geral. Desse modo, o confronto e o compromisso entre valores, princípios e interesses e a incoerência e inconsistência internas aos, e entre, textos são a marca incontornável desta segunda arena de acção. O *contexto da prática* recria a política através da interpretação, do conflito entre leituras divergentes e da interacção entre estes processos, e a história, as experiências e as práticas estabelecidas que configuram os contextos a que a política se dirige. São os actores e as relações sociais actuantes nesta esfera que constroem as apropriações mais ou menos selectivas que dão corpo à política em acção (cf. Bowe, Ball & Gold, 1992: 19-23).

convocar uma distinção proposta por Roger Dale entre *a política de educação* (the «politics of education») e a *política educativa* («education politics»). Podemos, do ponto de vista analítico, considerar a agenda supranacional para a educação segundo os dois planos mencionados: "os processos e estruturas através dos quais é criada" uma agenda para a educação (a *constituição* da agenda, da definição dos objectivos, problemas, prioridades); "os processos pelos quais esta agenda é traduzida em problemas e questões" (o *conteúdo* da agenda) (Dale, 1994a: 35) e desenvolvida "através da (re)estruturação das instituições, dos processos e das práticas educativas" (Antunes, 2004a: 40). Num primeiro momento, concentrar-nos-emos no plano da *constituição* da agenda para a educação, tal como se desenvolve actualmente no bloco regional em que Portugal se inscreve, a União Europeia, e nas plataformas políticas intergovernamentais de âmbito quase continental em que os países e as instituições comunitárias se integram, como o designado *Processo de Bolonha* (e o *Processo de Bruges/Copenhaga*). Posteriormente ensaiaremos a compreensão de como esta agenda se traduz em guiões de problemas e questões que corporizam um conteúdo para a reestruturação da educação. A nossa atenção estará focada, assim, naqueles que, segundo a proposta de análise atrás enunciada, constituem o *contexto de influência* e o *contexto de produção do texto* da política.

2.1. *Efeitos desejados: alinhar a educação na Europa*

Roger Dale (2005a) propõe que as relações entre a natureza, o papel e estatuto do Estado nos países ocidentalizados e os processos de globalização sejam apreendidas considerando os "efeitos"[2] directos, indirectos e colaterais destas dinâmicas. Atentando na segunda destas últimas categorias, sublinha-se que os efeitos indirectos da globalização na *governação*

---

[2] O termo "efeitos" regista a forma como estes processos tendem a ser experienciados pelas pessoas ao nível nacional; no entanto, o autor sublinha a ideia de que estas não são dinâmicas que os Estados, enquanto entidades e actores políticos sofram; pelo contrário, constituem uma das categorias de actores mais visivelmente actuantes, interessados e comprometidos com a promoção dos processos de globalização. Os efeitos directos dos actuais processos de globalização são intencionais/requeridos/desejados; previsíveis e específicos; os efeitos indirectos são desejados, previsíveis e não específicos; os efeitos colaterais são não desejados, não específicos, mas previsíveis (cf. Dale, 2005a).

da educação compreendem aquelas consequências que, não sendo especificamente procuradas para a educação, alteram, no entanto, profundamente os sistemas educativos. Estes fenómenos radicam em três desenvolvimentos: (i) "a constitucionalização neo-liberal" (a sua institucionalização nos governos e sistemas político-económicos dos vários países e através de tratados, acordos, convenções multilaterais: por exemplo, o conjunto de medidas conhecido como o *consenso de Washington*, a constituição da Organização Mundial do Comércio (OMC) e do Acordo Geral do Comércio de Serviços (AGCS), o Sistema Monetário Europeu, a Nova Gestão Pública); (ii) a progressiva ampliação da forma de actuação como *Estado-em-rede* e a constituição de blocos e entidades político-económicas supranacionais (regionais ou de outros âmbitos) como a União Europeia ou a Organização Mundial do Comércio; (iii) a globalização da produção. Os efeitos destas dinâmicas incidem com particular intensidade na alteração de, respectivamente, o padrão, a escala da governação e ambos, constituindo uma *agenda globalmente estruturada* para a educação (cf. Dale, 2000b, 2005a: 57-59; Antunes, 2001, 2004a).

Assim, propõe Dale que, por exemplo, a análise de políticas envolvidas com a promoção da privatização, da escolha e dos mercados em educação se desenvolva no quadro de uma abordagem que examina a política de educação, interrogando o modo como são alocados os bens e os benefícios educacionais (cf. 1997a, 1997b). Nesta perspectiva, o que está em causa é o *padrão de governação* da educação, definido pelo quadro constituído por uma determinada combinação das dimensões da governação (actividades: financiamento, fornecimento, regulação, propriedade; formas sociais de coordenação social: estado, mercado, comunidade, agregado doméstico (*household*); escala: supranacional, nacional, subnacional) (cf. Dale, 1997a, 2005a). Neste sentido, é possível hipoteticamente encontrar no campo da educação diversos *padrões de governação*.

Pela sua importância e conotações múltiplas, procuraremos esboçar o campo teórico-semântico do conceito de regulação, já que, a problemática discutida em grande medida aí se inscreve, inspira ou referencia. Assim, apoiando-nos nos teóricos da Escola da Regulação francesa definiremos o *modo de regulação* como a trama de instituições que favorecem a congruência dos comportamentos individuais e colectivos e medeiam os conflitos sociais chegando a produzir as condições para a estabilização (sempre temporária e dinâmica, ainda que prolongada) de um dado *regime de acumulação* (cf. Boyer, 1987: 54-5; 1997: 3; Aglietta, 1997: 412, 429);

constitui, por isso, "um conjunto de mediações que mantêm as distorções produzidas pela acumulação do capital em limites compatíveis com a coesão social no seio das nações" (cf. Aglietta, 1997: 412). Neste sentido, a *regulação* pode ser entendida como o conjunto de actividades, tendentes à estabilização e institucionalização, temporárias, dinâmicas, mas prolongadas, orientadas para produzir essa congruência de comportamentos individuais e colectivos, para mediar os conflitos sociais e para limitar as distorções, produzidas pelo processo de acumulação, a níveis compatíveis com a coesão social. Para Roger Dale, *regulação* designa, neste contexto, as actividades de controlo, isto é, de definição do enquadramento para o fornecimento dos serviços educativos que o Estado assume através de políticas e sanções legais (cf. Dale, 1997a: 277). Parecendo consistir, nesta formulação, numa atribuição última daquele, é possível, no entanto, admitir que outras instâncias ou entidades desempenhem igualmente aqui um papel em áreas definidas pelo, e porventura por delegação do, Estado. A *regulação* implica, assim, a definição de padrões e regras que constituem o quadro em que as instituições operam (Dale, 1997a[3]). Roger Dale tem, no entanto, argumentado que o Estado não reteve o controlo da regulação, mas constituiu-se como "regulador de último recurso", isto é, mantém "a autoridade" e "a responsabilidade" pela governação da educação, embora não controle o modo como são coordenadas as actividades que aquela envolve (cf. Dale, 2005a: 67). Para Barroso, "num sistema social complexo (como o sistema educativo) existe uma pluralidade de fontes, finalidades e modalidades de regulação em função da diversidade dos actores implicados (das suas posições, dos seus interesses e das suas estratégias)". Dessa forma, "a coordenação, o equilíbrio ou transformação do funcionamento do sistema educativo resultam antes da interacção dos múltiplos dispositivos reguladores" (Barroso, 2003: 10). Este autor distingue três modalidades de regulação baseadas em alianças distintas entre actores decisivos no campo educativo: uma regulação burocrática, edificada ao longo do processo de desenvolvimento dos sistemas educativos e que corresponderia a uma aliança entre o Estado e os professores; uma regulação baseada no mercado, visível em muitos países, sobretudo anglófonos, a partir dos anos oitenta e que

---

[3] Dale apoia-se, para o desenvolvimento desta argumentação em Hood (1995) e Majone (1990).

envolveria uma aliança do Estado com os pais, sobretudo da classe média; uma regulação baseada na comunidade, ensaiada em processos desenvolvidos ao nível local, por exemplo em Portugal nos últimos anos, e que seria sustentada por alianças entre os professores e famílias (cf. Barroso, 2003: 11-2). Consideraremos, então, a *regulação* no campo da educação como: (i) o conjunto de mecanismos postos em acção para produzir a congruência dos comportamentos, individuais e colectivos, e mediar os conflitos sociais bem como limitar as distorções que possam ameaçar a coesão social incluindo, em particular, (ii) a definição de padrões e regras que estabelecem o quadro para o funcionamento das instituições.

Segundo Dale, a natureza e o significado da *regulação* terão sofrido mudanças nos últimos anos: por um lado, a sua forma ter-se-á transformado, passando do que tem sido apreendido como uma *forma de regulação determinada por regras*, que opera a montante do funcionamento, através dos *inputs* – isto é, das condições (normas, orientações, recursos, políticas...) fornecidas ao sistema educativo –, para uma *forma de regulação determinada por objectivos* que actua *a posteriori*, assente em determinadas realizações (*outputs*) do sistema (cf. Dale, 1997a: 279, 2005a). Mas, a mudança terá agora alcançado um outro patamar, em que a base da *regulação* reside nos resultados (*outcomes*) determinados para o sistema. Assim, os resultados requeridos do funcionamento dos sistemas educativos devem ser traduzidos em desempenhos/produtos/saídas imediatas exibidos pelas escolas e face aos quais estas serão avaliadas. Dale argumenta que a agenda supranacional para a educação e formação se constitui já como parte desta última forma de *regulação* e que as avaliações do tipo dos estudos PISA representam uma ilustração deste mecanismo de controlo de resultados.[4]

---

[4] Trata-se do *Programme for International Student Assessment* (PISA), desenvolvido pela OCDE a partir de 2000 para medir as *competências* dos jovens de 15 anos; não se pretende avaliar aquisições escolares, mas os desempenhos face a tarefas, definidos aqueles pelos técnicos da OCDE como expressão de *competências* importantes. As primeiras avaliações PISA, em 2000, envolveram uma amostra de jovens de 15 anos de 32 países (28 Estados-membros da OCDE, bem como a Rússia, Lituânia, Brasil e Liechtenstein) e incidiram maioritariamente sobre o domínio da leitura e compreensão da escrita; o PISA-2002 incidiu sobretudo no domínio da matemática e ciências e envolveu mais 13 países (cf. OECD, 2001; Cussó & D'Amico, 2005).

Por outro lado, em convergência com a análise que sinaliza a emergência e importância da forma de actuação como *Estado-articulador* (Santos, 1998; Antunes, 2001), Dale enuncia uma mudança do papel do Estado, do controlo da *regulação* para a autoridade sobre esta; como foi defendido também por Santos (1998), cabe-lhe agora a meta-*regulação*, isto é, a definição dos contextos, condições e parâmetros para a negociação e confronto dos interesses sociais ou, dito de outro modo, deve assumir o estabelecimento das regras do jogo e da responsabilidade em última instância, face aos fracassos e abusos na *regulação* (Dale, 2005a).

Bolonha, desregulação e alinhamento

Algumas das mais importantes alterações na *governação* da educação têm sido perseguidas através de três estratégias: a desregulação, a judicialização (*juridification*) e a Nova Gestão Pública (cf. Dale, 1997a). A agenda supranacional que tem vindo a ser desenvolvida através dos *Processos* de âmbito europeu, com forte protagonismo ou apoio da União e da Comissão Europeias, consiste, em boa parte, em prosseguir aquelas dinâmicas. A desregulação tem em mira a remoção de barreiras e obstáculos à livre circulação de determinado produto ou serviço e à escolha do consumidor. Trata-se de remover as formas de controlo existentes, de natureza burocrática (concursos,...) ou democrática (instâncias multilaterais, órgãos representativos), percebidas como ameaçadoras para o programa de liberalização. Tipicamente, a desregulação liquefaz as fronteiras geográfico-políticas e territoriais para maximizar o valor de troca e, portanto, potenciar o poder inscrito na capacidade aquisitiva, capital económico e cultural e/ou no estatuto individual e colectivo.

O programa que se encontra em execução com o chamado *Processo de Bolonha* inclui uma vertente de desregulação *sui generis*, que intenta eliminar especificidades e autonomias nacionais substituindo-as por uma férrea regulação de nível supranacional. De facto, as condições, procuradas geralmente através de programas de desregulação (livre circulação, concorrência e escolha de um dado produto), são neste caso sustentadas por meio de um musculadíssimo e duríssimo programa de formatação dos cursos e graus; trata-se, portanto, como em outras áreas, de um processo de dupla face: remoção de barreiras atentatórias do objectivo de liberalização (singularidades, vínculos e recursos político-culturais e institucionais) e imposição de novos parâmetros compatíveis com aquele desígnio. Amaral & Magalhães chamam a atenção exactamente para esse risco de descaracterização e uniformização, argumentando convincentemente com base em desenvolvimentos com sentidos menos proclamados como a sugestão de definição de currículos ou de programas nucleares europeus (Amaral e Magalhães, 2004: 88).

De acordo com Dale (1997a), uma das mudanças mais expressivas tem ocorrido ao nível do *padrão de regulação*, com os países da Europa a abandonar aquele que constituiu a sua orientação típica de intervenção do Estado, quer directamente, quer através da legislação, para adoptar o modelo mais caracteristicamente americano de entrega de parte substantiva dessas funções a entidades supostamente independentes, no sentido de que formalmente não ostentam vínculos, contratuais, por exemplo, com nenhuma das partes reguladas (veja-se em Portugal a (durante largos meses paralisada) entidade reguladora da saúde ou a autoridade que regula a concorrência). Desta forma, o prenunciado estabelecimento, de âmbito europeu e nacional, de agências de avaliação, de garantia de qualidade e de acreditação, nomeadamente nos domínios do ensino e da formação profissionais e do ensino superior, é o passo necessário para que seja possível a transição para este *padrão regulatório* decalcado do modelo americano de organização de mercados.

A reestruturação da natureza cultural, política e social de determinadas esferas da vida colectiva através da consagração em lei de orientações e constrangimentos que assumem determinados interesses parciais e parcelares como constituintes da própria comunidade, e como tal imperativos na sua própria substância, constitui o processo de *judicialização* progressiva e extensiva da vida social (cf. Dale, 1997a: 278; Santos, 1998: 27-8). Este desenvolvimento subtrai amplas áreas à verificação de dinâmicas de representação, gestão e negociação de interesses e de confronto e conflito políticos; nesse sentido participa do processo mais amplo de limitação da democracia como tentativa para lidar com as exigências e reivindicações crescentes das populações sem perdas de legitimação insustentáveis (a criação do Banco Central Europeu e do Pacto de Estabilidade e Crescimento são exemplos conhecidos de tal estratégia de que o chamado *Processo de Bolonha* será um simulacro com peculiares características e consequências).

A *judicialização* estará ausente da dinâmica em torno do *Programa Educação & Formação 2010* enquanto em relação ao chamado *Processo de Bolonha* estamos perante um acordo político – de nível ministerial e com a força de uma conferência e uma declaração intergovernamentais, declaração esta que é internamente apresentada, e em muitos casos percebida, pela generalidade dos actores políticos, como um compromisso vinculativo de Estado, com força legal, e, portanto, de natureza imperativa – que é traduzido em normativos legais e, finalmente, obtém força jurídica, alcançada no final do processo ainda que evocada desde o início; diríamos tratar-se de um processo *sui generis* em que, num certo sentido, estamos perante efeitos de *judicialização* de facto que antecedem e geram um processo de *judicialização* de direito (em sentido próprio): um compromisso (supostamente com força e legitimidade legal) é evocado para justificar a dispensa dos processos políticos estabelecidos no seio dos sistemas democráticos nacionais, que ocorrem apenas para dar cobertura legal a decisões anteriores assumidas como definitivas.

Esta espécie de *judicialização* (*a posteriori*), com consequências reais, constitui, como tem sido já frequentemente alertado, uma manifestação do designado *défice democrático* que marca os processos, instituições e sistema políticos europeus/da União Europeia (cf., por exemplo, Santos, 1995: 286); diversas vozes têm já apontado a tentativa de silenciar e evitar dissensos, substituindo debates e documentos de discussão por eventos e proclamações celebratórios (cf. Amaral e Magalhães, 2004) solidários desse "modelo bipolar" "exclusivo e excludente" que marca "a nova arquitectura e o novo elenco do campo da educação" no contexto europeu (Antunes, 2004a).

A ênfase (tipicamente inspirada nos mandamentos da Nova Gestão Pública) na prestação de contas – ao Conselho Europeu, à Comissão Europeia, no caso do *Programa Educação & Formação 2010* e ao Grupo de Seguimento, para o chamado *Processo de Bolonha* – sugere o desenvolvimento de percursos distintos no seio da mesma dinâmica: no primeiro caso, sublinha-se intensamente a obtenção de determinados resultados, explícitos e mensuráveis, por parte dos sistemas de educação e formação, o que constitui uma aproximação à obsessão pela prestação de contas em termos de resultados, às entidades "tutelares" do Programa e não aos seus destinatários. No segundo caso, estamos ainda perante a *forma de regulação determinada por objectivos*, sem que, nesta fase, estes cheguem a ser traduzidos por resultados obtidos pelos sistemas educativos. No entanto, a execução das *linhas de acção* definidas em cada encontro periódico nas Conferências Ministeriais é minuciosamente monitorizada, com pedidos de relatórios nacionais, pedidos de informação às entidades responsáveis e elaboração de múltiplos relatórios, apresentando indicadores de realização, gráficos de consecução, cartões de resultados (*scorecards*), listas e tabelas de desempenho comparado, em suma, uma impressionante produção de instrumentos, procedimentos e metodologias de controlo, por parte de entidades extranacionais, gritantemente contrastantes com a virtual ausência de acompanhamento, responsabilização, ou mesmo simples informação, perante os actores, grupos ou categorias envolvidos no terreno da acção quotidiana de realização das missões, funções e políticas educativas institucionais e nacionais.[5]

Do mesmo modo, se analisarmos o Programa *Educação & Formação 2010*, desde 1999 que persiste a preocupação com os *objectivos futuros concretos*[6], posteriormente definidos para os sistemas educativos e de formação dos Estados subscritores (em número de trinta e um desde Janeiro de 2003), e em relação aos quais foram estabelecidos *parâmetros de referência europeus para a educação e formação* e definidos "níveis de referência dos resultados médios europeus" em relação a cinco parâmetros a serem utilizados "como instrumento de monitorização da execução" daquele *Programa* (cf. Comissão Europeia, 2002; Conselho «Educação, Juventude e Cultura», 2003: 7). Desse modo, o método de concretização da política/programa inclui como elemento crucial a determinação dos procedimentos de controlo do seu grau de consecução. Esta

---

[5] Apenas para delinear um quadro aproximado da informação de monitorização produzida para a Conferência Ministerial de Maio de 2005, em Bergen, podem ser listados: (i) relatórios nacionais, elaborados para o *Grupo de Seguimento de Bolonha* (BFUG, Bologna Follow-Up Group); (ii) *From Berlin to Bergen*, o Relatório Geral do Grupo de Seguimento de Bolonha (iii) *Bologna Process Stocktaking*, relatório do Grupo de Trabalho apontado pelo BFUG; (iv) *Trends IV: European Universities Implementing Bologna*, relatório elaborado sob responsabilidade da Associação das Universidades Europeias (EUA); (v) *Focus on the Structure of Higher Education in Europe*, documento preparado pela rede Eurydice abrangendo os 40 países signatários do *Processo de Bolonha*; (vi) *The Black Book of the Bologna Process*, relatório do ESIB, organismo que representa as associações nacionais de estudantes da Europa (para aceder a estes documentos, consultar a página oficial do *Processo de Bolonha*, http://bologna-bergen2005no/).

[6] No Conselho Europeu de Estocolmo de 23-24 de Março de 2000 foi adoptado o *Relatório do Conselho Educação ao Conselho Europeu Sobre os Objectivos Futuros Concretos dos Sistemas Educativos e de Formação* que define "três objectivos estratégicos" comuns e treze objectivos conexos a serem prosseguidos através da cooperação política usando o *método aberto de coordenação* (cf. Comissão Europeia, 2002).

lógica resulta da opção pela resolução "de impasses políticos através do recurso a instrumentos técnicos" e pela reorientação das "questões políticas para o domínio mais difuso da governação" em que imperam "indicadores e parâmetros de referência («benchmarks»), agências de regulação, redes de peritos, prestação de contas mútua («mutual accountability»), acordos de partenariado, trocas das melhores práticas" (Nóvoa, 2005a: 199).

Os efeitos indirectos dos processos de globalização na *governação* da educação são francamente visíveis quanto a algumas das mais importantes dinâmicas em curso de âmbito supranacional, designadamente os mencionados Programa *Educação & Formação 2010* e o *Processo de Bolonha*. Os desenvolvimentos analisados como "a constitucionalização do projecto neo-liberal" e a ampliação das áreas e a intensificação da frequência com que os estados actuam segundo a forma de *estado-em-rede* constituem a fonte de onde emanam diversos momentos e vertentes destes processos. Encontramos assim, projectos de alteração da *regulação* (e, portanto, da *governação*) da educação quer no que toca à divisão e combinação de escalas em que aquelas se inscrevem, quer no que respeita ao *padrão de governação* e de *regulação*: dessa forma, as instâncias supranacionais assumem determinadas actividades (a definição do *padrão* e da *forma de regulação,* dos objectivos dos sistemas, dos resultados e das modalidades e procedimentos de controlo) enquanto para os níveis nacional e local será naturalmente preconizado que venham a tomar corpo medidas políticas e processos que respondam àquela agenda. Também quanto ao *padrão de regulação* e, nomeadamente no que toca ao *Processo de Bolonha*, o Acordo Geral de Comércio de Serviços parece estar no horizonte, tal como o mercado interno de serviços da União Europeia, inspirando a aproximação, através da criação de dispositivos e entidades que protagonizam a regulação (como os sistemas e agências de garantia da qualidade e de acreditação), ao modelo norte-americano de regulação de mercados. Por outro lado, tem vindo a ganhar espaço e impacto *a forma de regulação determinada por objectivos*, desenvolvimento amplamente visível nos processos de gestão de mudança social e educativa em curso relativamente aos diversos sectores dos designados sistemas educativos.

2.2. *Alinhar a educação na Europa: sentidos, instrumentos e projectos*

Se analisarmos a agenda supranacional para a educação no plano agora da *política educativa* («education politics»), podemos considerar "os processos pelos quais esta agenda é traduzida em problemas e questões" (o *conteúdo* da agenda) (Dale, 1994a: 35) e desenvolvida "através da (re)estruturação das instituições, dos processos e das práticas educativas" (Antunes, 2004a: 40).

Sentidos prováveis: mercado e cosmopolitismo

Assim, tomando como referência as dez linhas de acção definidas nas declarações de Bolonha (1999), Praga (2001) e Berlim (2003)[7], podemos identificar seis categorias referenciáveis a sentidos divergentes para o projecto de edificação do(s) Espaço(s) Europeu(s) de Educação (de Ensino Superior, de Investigação). Não é indiscutível em que consistem estes projectos europeus; parecem, no entanto, apontar para o esbatimento de fronteiras várias entre sistemas, instituições, espaços e percursos. Cremos, no entanto, que essa diluição de fronteiras verifica processos altamente diferenciados e ambivalentes, testemunha fenómenos de sentido contraditório, com origens, intensidades e consequências significativamente divergentes. Assim, quer a constituição de um mercado, com base numa regulação mais exigente ou minimalista, quer o aprofundamento da cooperação ou mesmo a edificação de um cosmopolitismo europeu no campo da educação se apresentam como orientações possíveis, embora não igualmente prováveis, dos desenvolvimentos propostos e em curso.

---

[7] Consultar os documentos seguintes: Declaração de Bolonha (1999). Joint Declaration of the European Ministers of Education, Convened in Bologna on the 19th of June 1999, em http://www.europa.eu.int/comm/education/bologna_en.html (consultado em 4 Setembro de 2003); *Towards the European Higher Education Area, Comuniqué of the Meeting of Europen Ministers in Charge of Higuer Education in Prague on May 19th 2001*, in http://www.europa.eu.int/comm/education/bologna_en.html; *"Realising the European Higher Education Area" Comuniqué of the Conference of Ministers responsible for Higher Education in Berlin on 19 September 2003*, in http://www.bologna-berlin2003.de/en/aktuel/index.htm.

Como bem sublinham Stoer & Magalhães, a Europa é uma construção política onde se posicionam diversas visões, projectos ou metáforas e onde o conhecimento como interacção cosmopolita ou sob a forma de fluxos e redes disputam terreno, do mesmo modo que "as formas emergentes de regulação encerram importantes potencialidades de agência social e individual" (Stoer & Magalhães, 2005: 145).

Desta forma, aquelas dez linhas de acção podem ser agrupadas sob as seguintes categorias: mobilidade; convergência; regulação; cooperação/ /cosmopolitismo; mercado[8]. Como se pode verificar, este rápido esboço de categorização das linhas de acção indicia a ambiguidade potencial de tais orientações, permitindo ainda sublinhar o facto de que, sobretudo a convergência, sendo dispensável, no caso da prevalência do encorajamento da cooperação entre instituições de ensino superior europeu, tendo em vista a construção de um espaço científico-cultural cosmopolita, é um

---

[8]

Objectivos (declarados ou possíveis)	mobilidade	convergência	regulação	mercado	cooperação/ cosmopolitismo
Linhas de acção	1 2 3 4 10	1 2 3 4 10	1 2 3 5 10	1 2 3 6 7 8 9 10	1 3 4 6 7 10

As linhas de acção definidas para o *Processo de Bolonha* são as seguintes: 1 – Adopção de um sistema de graus facilmente legível e comparável; 2 – Adopção de um sistema essencialmente baseado em dois ciclos; 3 – Estabelecimento de um sistema de créditos; 4 – Promoção de mobilidade; 5 – Promoção da cooperação Europeia na garantia de qualidade; 6 – Promoção da dimensão Europeia no ensino superior; 7 – Aprendizagem ao longo da vida; 8 – Instituições do Ensino Superior e Estudantes; 9 – Promover a atractividade do Espaço Europeu de Ensino Superior; 10 – Estudos de doutoramento e a sinergia entre o Espaço Europeu de Ensino Superior e o Espaço Europeu de Investigação. De notar que em documentos oficiais laconicamente se afirma o entendimento de que *a dimensão social do ensino superior* (linha de acção proposta e requerida repetidamente pela organização representativa dos estudantes, como membro consultivo neste processo, a ESIB – the National Unions of Students in Europe), deve ser entendida como uma linha de acção envolvente (*overarching*) ou transversal, sem qualquer explicitação adicional da tradução concreta de tal entendimento (cf. Work programme 2003-2005 for the Bologna Follow-Up Group).

alvo incontornável se, pelo contrário, é a constituição de um mercado concorrencial que domina a agenda[9]. Desta forma, o quadro delineado sugere e reforça, por seu lado, a interpretação de que a criação de condições para a competição entre instituições e espaços económico-políticos marca a natureza e o ritmo do *Processo de Bolonha* (cf., entre outros, Amaral & Magalhães, 2004; Neave, 2004).

Uma nova trilogia: garantia da qualidade, acreditação, reconhecimento

Na Conferência Ministerial de Bergen foram definidas três grandes áreas de desenvolvimento de políticas em direcção aos objectivos acordados no período entre 2005-2007 apresentadas como "características chave da estrutura do EEES" (cf. *The European Higher Education Area – Achieving the Goals,* p. 6). Assim, a intensa actividade demonstrada na edificação de um *novo quadro de regulação* em que as instituições operam (Dale, 1997a) envolve: (a) um modelo convergente assente na definição de uma unidade de medida (o *crédito* europeu), que vigore no domínio da formação profissional e do ensino superior, e que permita definir padrões similares ou equivalentes para um número amplo de cursos, diplomas e instituições; (b) a definição de um único sistema de graus em que podem ter lugar variações mínimas ainda contrariadas pela sugestão de uma versão preferencial, anglo-saxónica, na modalidade 3+2 anos ou 180+120 *créditos* europeus para os dois primeiros ciclos; (c) o esforço para fundar sistemas de avaliação, de garantia de qualidade e de acreditação, com base em entidades e procedimentos que se pretende articular, quer ao nível nacional, quer transnacional[10].

---

[9] Uma tipologia de "racionalidades políticas e abordagens à educação transnacional", construída pela OCDE, apresenta quatro modalidades: (i) compreensão mútua (com uma longa história, de que os programas Socrates-Erasmus promovidos pela União Europeia são, entre outros, apresentados como exemplos ilustrativos); (ii) migração qualificada; (iii) geração de rendimento; (iv) construção de capacidade (apresentadas como abordagens com uma forte orientação económica e emergentes nos anos 1990's) (cf. OCDE, 2004: 4-5).

[10] Andreas Fejes argumenta que o *Processo de Bolonha* constitui uma técnica de padronização (de que o sistema de transferência de créditos europeu (ECTS) e o suplemento ao diploma fazem parte) associada à técnica de determinação de objectivos,

A centralidade assumida pelas operações de racionalização, codificação e mensuração das aprendizagens (a omnipresença dos créditos europeus, como unidade de medida e dos resultados de aprendizagem como codificações e racionalizações destas) acentua a suspeita de que o sentido imprimido a este processo resultará primordialmente das trocas, comerciais e não essencialmente culturais, assim potenciadas. A qualidade, transparência e comparabilidade erigidas em altos desígnios do Espaço Europeu de Ensino Superior constituem termos destituídos de densidade cultural, incapazes de descrever, expressar ou mobilizar intercâmbios e fertilizações culturais mutuamente desejados e enriquecedores consonantes com um projecto comprometido com a cooperação e o cosmopolitismo. A instituição de uma unidade de medida com a pretensão de vir a tornar-se a tradução universal de processos educativos e de aprendizagens ameaça deslizar sem transição do esboço de uma caricatura para um perigoso e poderoso meio de esvaziamento e empobrecimento da complexidade das dinâmicas educativas e das relações interculturais. Nesse sentido, a perspectiva de uma *cultura (global) de casino*, assente nas trocas comerciais de aprendizagens que, como argumenta Bernstein, circulam sem chegar a afectar os sujeitos (cf. Bernstein, 1998), desenha-se como horizonte cada vez mais provável em resultado de desenvolvimentos e cursos de acção hoje efectivamente presentes.

Por seu turno, os sistemas de garantia de qualidade representam, na óptica de alguns especialistas, um novo *estrato avaliativo e normativo*, entre as instituições e a administração, cujo "alvo estratégico" é "injectar o princípio de competição entre as universidades individuais", constituindo expressões desse "curioso paradoxo Europeu" que consistiu em ser o Estado "a injectar o princípio de mercado na educação superior" (Neave, 2004: 8, 9; cf. ainda Afonso, 1998: 76).

Ainda de acordo com outros estudiosos, o modelo de acreditação adoptado no contexto do sistema de ensino superior dos Estados Unidos da América, hoje em crise e sujeito a amplas críticas, parece ser o objecto de emulação seleccionado para incluir o denominado *Processo de Bolonha*; aquele modelo de acreditação apresenta-se congruente com um sistema de ensino superior em que "o mercado desempenha o papel principal

---

constituindo ambas modos de governar, isto é de constituir e gerir sujeitos (universidades, nações, estados, cidadãos) (Fejes, 2005: 14 e ss.).

enquanto o governo federal está ausente da regulação do sistema" e tem sido objecto de tentativas persistentes no sentido de aparecer como consensual nos documentos oficiais, apesar de o acolhimento de tais propostas, pelos responsáveis e representantes de instituições e actores, ter sido marcado pela contestação, controvérsia e discórdia. (cf. Amaral e Magalhães, 2004: 89-94). Assim, de acordo com Amaral, a conjugação da regulação através de uma "definição dos "outcomes" disciplina a disciplina" com "sistemas de acreditação Europeus, irá criar uma burocracia intolerável e asfixiante" (Amaral, 2004: 6).

A trilogia de instrumentos (garantia de qualidade – padrões e orientações –, reconhecimento e acreditação), que encontramos na forja no âmbito daquele *Processo*, é associada, no programa da Conferência Ministerial de Bergen, à criação de uma nova realidade que é a prestação de serviços de educação através de fronteiras; trata-se de preparar a Europa para esse universo em expansão em que a educação se constitui como uma componente do sector dos serviços cuja governação está em mutação. Naquele documento, a alteração do padrão e da escala de *governação* são apresentados como dados (um padrão de governação em que o Estado não é um protagonista central, em que o mercado se torna uma importante, senão a principal, forma de coordenação social, em que o fornecimento e a regulação abrangem o nível supranacional); o que está em debate são a forma e o padrão da regulação, nas acepções atrás discutidas. As alternativas surgem circunscritas entre, por um lado, a construção de um edifício consolidado de regulação com base naqueles três pilares (garantia de qualidade, acreditação, reconhecimento) e, por outro lado, uma regulação minimalista determinada pelos requisitos de funcionamento do mercado e assente nas interacções e acordos daí resultantes. Assim, sustenta-se que a criação de uma "base comum de qualidade" no contexto europeu é "um pré-requisito para o EEES", que a garantia de qualidade é uma "responsabilidade das instituições individuais", o reconhecimento diz respeito aos "indivíduos e à sua necessidade de obter qualificações portáteis" e que a acreditação institui "um conjunto comum de normas". A afirmação da necessidade de um consenso sobre a qualidade («the need for a quality consensus») é conjugada com a evocação de "um sistema global de reconhecimento" e os desafios e riscos associados a: (i) a gestão e protecção das políticas educativas nacionais; (ii) a garantia sustentada da qualidade em educação face a "fornecedores comerciais relutantes em aceitar uma responsabilidade pelo ambiente educativo em que habitam" e (iii) o comércio globalizado de serviços de educação superior que, "constitui já um segmento significativo do comércio mundial de serviços", pelo que "no contexto do AGCS muitos estão preocupados com o facto de os aspectos da qualidade da educação virem a ser ignorados e marginalizados".

Nesse sentido, encontramos opções despolitizadas e não discutidas (a educação constitui um serviço cuja natureza permite a sua integração no conjunto de serviços em franca liberalização; o mercado global de educação continuará em expansão; a regulação, neste contexto, deverá assentar nos pilares da garantia da qualidade, reconhecimento e acreditação) e debates assumidos e escolhas fundamentadas: a regulação supranacional da educação politicamente sustentada, assumida e legitimada é claramente adoptada como a alternativa a formas de regulação determinadas pelo funcionamento, pelos interesses e forças do mercado, incapazes de "salvaguardar os especiais aspectos de qualidade da educação – especificamente os interesses dos países mais fracos que são as vítimas potenciais de educação transnacional de baixa qualidade e/ou lucrativa" (Conference Programme, 2005: 9, 10).

Como refere um autor,

> pode defender-se que as convenções da UNESCO podiam constituir um quadro legal alternativo ao AGCS na educação superior. As convenções são instrumentos legalmente vinculativos que foram ratificados por mais de 100 estados membros abrangendo cada região do mundo. (...) A diferença fundamental entre o AGCS e a UNESCO reside no seu propósito, o primeiro promove a liberalização do comércio da educação superior para propósitos de lucro; as Convenções da UNESCO são celebradas com a intenção de desenvolver a internacionalização da educação superior (Mathisen, 2005: 16, 17).

A combinação adoptada para este novo quadro regulatório inclui a *forma de regulação determinada por regras* (a harmonização em torno do sistema de créditos e do sistema de graus), que opera *a priori*, bem como a *forma de regulação determinada por objectivos* e *resultados* («outcomes»), com controlo *a posteriori,* (o *estrato avaliativo* (Neave, 2004), os sistemas de garantia da qualidade). As eventuais, e ao que tudo indica largamente prováveis, adopção e generalização de formas de acreditação de âmbito europeu (Amaral & Magalhães, 2004), ou mesmo que nacional, ampliarão o poder normativo daquelas instâncias intermédias em relação às opções de gestão e funcionamento das instituições, sendo susceptíveis de aprofundar o impacto das lógicas mercantis e concorrenciais no sector e de reduzir à sua mínima expressão os valores, as lógicas e poderes associados ao trabalho académico.

Argumentamos que o *Processo de Bolonha* impulsiona a edificação de um *novo quadro regulatório*, no sector do ensino superior; sugerimos ainda que a constituição do mercado interno europeu, em foco com a polémica *directiva Bolkestein*, e o Acordo Geral de Comércio de Serviços constituem horizontes orientadores das opções em questão. A convergência em torno de um sistema de graus, a constituição de orientações e padrões comuns para a edificação de sistemas de garantia da qualidade, e o estabelecimento de normas comuns de reconhecimento de graus sugerem que estamos perante a criação de condições, quer para a remoção de controlos e características (de natureza democrática e burocrática) impeditivas da livre circulação, concorrência e escolha entre cursos e instituições (*desregulação*), quer para o estabelecimento de regras e parâmetros em que as instituições operam (re-*regulação*) compatíveis com a constituição de um mercado eventualmente dotado de uma regulação exigente. A mudança de papel do Estado está em consumação no contexto do neófito Espaço Europeu de Ensino Superior. Como antes se salientava, neste quadro, às autoridades políticas públicas, Estados ou instâncias inter e supraestatais, parece caber a meta-*regulação*, isto é, o estabelecimento das regras do jogo e da responsabilidade em última instância, face aos fracassos e abusos na *regulação* (Santos, 1998; Dale, 2005a).

Tempos de Bolonha: ecos dos dias que correm

Em Portugal, o processo de reestruturação do sistema de graus tem vindo a decorrer desde 2004, numa primeira fase de modo irregular e com interrupções, com um envolvimento minimalista das instituições, dos seus órgãos e actores, sob pressão explícita da tutela quanto à urgência das operações a levar a cabo e ecos públicos esparsos de um processo político baseado no cumprimento dos rituais de informação e consulta obrigatórios[11]; a reforma que assim se aspira a concretizar terá os sucessos

---

[11] Consultar, por exemplo, *umjornal*, edição de 2 de Julho de 2004, p. 7: "O reitor [da Universidade do Minho, Guimarães Rodrigues] garante que o MCES nomeou o grupo de trabalho das diferentes áreas de conhecimento à margem das reitorias, que não foram

Governação e Espaço Europeu de Educação 61

que for possível produzir com o desconhecimento, a incompreensão, a distanciação e a adesão deliberadamente fabricados ao longo dos poucos anos que leva de gestação. Mais recentemente, o desenvolvimento daquele núcleo das medidas acordadas em Bergen foi publicamente lançado pelo Ministro da Ciência, Tecnologia e Ensino Superior, Mariano Gago, no final de 2005 com o anúncio de: (i) "uma avaliação global do sistema de ensino superior e das respectivas políticas" da responsabilidade da OCDE (Organização para a Cooperação e Desenvolvimento Económico); (ii) "uma avaliação dos actuais processos e práticas de garantia da qualidade, de acreditação e de avaliação do ensino superior", sob a responsabilidade da Rede Europeia para a Garantia da Qualidade no Ensino Superior (ENQA), esta última avaliação devendo produzir "recomendações que garantirão a instituição de um sistema nacional de acreditação e de práticas que vão ao encontro dos padrões e das directrizes para a garantia da qualidade na área europeia do ensino superior"; (iii) "um programa voluntário de avaliação institucional de âmbito internacional dos estabelecimentos portugueses de ensino superior universitários e politécnicos, público e privado, e suas unidades orgânicas", a conduzir pela Associação Europeia das Universidades (AEU) com a colaboração da Associação Europeia de Instituições do Ensino Superior (EURASHE[12]). A leitura do normativo legal que consagra estas medidas testemunha vivamente as preocupações, pressupostos e orientações que norteiam este conjunto de opções: trata-se de preparar o país para "os desafios inerentes à garantia de qualidade, capacidade de resposta e competitividade internacional no âmbito do ensino superior", entendimento em diversos passos confirmado como ilustra a discussão de 'estratégias' e 'cenários' respeitantes à garantia da qualidade face ao "notável crescimento nos anos recentes nos domínios da educação transnacional e do que é denominado como novas

---

informadas sobre esse assunto". Também no Jornal *Público*, edição de 9 de Novembro de 2005, p. 28, se noticia que "Estudantes da Beira Interior questionam aplicação de Bolonha" contestando a aplicação, por alguns professores, de um regulamento de avaliação "ainda não aprovado em Senado, que tem por base a declaração de Bolonha", enquanto na edição de 24 de Janeiro de 2006, p. 22, se escreve que: "No passado dia 11, o ministro Mariano Gago chamou os principais parceiros para entregar três anteprojectos de decreto-lei, os documentos necessários para regulamentar o processo de Bolonha. O governante deu menos de duas semanas aos parceiros para discutirem e enviarem os pareceres".

[12] ENQA, e EURASHE correspondem às siglas da designação destas instituições em língua inglesa.

modalidades de ensino: programas de educação a distância, pólos universitários, *franchises*, de entre outros" (Despacho n.º 484/2006 (2ª série): 333, 332, 336). Porque, no entanto, o futuro se conjuga no plural e comporta múltiplos possíveis, ou mesmo diversos sentidos prováveis, faz-nos falta a informação e o debate públicos – nacionais, parlamentares, institucionais ... – acerca dos horizontes, das alternativas, dos cenários, das suas implicações, do bem fundado ou bem orientado das preocupações e das opções do Governo Português; a parca informação cifrada que fundamenta e legitima a decisão vertida em normativo legal esclarece tão só o carácter da prática política em presença.

Ainda no início de 2006, as instituições foram confrontadas com a possibilidade de concluir de imediato determinadas fases do processo de *adequação* do ensino superior ao *modelo de Bolonha*. À aprovação de legislação de alteração da Lei de Bases do Sistema de Ensino na Assembleia da República (em meados de 2005), seguiu-se, então, um inédito processo acelerado de regulamentação e implementação que se saldou pela entrega, até 31 de Março, de cerca de seiscentas propostas de reestruturação de cursos à Direcção-Geral do Ensino Superior para *registo de adequação*/autorização de funcionamento, com base num Decreto-lei de 24 de Março e orientações técnicas publicadas em data posterior. Procurando apreender alguns ecos desse período na Comunicação Social, impressiona a paradoxal sensação de vertigem e naturalização que emana dos relatos produzidos. Encontramos, face ao *Processo*, apreciações que percorrem toda a paleta de tonalidades, da adesão eufórico-expectante ao quase lamento disfórico-resignado, reacções que, contudo, tendem a fixar-se nos contornos mais imediatos da reformulação do sistema de graus ou da evocada reorientação pedagógica, por alguns hiperbolicamente designada como *paradigma de Bolonha*[13].

Na verdade, as referências saídas a público centram-se em torno de alguns poucos vectores do *Processo*: (i) as suas múltiplas *agendas*, daquela mais explícita, da mobilidade, empregabilidade, competitividade,

---

[13] Alguns dos termos e expressões que evocamos em itálico (*adequação ao modelo de Bolonha, paradigma*, formações ou cursos *de Bolonha*) repetem referências usadas em normativos legais e/ou saídas na imprensa, quer citando protagonistas envolvidos, quer da autoria de jornalistas. A apropriação que deles fazemos pretende sublinhar o que aparenta constituir o entendimento oficial e mais difundido dos desenvolvimentos em questão (cf. decreto-lei n.º 74/2006 de 24 de Março).

Governação e Espaço Europeu de Educação

àquela outra, oculta, mas omnipresente, do financiamento; (ii) o *processo político* desenvolvido em Portugal; (iii) a *perversão* dos objectivos ou alcance daquela reforma; (iv) as antevistas *consequências* (positivas ou negativas) para os estudantes.

Os responsáveis pelas instituições de ensino superior frequentemente evocam aquela dupla agenda, sublinhando sobretudo a primeira faceta mencionada, ainda que questionando também os efeitos penalizantes da temida redução de recursos. Face à vertigem que percorreu todo o processo de *adequação a Bolonha* no início de 2006, alguns contestam o estilo de actuação do ministério da tutela: "'Esta forma de trabalhar não é consentânea com o normal funcionamento de um Estado de Direito' acusa Luciano de Almeida, presidente do Conselho Coordenador dos Institutos Superiores Politécnicos (CCISP)"[14]; também o relato da alienação dos estudantes e da sociedade em geral sobressai nos títulos e comentários publicados. Ecoa nestes testemunhos revisitados a reiterada ocorrência de tais desenvolvimentos, que reproduzem e ampliam no espaço nacional e institucional a insidiosa corrosão continuada da substância da democracia, designadamente no terreno da formação e desenvolvimento das políticas.

Um outro registo tende a sublinhar laconicamente uma leitura de que as condições oferecidas em Portugal para a concretização daquele *Processo* arriscam-se a convertê-lo numa oportunidade perdida: porque se privilegiou a produção de resultados para mostrar externa e internamente quanto à reformulação dos cursos,

> "Se ao acto formal da aprovação dos diplomas se acrescentar a exacerbação, transmitida pelo MCTES, de uma urgência inusitada na adequação ao novo quadro legal, facilmente se percebe a deriva do processo face aos seus principais objectivos. Aceitando esta deriva, nada falta fazer. Tudo está feito" (cf. Peixoto, 2006: 11)

---

[14] A citação integra-se no seguinte (con)texto: "No dia 13, o Ministério da Ciência, Tecnologia e Ensino Superior (MCTES) enviou, com carácter de urgência, um documento com os projectos de normas de organização dos dossiers referentes aos processos de registo de alteração dos cursos e de novas formações. Dois dias depois a tutela esperava as respostas das escolas. Um prazo difícil de cumprir quando estas têm de reunir diversos órgãos para analisar os projectos. Passadas duas semanas, as normas ainda não foram publicadas em *Diário da República*, o que significa que as escolas elaboraram processos sem saber se a lei será igual ao projecto" (cf. Jornal *Público*, edição de 31 de Março de 2006, p. 26).

ou porque a mesma tutela parece pouco inclinada a fornecer os apoios e recursos necessários para que as instituições assumam esta reforma (cf. FenProf, 2006: 4-5). Aflora neste olhar a ideia de que um duro preço será pago no futuro próximo por tais opções.

Por último, os jornais registam ainda apreensão e pessimismo, da parte de estudantes mantidos no desconhecimento, total ou parcial, e que manifestam sobretudo preocupação e insegurança face ao valor das formações e dos diplomas *de Bolonha*: "Vai cada vez sair mais gente e vai ser mais complicado arranjar emprego" (Jornal *Académico*, n.º 20, p. 3); "Menos tempo de estudo, menos preparação, menos possibilidades de emprego" (Jornal *Público*, edição de 24 de Março de 2006, p. 22).

Cerca de um ano depois, era possível encontrar apreciações que oscilavam entre a constatação de "fortes angústias" nos alunos, quanto às mensalidades a pagar nos mestrados (os chamados *2.ºs ciclos de Bolonha*) e ao reconhecimento pelas ordens profissionais dos cursos reduzidos para três anos (*1.ºs ciclos de Bolonha*), e de receios e apreensões nos docentes em torno das novas metodologias, das leituras do que é o trabalho individual dos alunos e dos 'cortes orçamentais que estão a empurrar as escolas a reduzir o pessoal'. Refere-se que 'o ano de arranque de Bolonha coincidiu com o desinvestimento no ensino superior'[15]; outros ainda dizem-se preocupados com a qualidade da formação que 'vai levar tempo a analisar e a corrigir'[16].

---

[15] Em relação a esta questão, o consenso é invulgar na sociedade portuguesa, mercê provavelmente da força dos factos. Júlio Pedrosa – actual presidente do Conselho Nacional de Educação, antigo reitor da universidade de Aveiro e ex-Ministro da Educação do XIII Governo Constitucional, com António Guterres como primeiro-ministro e suportado pelo Partido Socialista –, questionado sobre se "Há subfinanciamento ou há universidades mal geridas?", afirmava por estes dias em entrevista a um jornal: "A resposta é simples: basta compararmos o financiamento por aluno nas universidades portuguesas com a média europeia. É metade. Não podemos usar padrões europeus em relação aos resultados e usar outros padrões para o financiamento" (Fernandes & Abecassis, 2007:13).

[16] Trata-se de apreciações de, respectivamente, Luciano de Almeida, João Cunha Serra e Paulo Peixoto (da Federação Nacional de Professores um e do Sindicato Nacional do Ensino Superior, o outro), Seabra Santos (presidente do Conselho de Reitores das Universidades Portuguesas, CRUP) e Sebastião Feyo de Andrade (Vice-Presidente da Ordem dos Engenheiros e delegado nacional do Processo de Bolonha, nomeado pelo Ministro da tutela) inseridas numa reportagem do Jornal *Público*, edição de 24 de Março de 2007.

Após a entrega dos relatórios da OCDE e da ENQA ao Ministro da tutela, está em curso em ritmo acelerado a alteração dos principais diplomas que regulam domínios fundamentais como o Regime Jurídico das Instituições do Ensino Superior, a Agência Nacional de Avaliação e Acreditação do Ensino Superior e o Estatuto da Carreira Docente. Em Outubro de 2007 entrou já em vigor o primeiro diploma, após um processo que alguém considerou de 'fúria legislativa', com prazos de discussão e num momento (final do ano lectivo e legislativo, entre Maio e Julho) largamente contestados pelas diversas forças políticas e actores do universo académico, desde os estudantes aos sindicatos, ao CRUP, CCISP e Conselho Nacional de Educação.

A breve aproximação à espuma dos dias em que vem tendo lugar a *adequação a Bolonha* dos cursos do ensino superior pode neste momento suscitar apenas interrogações: Porque se mobilizaram tantas instituições no desejo de estar na primeira linha dos *cursos de Bolonha*, em condições de tal precariedade e num esforço tão insustentado como se pôde vislumbrar? Com que consequências, presentes e futuras? Até quando permaneceremos debatendo *Bolonha* neste *contínuum* redondo e opaco da euforia à disforia, da adesão expectante à crítica desencantada, sem que (nos) interpelemos quem decide acerca dos fundamentos e sentidos das suas decisões[17]?

Projectos para a Educação na União Europeia

Visões úteis: o Espaço Europeu de Educação e a educação ao longo da vida

Nóvoa destaca dois temas que redundantemente atravessam o *Programa Educação & Formação 2010* e organizam os três objectivos estratégicos retidos: qualidade e aprendizagem ao longo da vida. Por um lado,

---

[17] Um jornal académico reportou uma manifestação de estudantes da Universidade de Coimbra frente à Assembleia da República, a 23 de Março de 2006; segundo a notícia, "O alvo das críticas foi sempre o Governo, por não dar explicações conclusivas sobre as repercussões que a reforma pode produzir na vida académica – «Ninguém nos responde, Portugal está à deriva», insurge-se o presidente associativo. (...) Os lençóis traziam escritas mensagens como «Bolonha não, sim à educação» e «Contra a privatização e elitização do ensino" (cf. Jornal *Mundo Académico*, edição de 27 de Março de 2006, p. 3).

como atrás se sublinhou, encontra-se a associação *qualidade*-avaliação e comparabilidade como modo de definição de políticas. Por outro lado, o *acesso de todos* é compaginado com a multiplicação de meios e modalidades de educação e formação e com a assunção da *empregabilidade* como responsabilidade de cada um se valorizar enquanto recurso e capital humano. A *abertura ao mundo exterior* inclui desdobramentos que apontam quer o universo do trabalho, quer a mobilidade e a cooperação intra e extra o espaço da União Europeia (cf. Nóvoa, 2005a: 215-222). Reconhecem-se, assim, as marcas de dois vastos projectos em que se inscrevem as políticas educativas preconizadas: o *espaço europeu de educação* e a *educação/aprendizagem ao longo da vida*.

Temos vindo a ensaiar a compreensão dos contornos e alcance dessas duas bandeiras-projecto emergentes no contexto da União Europeia marcadas pela sedução e a ambivalência, que têm representado o próprio cerne destes projectos. Assim, se avultam ainda como percursos prováveis a ruptura, a erosão, a absorção, porventura a substituição, dos sistemas educativos nacionais actuais, com a consistência, coerência e permanência institucionais que lhes atribuímos, e das trajectórias escolares e biográficas tal como os conhecemos, também a incompletude, a selectividade e a parcialidade de tais desenvolvimentos continuam a ser reiteradamente testemunhados por processos e factos que se desenrolam perante os nossos olhos. Desse modo, a indefinição, a mestiçagem, e a turbulência de contornos são actualmente qualificativos incontornáveis para designar algumas dimensões das instituições educativas (escolares), enquanto outras permanecem tão ferreamente policiadas e vincadas como sempre. Com este entendimento, valorizamos, como advertência e inspiração teórico-metodológicas, a sugestão de Bernstein para que os sentidos da mudança social sejam procurados nas relações entre as fronteiras que são derrubadas, as que acabam reforçadas e aquelas que irrompem (Bernstein, 1998). Nessa perspectiva, a liquefacção de alguns dos contornos do sistema educativo é acompanhada pela sua fragmentação interna e pela cristalização de outras segmentações, limites e territórios, desenhando o que tenho vindo a reflectir como uma *escola de geometria variável* (Antunes, 2004a).

Em todo o caso, é importante reter que há já várias décadas as relações, entre educação e formação, entre educação/formação e trabalho e entre os sistemas produtivo e educativo/formativo, registam instabilidade, incerteza, imbricação e miscigenação o que não obsta a que outros desenvolvimentos tenham recentemente assumido relevo significativo. Individualização e privatização, responsabilização individual e desresponsabilização do Estado têm sido alguns dos sentidos mais frequentemente associados ao projecto de *educação/aprendizagem ao longo da vida* (cf., por exemplo, Lima, 2003; Nóvoa, 2005a). As análises disponíveis tendem a evidenciar alguma consistência já acumulada e muita hesitação e incerteza; assim, em consonância com as leituras enunciadas, o projecto de *aprendizagem ao longo da vida* tem sido interpretado quer como a expressão do novo pacto Estado-sociedade civil, com a distanciação do primeiro face à sustentação do bem-estar social e um protagonismo mais acentuado da segunda em determinadas áreas de intervenção (cf. Field, 2000), quer enquanto testemunho de uma nova atribuição de responsabilidades e riscos face à formação (com o Estado a garantir a educação inicial, os empregadores envolvidos com o desenvolvimento profissional dos seus assalariados e os indivíduos assumindo a quota da formação ao longo da vida) (cf. Hake, 2006). De uma outra perspectiva, Hake argumenta que a aprendizagem ao longo da vida se tornou a condição de sobrevivência "societal, organizacional e individual" num momento histórico de *modernidade tardia*, dadas as dinâmicas de *globalização* do acesso à comunicação e conhecimento, *destradicionalização* da vida social, institucionalização da *reflexividade* (Giddens, 2000), como aplicação do conhecimento a todos os aspectos da vida social, e a emergência da *sociedade de risco*, decorrente da mudança, incerteza, ambivalência e ambiguidade da vida colectiva de hoje (Beck, 1992). Hake aponta também que, quer na América do Norte, na Europa, ou a nível nacional parece assumir-se que "o conhecimento e as habilidades (*skills*) para aumentar a empregabilidade estão agora disponíveis para cada consumidor individual no mercado globalizado de aprendizagem aberta e a distância"; no entanto, afirma, não deixam, de permanecer e emergir novos "mecanismos excludentes de alocação social" que manifestam "o desenvolvimento de significativas situações de risco" que "afectam as oportunidades (…) de participação em educação e formação" para importantes categorias de sociais (Hake, 2006: 36, 37 e ss.).

Um novo paradigma de *educação ao longo da vida* não tem necessariamente que assumir estes contornos[18]; há desenvolvimentos e iniciativas

---

[18] Não discutiremos aqui o significado distintivo dos conceitos-projecto de *educação ao longo da vida* e *aprendizagem ao longo da vida*, não porque seja irrelevante essa

que seguem objectivos e tendências distintos e mais promissores tendo em vista o desenvolvimento social e o aprofundamento da cidadania. No entanto, as orientações, propostas e programas da União Europeia tendem a ser marcados pelas linhas de rumo e pela ambivalência sinalizadas. Nas bandeiras-projecto de constituição do *espaço europeu de educação* e edificação da *aprendizagem ao longo da vida* insinua-se um desafio sem respostas ou resultados garantidos: a reconfiguração, do âmbito territorial, do modelo institucional, das trajectórias biográficas e do paradigma, da educação, reinventando e consolidando a sua natureza como política (e como prática) social e cultural distributiva e democrática.

> *Em demanda da 'Europa'. Um espaço comum, uma comunidade de destino, um sujeito-cidadão: novos mitos legitimadores?*

Entre outros estudiosos encontramos uma interpretação quanto ao objecto e processo políticos constituídos pelo *espaço europeu de educação* que sublinha o seu nexo vital com o projecto de edificação da 'Europa' como entidade política. Assim, para Martin Lawn, a prossecução daquele desígnio constitui "uma estratégia de governação", "uma missão" e "uma forma distintiva de produção de sentido"; de acordo com algumas análises, anuncia-se uma nova forma de governação, liberta das estruturas e instituições do Estado e nacionais, e modelada pelas interacções entre grupos de peritos, profissionais, políticos, técnicos, sem "uma posição constitucional, uma legalidade legislativa, um lugar fixo de trabalho, uma missão cívica ou comercial regulada". Estamos perante a tentativa de gerar uma identidade para a Europa através da criação daquela fluida e opaca forma de governação, em que são modelados conjuntamente a aprendizagem ao longo da vida, a cidadania e a economia do conhecimento; a afirmação desse "discurso visionário" rompe com os quadros institucionais e nacionais para se vincular ao indivíduo, associando educação, trabalho e cidadania (Lawn, 2003: 330, 335, 332; Lawn & Lingard, 2002: 292).

---

reflexão, mas porque, por um lado, há autores e línguas (o francês, por exemplo) em que a expressão usada é *éducation tout au long de la vie* (por exemplo, Nóvoa, 2005a) e, por outro lado, essa discussão se encontra desenvolvida por outros analistas (cf., por exemplo, Lima, 2003).

Outros sublinham a criação da "Nação-Europa" e de "um espaço educativo comum" como um processo híbrido que combina quer uma "abordagem pragmática" e persistente, com efeitos mais visíveis no quotidiano dos europeus, quer uma "abordagem identitária", marcada por ideias e intenções de tom heróico. O *espaço europeu de educação* estaria igualmente marcado por esta vertente mais operacional das medidas, programas e desígnios (os métodos, os objectivos, as metas temporais, os instrumentos de comparação, os níveis de referência, os procedimentos, os dispositivos facilitadores de mobilidade), bem como por essa outra faceta mais simbólica (os valores, a herança cultural comum, a construção do cidadão europeu) (Nóvoa, 2005a: 200-3).

Outros ainda veriam nessa bandeira-projecto do *espaço europeu de educação* a edificação de uma entidade – assente no conhecimento, na cidadania baseada na partilha de valores comuns e na pertença a um espaço cultural e social comum – congruente com o "mercado interno" e, nessa medida, por exemplo o ensino superior e o conhecimento tenderiam a ser tratados como mercadorias no seio desse espaço (Karlsen, 2005: 3-4).

Por outro lado, segundo Lawn (2003), o programa de *aprendizagem ao longo da vida* afigura-se decisivamente 'útil' para delinear o *espaço europeu de educação*. Este autor defende que aquela bandeira política está no coração deste projecto, dado incorporar a tendência para minimizar as influências, procedimentos e regras institucionais formais e deslocar a ênfase para os aprendizes e as questões de desempenho e comparação. Assim se desenha o envolvimento mútuo de formas ('aligeiradas', 'plurais', descontínuas, 'densamente povoadas') de governação e de aprendizagem tecendo um nexo de necessidade e simetria entre a ordenação do território, físico, social e simbólico, e a criação dos sujeitos. Como se a aprendizagem – re-significada como necessidade e responsabilidade individual, localizada nos aprendizes, mantendo débeis e multiformes laços institucionais – pudesse protagonizar, para o objecto e projecto políticos 'Europa', essa estratégia e modo de vinculação e esse manancial de sentido que a educação (como bem e responsabilidade públicos, localizada nas interacções com o outro, o colectivo, a comunidade, com uma forte inscrição institucional) representou para a constituição dos Estados-nação. De acordo com Lawn, o programa de *aprendizagem ao longo da vida* reestrutura o terreno da educação, visto como transmissão de conhecimento, organizada por referência ao espaço nacional, através de instituições especializadas e orientadas para tal; o campo educacional é ampliado, integrando múltiplas funções, é centrado no aprendiz e focalizado no desempenho e na comparação. Neste sentido, o autor parece sugerir que a *aprendizagem ao longo da vida* e o *espaço europeu de educação* se perfilam como a expressão de novos *mitos legitimadores* (Ramirez e Boli, 1987) e sustentáculos de artefactos político-culturais emergentes para além das nações e dos estados. No entanto, o cepticismo parece dar o tom quanto à possibilidade de estas bandeiras-projecto constituírem vias e reservas de recursos capazes de forjar formas de governação, sulcos de identidade e fontes de sentido para criar a 'Europa' (cf. Lawn, 2003: 335).

3. **Efeitos indirectos: o espaço/mercado europeu de educação e a aprendizagem ao longo da vida**

Os 'efeitos indirectos' das dinâmicas de globalização no campo da educação são múltiplos e expressivamente visíveis, quer na reconfiguração da governação da educação, quer nas mutações do processo de elaboração das políticas educativas. A *política de educação* (a constituição da agenda), tal como pode ser apreendida através da análise do *Processo de Bolonha* e do *Programa de Educação & Formação 2010*, sugere uma congruência, senão vinculação, forte quer com a constituição do mercado interno de serviços da União Europeia e o desenvolvimento do Acordo Geral de Comércio de Serviços, quer com a aproximação aos princípios e regras da Nova Gestão Pública, desenvolvimentos associados ao processo de "constitucionalização neo-liberal". A constituição do Espaço Europeu da Educação/Ensino Superior, enquanto estratégia privilegiada de resposta e impulsão de mudança social e educativa, é a geratriz das mediações em presença ensaiadas para lograr a integração competitiva do bloco 'Europa' no mundo. Neste contexto, uma *agenda globalmente estruturada* está em desenvolvimento através de alterações no que toca a:

(i) o *padrão de governação* – a) a *combinação de escalas* (supranacional, nacional, subnacional), nomeadamente para a actividade de regulação;

(ii) a *forma da governação* – um *padrão* e *forma* de regulação compatíveis com a forma de coordenação social de *mercado*, designadamente no que toca ao sector do ensino superior e ao

Processo de Bolonha, mas também ao ensino e formação profissional e ao chamado *Processo de Copenhaga*, integrado no Programa *Educação & Formação 2010*.[19]

Este percurso envolve formas acentuadas de *défice democrático* através das quais paulatinamente o campo de decisão política pública tem vindo a ser reconstruído. O Programa *Educação & Formação 2010*, mas sobretudo o *Processo de Bolonha* são exemplos elucidativos de como hoje o processo de desenvolvimento das políticas educativas se afasta desmedidamente, quanto à forma, ao sentido e à substância, do que ainda possamos considerar os princípios democráticos (representatividade, legitimidade, negociação...) para se tornarem ilustrações da afirmação de um analista "Pela bitola dos critérios da democracia representativa, a União tem uma tendência deplorável para pôr legitimidade lá onde não há poder, e poder lá onde há falta de legitimidade" (Nestor, 2004: 131). Assim, nos últimos anos, verificamos os seguintes desenvolvimentos: a) *novos arranjos institucionais*, mais ou menos débeis e/ou *ad-hoc*, marcadamente supranacionais que constituem agora os contextos de influência e de produção dos textos da política; b) a *reconstituição* (sumária e extra-legal) do leque *de interesses* envolvidos, das suas formas de organização e expressão, dos espaços e regras do seu confronto, influência e negociação; c) a tendência para reduzir a influência dos actores e interesses de expressão, âmbito e influência nacionais e subnacionais ao campo da execução das políticas.

A assinalada desconexão entre legitimidade e poder constitui hoje um desafio de fundo nas democracias representativas e um traço saliente da denominada *nova política* e/ou *nova governação/governança*. Mesmo que não compartilhando necessariamente os referentes teórico-políticos de análise, os especialistas coincidem em sublinhar as dramáticas transformações nos processos de formação das políticas, bem como o carácter discricionário dos critérios de participação e os problemas de transparência e de responsabilização e prestação pública de contas (cf. Burns, 2004: 154 e ss.); Santos, 2005: 13-23).

---

[19] Entendemos que a *forma de governação* decorre da (combinação de) forma(s) (estado, mercado, comunidade, agregado doméstico), existente ou dominante, através da qual são socialmente coordenadas as diversas actividades (e escalas?) de *governação* (cf. Dale, 1997a, 2005a).

A muito real impossibilidade de sequer conhecer em tempo útil as medidas que modelarão a conjuntura sócio-política no momento seguinte no sentido de tentar a sua compreensão é a experiência mais viva que vamos tendo das vertiginosas mudanças em cascata que hoje aprofundam esta "revolução silenciosa no campo da educação" (Newsletter, 2003), condição que insensivelmente tendemos a naturalizar.

No que toca à segunda área de inquérito encetada, as *políticas educativas* – isto é, o conteúdo da agenda para a educação, os problemas e questões tematizados que apontam para a reestruturação das instituições, processos e práticas educativos – encontramos, no que toca ao *Processo de Bolonha*, um conjunto de linhas de acção cuja categorização reforça a interpretação de que o desenvolvimento de relações de cooperação e cosmopolitismo está longe de constituir uma marca importante dessa iniciativa que se apresenta antes, como se procurou argumentar, vincadamente referenciada à competição entre instituições e espaços sócio-económicos. A análise das medidas preconizadas para o período 2005-2007 indica o prosseguimento da edificação de um novo *quadro regulatório*, como se defendeu, congruente com a liberalização do sector, susceptível de potenciar a concorrência entre instituições e cursos e ainda de fixar regras, padrões e parâmetros de organização e funcionamento dos sistemas, eventualmente procurando salvaguardar uma regulação exigente; esse *quadro regulatório* emergente assenta numa trilogia de instrumentos direccionados para a prestação de serviços de educação através de fronteiras, reforçando o *estrato avaliativo* conexo: (i) sistemas de garantia de qualidade, (ii) reconhecimento de graus e períodos de estudos e (iii) acreditação. Fica, assim, clara a mudança do papel do Estado (da autoridade política pública), reservando a responsabilidade em última instância e a autoridade sobre a *regulação*, mas transferindo o seu exercício e controlo directos para outras entidades ou actores (por exemplo, agências de avaliação, de certificação ou de acreditação).

As bandeiras-projecto para a Europa de edificação do *espaço europeu da educação* e realização do paradigma de *aprendizagem ao longo da vida* são marcadas por ambiguidades e ambivalências várias em que sobressai a traço grosso a ênfase na individualização dos problemas sociais e económicos, um novo pacto entre Estado e sociedade civil com uma distribuição distinta de riscos e responsabilidades entre a autoridade pública e os indivíduos face à educação e ao bem-estar social. Estaremos talvez perante a tentativa, criatura da tentação, de, através daqueles projectos, forjar os novos *mitos legitimadores* capazes de sustentar artefactos político-culturais para além das nações e dos estados; o desejo de envolver no mesmo movimento a ordenação do território, físico, social e simbólico, e a criação dos sujeitos, parece estar no coração daqueles projectos. Alguns analistas duvidam que aquelas bandeiras-projecto constituam vias e reservas de recursos capazes de gerar formas de governação, sulcos de identidade e fontes de sentido para criar a 'Europa'.

EDUCAÇÃO E TRABALHO NO SÉCULO XXI: O PROCESSO DE COPENHAGA E O EUROPASS. INDIVIDUALIZAÇÃO E DUALIZAÇÃO SOCIAL?

1. Roteiro

Nascido de uma duradoura colaboração este texto, iniciado no V Seminário do Trabalho *Trabalho e Educação no Século XXI*, procura acalentar debates abertos a "estudos compartilhados"[1] com a aspiração de esclarecer a reorganização dos "espaços educativos levando-se em conta as regulações económicas, sociais e políticas que atravessam as fronteiras de diferentes países, e ao mesmo tempo buscar a presença crescente das questões educativas na criação de identidades locais"[2].

Neste sentido, vou analisar as relações entre educação e trabalho, enquanto parte de uma dinâmica mais ampla de reposicionamento da educação na *regulação* social (cf. Antunes, 2004b)[3], com ramificações e

---

[1] Peço emprestada a feliz expressão a Ângela Maria Martins e ao texto não assinado *Apresentação*, ambos do livro AAVV (2005).

[2] A citação é retirada do texto não assinado *Apresentação* do livro AAVV (2005).

[3] Apoiando-nos nos teóricos da Escola da Regulação francesa definimos o *modo de regulação* como a trama de instituições que favorecem a congruência dos comportamentos individuais e colectivos e medeiam os conflitos sociais chegando a produzir as condições para a estabilização (sempre temporária e dinâmica, ainda que prolongada) de um dado *regime de acumulação* (cf. Boyer, 1987: 54-5; 1997: 3; Aglietta, 1997: 412, 429); constitui, por isso, "um conjunto de *mediações* que mantêm as distorções produzidas pela acumulação do capital em limites compatíveis com a coesão social no seio das nações" (cf. Aglietta, 1997: 420-1; 412, ênfase no original). Neste sentido, a *regulação* pode ser entendida como o conjunto de actividades, tendentes à estabilização e institucionalização, temporárias, dinâmicas, mas prolongadas, orientadas para produzir essa congruência de comportamentos individuais e colectivos, para mediar os conflitos sociais e para limitar as distorções, produzidas pelo processo de acumulação, a níveis compatíveis com a coesão social.

traduções diversas nos processos que articulam aqueles dois universos sociais; essa mudança inscreve-se ainda na reordenação das relações e instituições sociais do capitalismo nesta fase aberta com a crise económica dos anos setenta do século XX. Após sinalizar alguns desenvolvimentos recentes no campo educativo – captados enquanto constituição de uma *Ordem* e um *Modelo Educativos Mundiais* Novos (cf. Laval & Weber, 2002), operando como respostas a (e obreiros de) uma *agenda globalmente estruturada* para a educação (cf. Dale, 2000b) –, discutirei, num terceiro momento, algumas propostas ventiladas pela agenda política dominante que postula as virtualidades indiscutíveis de certas articulações que envolvem e marcam profundamente a educação, o trabalho e as suas interconexões[4]. Ensaiarei, então, sublinhar o olhar crítico que interroga e duvida do espontâneo círculo virtuoso desenhado pela ligação entre educação, cidadania e competitividade (cf. Afonso & Antunes, 2001); frisarei que há condições, que as propostas de pendor neoliberal não satisfazem, nem mesmo reconhecem, para que estes elos gravitem em sentidos convergentes ou, pelo menos, compatíveis.

Por último, demorar-me-ei no exercício de olhar as articulações entre educação e trabalho desde o lugar teórico-político da *semiperiferia* europeia (cf. Hopkins & Wallerstein, 1996; Fortuna, 1987). Procurarei aproveitar a indiscutível dinâmica de mudança em contexto Europeu para interrogar e perceber os sinais de outros tempos e outros mundos educativos enquanto são forjados; tomarei como objecto de estudo um caso que decorre da nova abordagem adoptada pelos órgãos de governação Europeia para desencadear a mudança educativa: o *Processo* de Copenhaga e, mais especificamente, a *Decisão* de institucionalizar o *Europass*. A aproximação analítica delineada toma como material empírico o discurso do poder, tal como fica expresso em documentos oficiais – normativos, propostas, tomadas de posição, relatórios e informações públicos –, e busca interpelar as suas conexões com segmentos sociais e discernir as

---

[4] A título de ilustração transcreve-se uma dessas enunciações:" Em Julho de 2004, a Comissão Europeia adoptou propostas para um programa de acção integrado no campo da aprendizagem ao longo da vida. Pretende-se que aumente a complementaridade entre as políticas no campo da educação e formação e as estratégias sociais e económicas, e proporcione um instrumento para apoiar quer a coesão social quer a competitividade" (*The Copenhagen Process – the European Vocational Education and Training Policy – Frequently Asked Questions (FAQ)*: 4).

suas vinculações a interesses definidos e agendas determinadas. Sugere-
-se que uma tal diligência pode revelar "as sínteses que se foram produzindo em cada momento histórico, bem como as relações de poder
económico, político e ideológico que lhes [estão] subjacentes"[5]. Argumento que o *Europass* se acha vinculado de modos distintos a vectores
importantes da agenda educativa europeia, actualmente em destaque: a
integração do mercado único Europeu de trabalho; a constituição do
mercado único Europeu de educação e formação. Ensaiarei, ainda, interrogar e documentar a complexidade plurifacetada destes processos.

2. Largada: educação e trabalho – perspectivas no século XXI

2.1. *Primeira coordenada: o reposicionamento da educação na* regulação *social*

O momento actual corresponde a um processo já de décadas e em
consolidação de reposicionamento da educação no quadro da *regulação*
social. Este reposicionamento inclui as relações com o trabalho, enquanto
recontextualização da educação face aos mundos produtivo e de trabalho[6], e é verificável designadamente quer pelo envolvimento da educação
na organização da transição profissional, quer pela relação de imbricação
entre os sistemas educativo e produtivo, visível na reordenação dos espaços, tempos, contextos e processos de formação e de trabalho, tanto ao
nível da organização dos ciclo de vida, como do ponto de vista institucional (cf. Antunes, 2004b). A agenda estratégica da *educação/aprendi-
zagem ao longo da vida*, a promoção dos partenariados escola-empresa
ou das organizações aprendentes constituem também expressões deste
processo de reposicionamento, que tem consequências na fixação do que
é educação e formação, bem como dos parâmetros e limites que definem
o próprio sector. Uma outra vertente importante é o movimento de redução, racionalização e codificação das formações (e dos desempenhos)
profissionais, frequentemente em torno de competências, e que favorece

---

[5] Conferir nota 1.

[6] Discutimos com detalhe este processo num outro trabalho (Antunes, 2004a); o
conceito de *recontextualização* da educação é proposto por Moore (1987).

a refundação das bases da qualificação como processo individual no contexto de uma *relação salarial* em acelerado e extenso processo de desregulação (cf. Antunes, 2004a).

A educação participa de modos específicos em novas modalidades de mobilização e gestão da força de trabalho e novos modos de acesso ao emprego (cf. Rose, 1984), em processos inéditos de constituição da qualificação e da *relação salarial*; estas mudanças configuram um reposicionamento da educação nas suas relações com o trabalho: os custos da mobilização, selecção, integração e formação da força de trabalho tendem a ser assumidos ou partilhados por instituições educativas e de formação em favor das empresas ou instituições de trabalho; as bases das qualificações são agora codificadas e avaliadas individualmente favorecendo a desregulação e a individualização da *relação salarial* (cf. Antunes, 2005a).

Por outro lado, a natureza das mudanças actuais (caracterizadas por: aceleração, turbulência-imprevisibilidade, incerteza, universalidade) apresenta-se associada à agudização dos desencontros entre expectativas que são colocadas sobre os sistemas de ensino e formação e demandas divergentes, senão contraditórias, da economia e das empresas: os sistemas educativos devem educar para horizontes de tempo cada vez mais longos e profundos (no sentido de que as mudanças são mais vincadas e amplas), enquanto as empresas decidem e actuam em lapsos de tempo cada vez mais curtos. Assim, se uma ligação substantiva e directa entre educação e emprego nunca teve lugar, hoje ela afigura-se ainda mais irreal, apesar de, ou talvez também agravada por, todas as persistentes tentativas de fazer corresponder referenciais de formação e perfis profissionais.

Assim:

(i) os títulos escolares parecem cada vez mais valiosos (essenciais) e desvalorizados;

(ii) a educação inicial apresenta-se decisiva para o acesso a educação ao longo da vida, mostrando-se profundamente alterada a relação entre essas modalidades;

(iii) verificamos a tendência encadeada de ampliação dos espaços formativos e polarização dos processos e oportunidades de formação: as oportunidades de formação não escolares são ampliadas, mas realizam-se sobretudo para os indivíduos e colectivos mais escolarizados (cf. Planas, 2003; Casal, 2003).

2.2. *Segunda coordenada:* a **nova ordem educativa mundial** *e o lugar de formação dos capitais humano e social*

O segundo argumento que me proponho examinar sustenta que este complexo de transformações tem lugar num quadro mais amplo de constituição do que alguns consideram uma *Nova Ordem Educativa Mundial* e um *Novo Modelo Educativo Mundial* (cf. Laval & Weber, 2002).

Estes podem ser brevemente caracterizados a largos traços. Por um lado, a *governação* da educação apresenta-se hoje multi-escalar (Dale, 2005a)[7] e envolve um novo protagonismo:

(i) de organizações internacionais, da Organização Mundial do Comércio à União Europeia, à OCDE ou Banco Mundial;

(ii) de actores supranacionais, da Internacional da Educação à ENQA (Associação Europeia para a Garantia da Qualidade no Ensino Superior) e

(iii) de processos globais, que procuram viabilizar a constituição de um mercado mundial de educação ou edificar um também novo cosmopolitismo à escala planetária, do AGCS ou do chamado *Processo de Bolonha*, à *Campanha Global pela Educação* ou aos diversos *Fóruns de Educação* que vão tendo lugar em vários pontos do planeta.

Por outro lado, a educação tem vindo a ser reordenada em torno de políticas e práticas que consolidam um modelo liberal-produtivista e utilitarista-instrumental de organizar as relações, processos e instituições educativos[8]. Aquelas agências internacionais mostram-se reforçadas como actores decisivos e com alcance planetário na fabricação das influências, interacções e (des)conexões que dão corpo ao agregado multiforme de práticas, concepções e orientações que designamos por *modelo educativo mundial*[9]. Bueno – num texto que procura discutir e estabelecer os processos

---

[7] Para uma discussão de desenvolvimentos sócio-políticos que apontam para *modos de governação* imbricados num *sistema político de múltiplos níveis*, consultar, por exemplo, Pierson & Leibfried (1995) e Boyer & Hollingsworth (1997).

[8] Bueno (2006) desenvolve uma esclarecedora análise que destaca algumas das orientações estruturantes deste novo modelo de relações, processos e instituições educativos.

[9] Há que ter em conta que esta designação pretende sublinhar o carácter planetário e cognitivamente concertado com que a educação é discutida e orientada; temos noção

de construção de consensos e os contributos das agências internacionais nesse âmbito – argumenta que "O protagonismo dessas agências nos processos de "concertación" educativa e na indução de consensos nacionais, regionais e globais, além de amplamente demonstrado por estudiosos de âmbito nacional e internacional, tem sido reiteradamente reconhecido, em especial pelo Banco Mundial, nos últimos tempos" (Bueno, 2006: 87). Assim, aquele que alguns já consideram um *Novo Modelo Educativo Mundial* assenta em algumas orientações estruturantes: a educação é tomada, em primeiro lugar, como factor de produção decisivo que está na base da produtividade, do emprego e da competitividade das economias. É, nesse sentido, vista como o lugar da formação do capital humano e do capital social (cf. Laval & Weber, 2002). Daí a centralidade que lhe é atribuída na chamada *economia do conhecimento* (cf. Robertson, 2005; Dale, 2005b; Méhaut, 2004).

As políticas de inspiração produtivista estão associadas a programas de raiz liberal, em que o mercado aparece como o modelo para a organização do sistema educativo, e a concepções utilitaristas, em que a instituição educativa se vê remetida ao papel de um instrumento que serve interesses individuais, sendo a utilidade a medida do seu sentido e a sua justificação. A educação fica assim definida como bem privado, individual, comercializável proporcionando benefícios fundamentalmente económicos (cf. Laval & Weber, 2002).

É no contexto deste *Novo Modelo Educativo Mundial* que a educação tem vindo a ser reposicionada e reordenada, assumindo uma centralidade crescente no quadro de políticas produtivistas e utilitário-liberais. No entanto, esta centralidade necessita de ser a vários títulos problematizada.

---

dos riscos do simplismo homogeneizador e despolitizador que aquela expressão acarreta. Continuamos a usá-la pelo potencial heurístico e sugestivo que encerra, optando por salientar as armadilhas e vieses que também contém. Estes agudizam-se se, tomando a nuvem por Juno, acrescentarmos à ilusão positivista e simplificadora do discurso daquelas agências, o erro aniquilador de tomar as suas narrativas como retratos fiáveis das realidades das sociedades. Como enfatiza Bueno: "Tudo se passa como se, por serem pobres, os pobres do Sul económico tivessem, como num sonho de Calígula, uma só tradição histórica e social, uma só concepção de educação e conhecimento, a mesma cultura e os mesmos valores, as mesmas necessidades e questões e devessem obedecer a linhas equivalentes de resolução de problemas" (Bueno, 2006: 90-1). Para aprofundar a discussão destas questões, consultar também Dale (2000a; 2001; Antunes, 2001).

2.3. *Terceira coordenada: para desafiar o pensamento único, educação, cidadania e competitividade, tensões e articulações*

Com esta interpelação se prende a terceira ideia que apresento à discussão. Quero defender que a equação entre educação, cidadania e competitividade, que vem configurando há já algum tempo uma nova agenda teórica e política, pode, em certas condições, chegar a construir articulações virtuosas (cf. Afonso & Antunes, 2001). Aquelas condições prendem-se com o desenvolvimento de políticas sociais, de distribuição do rendimento, de criação e qualificação dos empregos e valorização da força de trabalho, de educação e formação. Contraponho, no entanto, que as conexões entre educação, cidadania e competitividade dificilmente se apresentarão simples, espontâneas e harmoniosas, na base de uma feliz correspondência (cf. também Bueno, 2000: 9), como parece ser convicção assente ou suposição falaciosa de muitos dos que sublinham uma finalmente alcançada reconciliação entre as exigências da cidadania e os requisitos da competitividade, ambos contemplados pela via da educação.

Por um lado, a competitividade produtivista e neo-liberal revela-se insustentável, quer do ponto de vista humano, social ou ambiental, como diversos analistas, organizações e fóruns internacionais, activistas sociais e ambientais têm incessantemente destacado.

Por outro lado, é possível distinguir, como outros autores e organismos já propuseram, entre uma "competitividade espúria" (Cepal/Unesco, 1992) e uma competitividade humana, social e ecologicamente sustentada, ancorada na busca de novos e mais vastos compromissos sociais que associem a negociação de regras sociais e de protecção do ambiente à unificação dos mercados (cf. Afonso & Antunes, 2001).

Também não parecem suficientemente fundamentadas as posições de algumas organizações internacionais, como a OCDE, de que as *novas competências*, declaradas necessárias ao exercício do trabalho tenderiam a coincidir com aquelas que sustentam a participação na vida colectiva e a intervenção e realização cidadãs.

Não só estamos longe de um consenso acerca do que constituiriam essas *novas competências* básicas, essenciais, transversais, transferíveis (dissenso que as variadas designações testemunham amplamente), como é ainda a dissonância que predomina quando se trata de definir em que consistem a aprendizagem e o exercício da cidadania.

Também se revela inconsequente a perspectiva de que o chão mínimo comum de cidadania pode ser edificado através da educação, entendida como base da *empregabilidade* e como antídoto do desemprego e da exclusão; aquela inconsistência fica evidente quando confrontada essa suposição com aquelas que se afiguram as consequências prováveis e contraproducentes de políticas de promoção da *empregabilidade* através da elevação dos níveis de ensino e formação, sem um esforço equivalente orientado para a expansão de empregos qualificados:

(i) o adiamento *sine die* do acesso ao emprego daqueles que se encontram na cauda da *fila de espera*, qualquer que seja o seu nível de formação, mas também

(ii) a sobrequalificação dos empregados, aliada ao desemprego de diplomados, por exemplo, do ensino secundário e superior.

Tais consequências já verificáveis evidenciam os limites inerentes à omissão ou insuficiência de políticas que promovam a *empregabilidade* também através da criação de empregos e que concomitantemente favoreçam a organização da produção e do trabalho assente na valorização dos recursos humanos.

Do mesmo modo, se a capacitação para o exercício profissional e da cidadania e a promoção da competitividade não se afiguram processos imediatamente convergentes, também não se constituem como forçosamente contraditórios; é, no entanto, hoje claro que a finalização directa e estrita da educação e da formação profissional em termos de um leque reduzido de exercícios profissionais se configura a breve prazo como um beco sem saída produtor de bloqueios igualmente drásticos no acesso ao emprego e à educação (cf. Almeida, 2003).

Assim, a prioridade à ampliação das oportunidades e à elevação dos níveis de educação e formação como via para promover a consolidação e desenvolvimento dos direitos de cidadania e para fomentar a competitividade das economias parece poder constituir-se como agenda política e teórica credível se forem igualmente confrontados, através da políticas sociais e educativas, problemas inerentes à distribuição do rendimento (garantindo as indispensáveis segurança material e condições de vida dignas) e viabilizadas políticas económicas, industriais e de emprego assentes na valorização do trabalho qualificado e na criação e partilha de empregos com base numa nova articulação de direitos e compromissos sociais (cf. Afonso & Antunes, 2001).

Educação e Trabalho no Século XXI 83

3. *Mar alto*: educação e trabalho, um olhar desde a semiperiferia europeia

3.1. *Europass: as qualificações e competências como 'moeda comum' através da Europa*

O modelo de globalização neoliberal hoje dominante consolida, no entanto, um conjunto de tendências nas relações entre educação e trabalho incompatíveis com o desenvolvimento de políticas e processos sociais inspirados na agenda agora enunciada. É assim que, no contexto Europeu, está em curso um processo que tem passado em boa parte despercebido visando, entre outras aspirações, as atrás mencionadas racionalização, codificação e padronização das formações. O chamado *Processo de Copenhaga* reúne mais de trinta países, cujos governos assumem compromissos políticos com o fim de tornar permutáveis e reconhecidos os percursos e as aprendizagens, no âmbito do ensino e formação profissionais, efectuados em qualquer dos estados envolvidos. Se levarmos ainda em conta os desenvolvimentos associados ao *Processo de Bolonha*, que envolve os sistemas de ensino superior de mais de quarenta países Europeus, percebemos que esta constitui a maior operação de *harmonização* das formações, dos certificados e das qualificações testemunhada até ao momento no contexto Europeu. Neste âmbito, encontram-se em fase de lançamento dois instrumentos com o potencial para condicionar as relações entre a educação e o trabalho: o *Europass* e o *Quadro Europeu de Qualificações*. Debruçar-me-ei sobre o primeiro, dado estar já em processo de disseminação. A carteira de cinco documentos, em vigor na UE desde Maio de 2005, conhecida como *Europass*[10], constitui-se, nas

---

[10] "Na sequência da adopção da Decisão do Parlamento Europeu e do Conselho de 15 de Dezembro de 2004, o Europass, o quadro único para a transparência das qualificações e competências, foi lançado durante a presidência do Luxemburgo a 31 de Janeiro de 2005. O Europass CV é a coluna vertebral (*the backbone*) da carteira de documentos Europass (*the Europass portfolio*). Proporciona um formato comum para descrever as realizações e capacidades educacionais, profissionais e pessoais. É potenciado (*enhanced*) pelo Europass Mobilidade – que regista num formato comum as experiências de mobilidade transnacional com propósitos de aprendizagem; o Europass Suplemento ao Diploma – que guarda (*records*) o registo relativo ao ensino superior do seu usuário; o Europass Suplemento ao Certificado que clarifica as qualificações profissionais

palavras da Comissão, como "um quadro único para a transparência das qualificações e competências" incluindo o *Europass CV* que "proporciona um formato comum para descrever as realizações e as capacidades educacionais, profissionais e pessoais" melhorando "a comunicação entre empregadores e buscadores de emprego através da Europa" (cf. CEC, 2005: 68[11]). Numa primeira aproximação, o *Europass* parece talhado para sublinhar o processo de individualização das qualificações, assim baseado não apenas nas regulações relativas ao trabalho, mas também naquelas que ordenam a constituição de uma das bases da qualificação: (a valorização de) as qualidades do trabalhador; estas são visibilizadas (construídas) pelos instrumentos que produzem a sua objectivação[12]. Assim, o *Europass*, que, neste sentido, constitui um dispositivo de fabricação daquelas qualidades, é consonante com essa busca de alicerces para uma *relação salarial* liberta das regulações colectivas e publicamente negociadas.

Mobilidade, padronização e individualização[13] constituem os pilares deste edifício em construção; do mesmo modo que para o *Processo de*

---

alcançadas através do ensino e formação profissional; o Europass Carteira de Documentos de Línguas (*Europass Language Portfolio*) – um documento em que os cidadãos podem registar as suas habilidades em línguas (*linguistic skills*) e a sua capacidade cultural (*cultural expertise*). A Carteira de Documentos (*portfolio*) melhorará a comunicação entre os empregadores e os buscadores de emprego através da Europa" (CEC, 2005: 68).

[11] A sigla CEC é utilizada ao longo do texto para a designação Commission of European Communities, designação oficial em língua inglesa frequentemente usada pela Comissão Europeia e que consta na bibliografia.

[12] Como discutimos adiante com mais demora, a busca de codificação e formalização das qualidades (ou saberes) dos trabalhadores como competências é interpretada de modos distintos no contexto dos acesos debates político-académico-educacionais; assim, por exemplo: (i) Stroobants antevê um processo de desarticulação do carácter público, negociado e colectivo das qualificações, através da avaliação individual das qualidades dos trabalhadores, possibilitada pela abordagem e codificação de competências; (ii) Tanguy sugere estar em curso um movimento de racionalização e redução das actividades profissionais e de formação a desempenhos identificáveis e observáveis, enquanto (iii) Alves propõe que se trata de uma tentativa de "captura da subjectividade da força de trabalho" (cf. Stroobants, 1998; Tanguy, 1999; Alves, 2006; consultar ainda Antunes, 2004a; Ferretti, 2004; Zibas, 2005).

[13] O tema de uma das três *oficinas* da Conferência de Maastricht (14-15 de Dezembro de 2004), que fez a revisão de progressos e prioridades do Processo de Copenhaga, foi significativamente "Em direcção a um mercado de trabalho Europeu: mobilidade, transparência e reconhecimento" (cf. *The Copenhagen Process – the European Vocational Education and Training policy – Frequently Asked Questions (FAQ)*: 4).

Bolonha, reconhecimento, garantia de qualidade e acreditação constituem o triângulo deste novo quadro regulatório para a educação e ensino profissionais. A vontade de integração progressiva do mercado de trabalho europeu alimenta ainda a aposta na criação das condições e instrumentos que sugerem uma nova ordenação das relações educativas segundo um modelo de mercado. Um mercado europeu de ensino e formação profissionais torna-se possível enquanto se faz caminho para a gradual integração do mercado de trabalho europeu (cf. Decisão n.º 2241/2004/CE)[14]. Como se afirma num Memorando informativo sobre o Processo de Copenhaga "O desenvolvimento de um verdadeiro mercado de trabalho Europeu – um complemento essencial ao mercado único de bens e serviços, e à moeda única – depende fortemente de ter uma força de trabalho qualificada, adaptável e móvel capaz de usar as suas qualificações e competências como uma espécie de 'moeda comum' através da Europa" (cf. *The Copenhagen Process – the European Vocational Education and Training policy – Frequently Asked Questions (FAQ)*: 1). É a opção por instrumentos de *regulação* (cf. Dale, 1997a)[15] compatíveis com, ou oriundos da, forma de coordenação social do mercado (sistemas de garantia de qualidade e de acreditação de âmbitos nacional e europeu, entidades reguladoras) que sugere que a agenda europeia relativa a este sector procura firmar passos na dupla direcção de constituição de um mercado único de trabalho e um mercado único de ensino e formação profissional europeus (cf. Antunes, 2005b)[16]. O *Europass*, desenhado como uma *carteira*

---

[14] Nesta Decisão que institui o *Europass* afirma-se no ponto (1) "Uma melhor transparência das qualificações e competências facilitará a mobilidade em toda a Europa para efeitos de aprendizagem ao longo da vida, contribuindo dessa forma para o desenvolvimento de uma educação e formação de qualidade, e facilitará a mobilidade profissional, entre países e de sector para sector" (Decisão n.º 2241/2004/CE).

[15] Utilizo aqui o conceito de *regulação* na acepção proposta por Dale que refere a definição de padrões e regras que constituem o quadro em que as instituições operam (cf. Dale, 1997a).

[16] Sugerimos que, neste momento, aos olhos do observador, não mais que uma tortuosa via distingue (?) os esforços que podem ainda favorecer a internacionalização cosmopolita daqueles que pugnam pela constituição do mercado: enquanto os primeiros parecem assentar na preferência por acordos de cooperação multi ou bilaterais entre Estados ou instituições, os segundos, ainda que baseados também em acordos entre Estados, progridem instituindo sistemas ou entidades que funcionam ou actuam em substituição ou por delegação daqueles actores, dispensando-os, e/ou mesmo obrigando-os. São

de documentos (*portfolio*)[17] de registo individual e aberto de competências e qualificações em percurso; agregando aprendizagens em contextos diversos (formais, não-formais e informais); detalhando (fragmentando?) formações e aprendizagens segundo vectores precisos, constitui-se não apenas como um instrumento promotor da mobilidade (e integração) no mercado de trabalho europeu, mas também como uma ferramenta apta para reforçar a desarticulação da unidade e da coerência interna das qualificações enquanto obra resultante de processos e parâmetros políticos e técnicos, convencionais, estabilizados e colectivamente negociados. A individualização da *relação salarial*, em franco, ainda que disputado e contestado, progresso, parece acompanhar-se, por um lado, da responsabilização individual pela formação ao longo da vida[18] e apoiar-se, por outro lado, na individualização das qualificações de que a *carteira* de competências e qualificações constitui uma corporização.

Assim, individualização e mobilidade permitem alimentar a desregulação da *relação salarial* na ausência da reconstrução das qualificações e convenções colectiva e publicamente negociadas e fixadas no espaço do mercado único europeu. Um mercado de trabalho único Europeu, com manchas mais ou menos extensas de segmentos onde vigora a relação salarial individualizada, terá no *Europass* um instrumento que permite que esse encontro entre os contratantes possa contar com a confiança do contratador nas qualidades do trabalhador contratado; constitui tipicamente um instrumento capaz de estabelecer a possibilidade de confiança e fiabilidade necessárias à celebração de contratos num mercado livre. No entanto, este potencial não parece prioritário, se atentarmos no número de utilizadores ambicionado pela Comissão, bem como na importância

---

exemplos desta contenciosa demarcação a combinação a que ora assistimos envolvendo o próprio *Europass*; este, se, por si mesmo, pode promover a mobilidade, não é suficiente para sustentar a mercadorização das relações sociais de educação e formação, embora favoreça a padronização, codificação e racionalização das aprendizagens e formações. Aquele passo só se torna efectivamente possível quando são introduzidos os instrumentos de regulação (sistemas de garantia de qualidade e de acreditação de âmbitos nacional e europeu, entidades reguladoras) que substituem a intervenção do Estado e a cooperação das instituições na assunção daquela função.

[17] Segundo a definição adoptada na Decisão que o institui, o *Europass* é "um dossier pessoal e coordenado de documentos" (Decisão n.º 2241/2004/CE, artigo 1.º).

[18] Diversos autores têm insistido na viragem acentuada neste sentido actualmente em curso (cf. Field, 2000; Lima, 2003; Lawn, 2003; Nóvoa, 2005a; Hake, 2006).

que parece ter-lhe sido atribuída pelo governo português[19]. O *Europass* tem passado despercebido, não é publicamente mencionado em Portugal, pelo que necessita ainda mais profundo e informado escrutínio a elevada prioridade atribuída à sua institucionalização; porventura, será o mercado Europeu de educação e formação que constitui o desígnio esperado de tal inovação?

3.2. *A refundação dos sistemas de educação e formação: competências e educação não-formal*

É de notar que com a excepção, porventura significativa, do *Suplemento ao Diploma*, os outros quatro documentos constituintes do *Europass*, sugerem uma muito maior importância atribuída às aquisições codificadas como *aptidões* e *competências* (sociais, organizacionais, linguísticas, técnicas, profissionais, informáticas, artísticas) do que àquelas que possam ser associadas a conhecimentos, conteúdos, disciplinas (que estão praticamente ausentes, ainda que seja expectável que alguns desses elementos venham a ser reportados em documentos anexos, como os certificados ou diplomas) (cf. Decisão n.º 2241/2004/CE). Esta secundarização dos conhecimentos é apontada por alguns como parte da transição e constituição do *novo modelo educativo mundial* (cf. Laval & Weber, 2002), enquanto outros argumentam estar em curso um processo de *recontextualização* que reforça a fronteira entre a educação e os contextos de produção do conhecimento (Moore, 1987)[20].

Vale a pena notar também que a enunciação de tais aptidões e competências não parece requerer – mesmo quando tal distinção não decorre da natureza do documento (como acontece, por exemplo, com o *Curriculum Vitae* ou a *Carteira de Línguas*) – a clarificação de quais as

---

[19] Segundo a Comissão a meta é atingir três milhões de portadores de *Europass* em 2010 (cf. CEC 2005: 68).

[20] Giovanni Alves propõe a interpretação da actual preponderância da *ideologia das competências* como decorrente da orientação de *captura da subjectividade da força de trabalho*, implicada pelas actuais condições e organização sócio-técnicas da produção. Neste mesmo ensaio, o autor discute as relações entre saberes, conhecimentos e competências e destes com os contextos e processos sociais em que são produzidos e investidos (cf. Alves, 2006: 77, 67-79).

modalidades e contextos (formais, não-formais, informais, educação, trabalho, lazer…) em que tais qualidades teriam sido adquiridas e exercidas. A ideia de uma valorização crescente das aprendizagens não-formais, ao ponto de surgir por vezes como modelo para a escola, quanto às formas de organização, metodologias, actividades e conteúdos (cf. Laval & Weber, 2002), emerge da leitura destes documentos, sobretudo porque, por muito ilusório que tal venha a revelar-se, as diversas fontes, modalidades, processos e contextos de aprendizagem parecem encontrar-se niveladas na sua importância enquanto origem potencial de aquisições a reportar. Por exemplo, as interrogações avolumam-se quanto às implicações a retirar de afirmações como: "Os principais objectivos definidos pela declaração de Copenhaga são: (...) sistema de transferência de créditos para a educação e formação profissional («VET») – um sistema que capacita os indivíduos para obterem progressivamente créditos (*credit points*) baseados nas competências que adquirem ao longo do seu percurso de aprendizagem profissional, quer em contextos formais ou informais. Princípios comuns para a validação da aprendizagem não-formal e informal" (cf. *The Copenhagen Process – the European Vocational Education and Training policy – Frequently Asked Questions (FAQ)*: 1).

A refundação dos sistemas de educação e formação tem vindo a ser apontado como um processo de múltiplas vertentes, de entre as quais salientámos algumas. Acrescentaria ainda alguns comentários, quer relativos ao significado da "ênfase nas competências" no campo da educação, quer ainda a consequências que desse movimento podem advir. Por um lado, como tem sido notado por diversos investigadores, é notória a vagueza e fluidez ou a complexidade das noções frequentemente associadas àquele termo de tal modo que, para além da abrangente ideia de "saber em acção", encontramos definições variadas conforme o autor, múltiplos significados para um mesmo autor ou a sua utilização como sinónimo de capacidade, habilidade, destreza, ou mesmo conhecimento. Silva vai mais longe para defender que o modo como a designada "abordagem por competências" tem sido tratada no campo da educação em Portugal, fortemente inspirado e legitimado pelos trabalhos de Phillipe Perrenoud, está fundado num "equívoco dos movimentos reformadores" revelado pela "relação contraditória entre a perspectiva assumidamente construtivista, o actual movimento de reforma (implícito) e a abordagem por competências (cuja génese a inscreve numa outra matriz teórica e ideológica)" (Silva, 2003).

Assim, e seguindo a argumentação de duas autoras bem conhecidas na área de estudos das relações escola-trabalho e formação-emprego, Lucie Tanguy (1999) e Marcelle Stroobants (1998), sugeri num trabalho anterior que o núcleo desta orientação para a "ênfase nas competências" reside na sua associação a desempenhos que se supõe manifestá-las; nessa medida, as designadas competências constituem, tal como os referidos desempenhos, codificações de atributos individuais que vêm a adquirir existência através dos dispositivos que se destinam a classificá-los e avaliá-los. Aquela ênfase acaba, então, por fazer parte de um processo de racionalização dos conteúdos do ensino, da sua programação, avaliação e mesmo transmissão, bem como de um conjunto de actividades sociais, em particular profissionais, em relação às quais aqueles elementos são colocados em correspondência. Muito frequentemente, este processo de racionalização assenta na formalização, categorização e codificação de desempenhos, que se admite poderem subsumir o desenvolvimento de actividades humanas, de natureza profissional ou outra, e a que se supõe corresponderem determinadas aprendizagens conducentes à aquisição das competências expressas por tais desempenhos. O modo como aquelas competências são construídas fica envolto na imprecisão ou na sugestão implícita de que, aos desempenhos definidos, correspondem processos de desenvolvimento de potencialidades ou capacidades naturalizando, desta forma, os modos pelos quais conhecimentos e competências são transmitidos, construídos e adquiridos (cf. Antunes, 2004a).

O imenso e laborioso processo de racionalização e formalização, que tende a unir, por relações de implicação, distintas selecções de elementos – as competências, como qualidades e recursos individuais implícitos e incertos; uma tipologia de desempenhos esperados como resultado da aprendizagem; as actividades sociais e/ou profissionais – recortados de planos diferentes, mas sobrepostos, pode ter como corolário a possibilidade de classificação dos indivíduos, na formação como no trabalho, sem que o carácter convencional de tal operação seja assumidamente explicitado e sem referências colectivas que sustentem e publicitem as bases do posicionamento realizado (cf. Stroobants, 1998).

O que este processo pode ainda configurar é a redução dos objectivos e resultados dos percursos e processos educativos àqueles que são os desempenhos definidos como corporizando as competências dos indivíduos; dois riscos podem vislumbrar-se: o de que o percurso de ensino-aprendizagem dos alunos seja condicionado pela tentativa de aproximação àquilo que é previsto naquele dispositivo, procurando excluir ou secundarizar outras aquisições; ou o de que sejam subestimadas e projectadas para o limbo do não-reconhecimento todas as capacidades e aptidões promovidas e desenvolvidas pela formação que não figurem consagradas nos instrumentos de formalização e codificação das competências dos indivíduos. Por outro lado, não deixa de ser claro que este movimento, fortemente impulsionado por entendimentos e textos programáticos emanados de instâncias supranacionais ou organizações internacionais, como o Conselho Europeu, a Comissão Europeia ou a OCDE, está associado, como já sublinhei, a um processo de *recontextualização* (Moore, 1987) da educação também face ao mundo e aos contextos produtivos e de trabalho que assenta, entre outras vertentes, na redefinição do processo educativo para permitir a diluição selectiva da fronteira entre educação e trabalho (cf. Antunes, 2004a).

O movimento em torno da "ênfase nas competências" no campo da educação apresenta-se assim associado, por um lado, a novas articulações entre a educação, (a produção de) o conhecimento e a economia (a produção, o trabalho, o emprego), que, por outro lado, se traduzem por processos de racionalização (que implicam a formalização, codificação e correspondência entre) da educação e das actividades sociais, nomeadamente profissionais.

3.3. *Tensões, opções e ambivalências: individualização e dualização social*

O movimento das competências, que ocorre na escola e na empresa (Ropé & Tanguy, 1994), desdobra-se hoje associado a orientações para a validação e reconhecimento de aprendizagens em contextos não-formais e informais, com base na avaliação de competências (cf. Leney, 2004); é comum verificar a importância atribuída a estes dispositivos para a assim referida estratégia de *aprendizagem ao longo da vida* que se tornou o princípio-base do discurso sobre as políticas de educação e formação na União Europeia. Esta estratégia tem sido apontada como configurando uma viragem no paradigma das relações de educação e formação, dado tomar como referência um processo interno ao sujeito, a aprendizagem, secundarizando ou abandonando o horizonte das estruturas ou instituições formais através das quais uma política adquire forma ou um bem público (a educação) é distribuído. A individualização das relações sociais de educação tem assim lugar por diversas vias: porque o ângulo do olhar que constrói o objecto (educação-agora-)aprendizagem é o do processo situado no indivíduo; porque a tónica é colocada na procura e na responsabilidade de cada um pelo proveito obtido a partir da oferta de oportunidades de aprendizagem; porque o percurso de vida passa a ter hipoteticamente uma tradução em aprendizagens/qualidades individuais – as competências – que podem ser codificadas, reconhecidas, avaliadas e quantificadas com base numa medida – o *crédito* – e registadas numa carteira portátil, o *Europass*.

Assim, o movimento das competências – agora conectado com dinâmicas político-educativas que ameaçam romper com pilares importantes dos, até há pouco aceites, modelos institucionais de escolarização e de formação – encontra-se associado ainda a esta tendência, aparentemente em crescimento, de individualização das relações sociais de educação/formação. Por exemplo, as prioridades definidas para o nível nacional no Comunicado de Maastricht incluem, numa das suas formulações, uma ilustração desta ambivalência que não raro encontramos também nas práticas sócio-educativas:

> "O nível nacional: fortalecendo a contribuição dos sistemas EFP (*VET*) [de educação e formação profissional], instituições, empresas e parceiros sociais para a realização dos objectivos de Lisboa. Deve ser dada prioridade a: (…) v) o desenvolvimento e implementação de abordagens de aprendizagem aberta, que capacitam as pessoas para definir percursos individuais, apoiados por orientação e aconselhamento apropriados. Isto deve ser complementado pelo estabelecimento de quadros flexíveis e abertos para EFP no sentido de reduzir barreiras entre a EFP e a educação geral, e aumentar a progressão entre a formação inicial e contínua e a educação superior. Para além disso, devem ser levadas a cabo acções (*action should be taken to*) para integrar a mobilidade na formação inicial e contínua" (cf. Maastricht Comuniqué: 3).

A individualização assim evocada pode, em condições propícias, potenciar tanto a autonomia e a igualdade em educação como o desenvolvimento de um mercado apto a cavar discriminações e subordinações de direitos e talentos à habilidade ou adaptação às regras e à capacidade económica. A formulação aqui adoptada sugere a presença de uma preocupação importante com a criação e ampliação de condições de acesso e progresso educativos que, no entanto, aparecem desguarnecidos das condições político-institucionais que poderiam consolidá-los como vertentes estruturantes de políticas de educação e formação, dado que a referência a meios de concretização incide sobre "aumentar o investimento público e/ou privado em EFP (…) parcerias público-privado (…) efeitos de incentivos à formação de sistemas de impostos e benefícios" (cf. Maastricht Comuniqué: 3). Não é um facto incontornável que, quer o movimento das competências, quer a orientação para o reconhecimento das aprendizagens, quer a estratégia de educação/aprendizagem ao longo da vida tenham inerente a assunção de uma dimensão forte de individualização (e mercadorização). Tais desenvolvimentos estão fundados no actual contexto político-económico e cultural de desenvolvimento do capitalismo que, nas últimas décadas, foi marcado por mudanças decisivas ao nível da economia, do Estado, da sua configuração, dos seus papéis e relações com a sociedade. Nesse sentido, aqueles movimentos e orientações podem apresentar ambivalências importantes que faremos questão de sinalizar.

De resto, o relatório preparado para a Conferência de Maastricht, com base nos desenvolvimentos reportados pelos países, assegura que as competências constituem uma das áreas de inovação no ensino e aprendizagem da educação e formação profissionais; destaca assim quer as designadas "competências ocupacionais" e o papel crescente da aprendizagem no local de trabalho como dimensão-chave de inovação, ao lado da avaliação e validação de aprendizagens, baseadas em avaliação de competências, como potenciadoras de formas de individualização da aprendizagem (cf. Leney, 2004).

Aparentemente, estamos perante a construção de um (ou diversos) sistema(s) de múltiplos percursos paralelos em que, ao que tudo indica, os conhecimentos (abstractos, teóricos, disciplinares, descontextualizados) tendem a concentrar-se e a constituir todo o currículo de um tipo de percurso, voltado para uma carreira escolar longa, enquanto em outros tipos de percursos – associados tanto à produção e ao trabalho, como ao desfavorecimento, subalternização, desigualdade e fracasso escolar – são as competências e a multiplicidade de contextos e processos de aprendizagem que se revelam estruturantes. Desde a análise, referente ao período entre 1988 e 1993, da reforma do ensino secundário de 1989 em Portugal tenho vindo a chamar a atenção para a dualização (neste caso, do ensino secundário) e a edificação de uma escola de *geometria variável*, assentando em pressupostos e consensos implícitos (perversos) (cf. Antunes, 2000a; 2004a).

Não se questiona o hipotético potencial democrático do reconhecimento e validação das aprendizagens e experiências, nem o justo e justificado imperativo de capacitação de todos para operacionalizar pelo menos um conjunto mínimo de saberes (competências?). No entanto, não pode deixar de se considerar que a centração do esforço das instituições escolares nesta componente das suas missões de ensino-aprendizagem representa inquestionavelmente um empobrecimento significativo do currículo com óbvias consequências atentatórias da justiça social: a secundarização ou abandono da transmissão dos conteúdos e conhecimentos filiados no património cultural e científico difundido pelos sistemas de educação/formação penaliza fortemente a maior parte da população que a ele dificilmente acederá sem o concurso dessas instituições[21].

A generosidade que, em certo momento, os sistemas educativos ocidentais pareceram abraçar está a esboroar-se à medida que, por um lado, os graus de ensino outrora distintivos perdem o seu poder de definir a exclusividade, nobreza e mérito social, o que parece ser insuportável para as classes médias, e que, por outro lado, as classes possidentes pretendem conter os gastos necessários à efectivação do acesso universal à parcela de cultura distribuída pela escola. Desse modo, parece que uma verdadeira cisão cultural pode estar em marcha, com uma franja, mais ou menos limitada, da população a enveredar pela apropriação da cultura erudita e do conhecimento científico e um outro segmento naturalmente circulando entre fragmentos de saberes, mais ou menos circunscritos e desvalorizados.

---

[21] Diversas ramificações deste debate têm atravessado a sociedade portuguesa há já vários anos com múltiplos cambiantes, protagonistas e alinhamentos. Parece-nos estar instalada uma dicotomia insolúvel entre: (i) os que afirmam que o conhecimento que constitui o currículo académico é dificilmente apropriado por diversos grupos de públicos escolares e que o importante é garantir que esses dominem os saberes necessários à sua capacitação como cidadãos, mesmo que tal não inclua conteúdos disciplinares e culturais canónicos, e (ii) os que enfatizam que aquele conhecimento será assim negado àqueles que apenas na escola poderiam aceder-lhe, mas não respondem às interpelações colocadas pela desigualdade das aprendizagens, pelo fracasso e pelo abandono escolares. O que uns e outros não discutem é a possibilidade de organizar o sistema e os processos de ensino de modo a confrontar e reconhecer, através da mediação pedagógica (de uma *pedagogia diferenciada*?), as desigualdades em relação à cultura escolar e as diferenças culturais no sentido de viabilizar uma efectiva aprendizagem de todos (cf., entre outros, Bourdieu, 1998; Perrenoud, 2000). Esta representa uma ínfima via sinuosa (expressão que homenageia o escritor português Aquilino Ribeiro (1985)) para escapar ao realismo conservador da aceitação fatalista das desigualdades escolares e sociais.

A questão que quero colocar é: o que têm estes desenvolvimentos a ver com os estudos prospectivos que apontam para uma dualização salarial e de qualificações associada à chamada *economia baseada no conhecimento*, com um forte crescimento dos empregos de baixas qualificações, ao lado de sectores altamente qualificados (Rodrigues & Ribeiro, 2000: 57; Lindley, 2000: 41-43; Boyer, 2000: 139-40)? Ao dualismo salarial e à segmentação do emprego faz-se *corresponder* o dualismo educativo? Uma educação que distribua também a *alta cultura* a todos é demasiado onerosa para ter a aceitação dos grupos dominantes e favorecidos? Qual o sentido disto que parece estar tudo ligado? Há conexões entre: (i) o movimento das competências; (ii) o reconhecimento das aprendizagens e experiências realizadas em contextos não-formais e informais e (iii) as previsões de dualismos e segmentações associadas à *economia do conhecimento*? Quais? São o controlo social e a reprodução cultural e social desígnios, ou pelo menos efeitos, inscritos nestas opções educativas?

Também Zibas, focando a recente reforma do ensino médio no Brasil, manifesta preocupação face a uma eventual "minimização dos conteúdos disciplinares", sublinhando os efeitos de

> "um 'relativismo educacional' muito perigoso para os filhos das camadas populares, enquanto os colégios de elite continuam insistindo para que os jovens da classe média mergulhem mais fundo no corpo de conhecimentos historicamente acumulados, o que apenas confirmará sua posição de classe" (Zibas, 2005: 37).

Estes desenvolvimentos não são destituídos de tensões, bem evidentes no facto de, em Portugal, por exemplo, este sistema de reconhecimento e validação de competências[22] ser interpretado, quanto às suas lógicas, sentidos e orientações, como: (i) capaz de alargar a participação dos adultos em processos educativos (Oliveira, 2004); (ii) constituindo, ainda assim, um dispositivo susceptível de contribuir para a redução da educação de adultos a esquemas de formação profissional (Lima, 2004); (iii) podendo, no limite, representar um instrumento de distribuição de certificados escolar e socialmente descredibilizados – acabando por simular uma promoção cultural e social dos indivíduos que, de facto, está longe

---

[22] Trata-se do Sistema de Reconhecimento, Validação e Certificação de Competências (RVCC), criado em 2001, pelo Despacho n.º 9629/2001 de 23 de Abril e pela Portaria n.º 1082-A/2001 de 5 de Setembro, entretanto alterados por outros normativos.

de aproximar, sequer. Aponta-se a preocupação primordial dos poderes políticos de elevar os "níveis de qualificação" dos portugueses a fim de obter o benefício da legitimação resultante da colocação em posições aceitáveis nas estatísticas e relatórios internacionais; também se discute o funcionamento deste sistema como filtro que premeia alguns com a validação de competências, deixando a maior parte entregue à falta de alternativas ou a outras modalidades de educação e formação provavelmente mais penosas e menos gratificantes. Trata-se, assim, de um sistema ainda recente em Portugal (2001)[23], controverso, que seduziu apoiantes incondicionais, mas também encontrou críticos cautelosos, mas acerca do qual se produziu até ao momento insuficiente investigação empírica e interpretação analítica.

3.4. *O espaço europeu de educação e a educação/aprendizagem ao longo da vida*

A reconfiguração e o reposicionamento da educação traduzem-se, como sugiro, também pela liquefacção dos contornos e fragmentação interna dos sistemas educativos com incidências e manifestações de natureza diversa; outras dinâmicas estão também presentes.

Dado que a competitividade e o contributo da educação e formação, enquanto lugares onde se fabrica o *capital humano*, são os eixos estruturantes das concepções e modelos de educação, a instrumentalidade e a ênfase produtivista face à educação são hoje virtualmente hegemónicos no contexto da UE.

Devo, no entanto, sublinhar duas notas que complexificam esta leitura: por um lado, a preocupação com o acesso à educação para todos e com a coesão social constituem matizes claramente presentes, quer nos discursos, quer nas acções desenvolvidas em contexto europeu. Visivelmente a hegemonia de que atrás falava é suficientemente contraditória e

---

[23] Curiosamente ou lamentavelmente coincide com este período a descida da taxa de participação dos adultos em processos educativos, como revela o mencionado relatório para a conferência de Maastricht "Entre 1999 e 2002 os países da UE15 com baixas taxas de participação não melhoraram muito, com a excepção do Luxemburgo, e foram reportadas taxas decrescentes de participação por Áustria, Bélgica, Dinamarca, Estónia, Itália, Lituânia Espanha, Suécia e Portugal" (cf. Leney, 2004: 7).

ambivalente para permitir que as intervenções no terreno se mostrem heterogéneas e mesmo, em certos casos, contraditórias.

Por outro lado, no contexto da União Europeia, os processos políticos, travestidos de técnicos, tendem a ocorrer literalmente nas costas dos cidadãos e das instituições nacionais, adoptando a abordagem do facto consumado; no entanto, a retórica da Comissão Europeia parece muitas vezes prometer ou ameaçar mais do que de facto realiza. Nessa medida, se nunca devem ser subvalorizados, os seus discursos e acções, também precisam de ser sistematicamente confrontados com as realidades europeias e nacionais.

Assim, no que toca ao discutido processo de racionalização e padronização das formações e dos certificados, é predominante uma lógica que tende a destacar a vertente produtivista da educação e da formação, procurando individualizar as qualificações e a chamada *empregabilidade*, através, como se viu, da constituição de carteiras individuais de competências com base em aprendizagens. Fala-se mesmo da possibilidade de essas aprendizagens poderem ser registadas num cartão que acompanha o seu portador, exibindo o *capital humano* de que aquele é possuidor (cf. Borg & Mayo, 2005).

Deve, no entanto, dizer-se que, se bem que estes instrumentos e concepções modelem o campo da educação e da formação, a sua receptividade, quer pelos Estados, quer pelas pessoas tem sido prudente e reservada. Nem os Estados se têm apressado a receber os imigrantes, mesmo os que provêm de países da União, nem os europeus têm aderido aos instrumentos e programas de mobilidade de forma entusiasta.

No entanto, com certeza que o valor económico individual e colectivo da educação é desmesuradamente sublinhado e as operações de redução e codificação da educação/formação, por exemplo em termos de competências, têm sido encorajadas, enquanto a deriva de des-responsabilização das autoridades públicas, do Estado e dos agentes económicos e de sobre--responsabilização dos sistemas educativo e formativo e dos indivíduos pelo dever de *empregabilidade* ganha centralidade nas políticas educativas europeias. Por outro lado, parecem altamente problemáticas duas asserções avançadas no contexto dos presentes e futuros perspectivados sob a égide da *sociedade do conhecimento*: assim Robertson (2005) coincide com Alves em considerar altamente problemática a possibilidade de codificação, mas também de acesso e partilha, do conhecimento tácito ("capturar a subjectividade da força de trabalho" nas palavras de Alves

(2006)) que, por sua vez, estaria na base da maior parte das inovações, e consequentemente da competitividade; aquelas dificuldades seriam ainda agudizadas pela individualização da aprendizagem, bem como da valorização das qualidades dos trabalhadores.

Este conjunto de tendências, que, como referi, outros têm designado como um *Novo Modelo* e uma *Nova Ordem Educacionais Mundiais* estão expressivamente representadas nas direcções que os decisores europeus têm procurado imprimir ao assim chamado *espaço europeu de educação*; no entanto, não é impunemente que os sistemas educativos europeus incorporaram, ao longo de várias décadas do século passado, algumas das principais promessas de igualdade de oportunidades e democratização social; mesmo com os falhanços que lhes conhecemos, os seus valores estão suficientemente interiorizados por cidadãos e profissionais para que resistam, com dificuldades, mas bem para além das expectativas de alguns profetas dos novos tempos.

Quer isto dizer que claramente os decisores europeus têm projectos para a educação/formação e para a constituição da *relação salarial* que vincam as vertentes utilitária, instrumental e produtivista da educação e um modelo de *relação salarial* assente na individualização, flexibilização, desregulação e precarização dos compromissos, vínculos e direitos sociais, como amplamente se encontra demonstrado, quer pela saga da *Directiva Bolkestein*, finalmente aprovada, após vários anos e algumas parcas alterações, quer pelo confronto francês em torno do Contrato do Primeiro Emprego (CPE). Mas, do mesmo modo, hoje não é nada claro o rumo que a União Europeia pode tomar; conhecemos ameaças, e mesmo realizações, superlativas naqueles sentidos, não conhecemos quais, se, quando, como vão ser tentadas, com que consequências e também não sabemos que forças sociais se mobilizarão para as enfrentar.

Por outro lado, como adiante se verá, a bandeira-projecto estratégica de *educação/aprendizagem ao longo da vida* apresenta-se com uma forte carga associada quer à deriva do par des-responsabilização do Estado e agentes económicos/sobre-responsabilização da educação e dos indivíduos, quer à reordenação do modelo institucional e biográfico da educação, o que pode revelar-se pleno de consequências face aos desenvolvimentos em discussão.

4. Ancoragem: articulações entre educação e trabalho, a agenda europeia: hegemonia e o exercício do olhar de Janus

Na União Europeia é hoje importante uma agenda política que inclui alguns dos vectores aqui discutidos com impacto visível nas articulações entre educação e trabalho. O reposicionamento da educação no quadro da *regulação* social nesta fase do capitalismo integra o reordenamento das instituições e relações educativas que vêm desenhando uns cada vez mais nítidos *Nova Ordem* e *Novo Modelo* Educacionais Mundiais. A agenda europeia tem concentrado esforços significativos em iniciativas e movimentos que possam impulsionar e convergir para:

(i) a integração do mercado único Europeu de trabalho;
(ii) a criação do mercado único Europeu de educação e formação;
(iii) a individualização da relação salarial;
(iv) a refundação dos sistemas de educação e formação.

A medida política de institucionalização do *Europass* no contexto do *Processo de Copenhaga* (2001/2002) foi brevemente discutida como um caso-analisador da política europeia de educação e formação e das implicações desta para as articulações entre educação e trabalho. Nesse sentido, o *Europass* configura-se como um instrumento capaz de: (i) promover os objectivos de integração do mercado único Europeu de trabalho e de criação do mercado único Europeu de educação e formação; (ii) favorecer e alimentar a individualização da *relação salarial*, mostrando-se, no entanto compatível também com o regime, ainda alargada e efectivamente presente na União Europeia, de *relação salarial* integrando convenções e qualificações colectiva e publicamente negociadas; (iii) reforçar e contribuir para a homologação pública do movimento que se dirige para a valorização das competências, da aprendizagem e dos contextos e processos não-formais e informais em paralelo (em concorrência?) com os conhecimentos, a educação e as instituições formais (nesse sentido podemos vir a testemunhar uma forma de *dualização* dos sistemas de educação e formação em torno da distribuição dos saberes sociais (quem aprende o quê? como? em que condições? com que resultados?[24]).

---

[24] Segundo Roger Dale, o objecto teórico *educação* é definido pela resposta a estas questões (cf. Dale, 2000b).

Face a cada um destes caminhos aflora à mente a sugestão inquietante de uma simetria que parece desenhar-se entre os campos e as relações sociais do trabalho, por um lado, e da educação e formação, por outro: a tese da *correspondência* (Bowles & Gintis, 1985) desponta com todo o bem fundado equipamento de crítica, também aplicado a essa mesma análise, que é património colectivo da nossa reflexão científica. Se a ênfase na *aprendizagem* em detrimento da *educação* sublinha a individualização das relações educativas; se é observável a orientação para o mesmo movimento agora da *relação salarial*, reforçado pela alteração das bases que sustentam uma das suas componentes, a qualificação, tal não significa que o nexo entre estes processos se afigure de natureza funcional: eles não parecem depender um do outro, mas sim construir-se através de um padrão similar de relações sociais. Articulações entre educação e trabalho segundo uma relação de *correspondência* e uma lógica de *controlo social* num tempo de reposicionamento da educação? Hegemonia e o exercício do olhar de Janus impõem-se: aquele parece ser o projecto e o programa políticos. No entanto, a dinâmica, o impacto e o labor sociais em torno das iniciativas impulsionadas apresentam-se bem mais complexas, matizadas e multifacetadas: a preocupação com a coesão social e a educação para todos, a resistência política e social em torno dos sistemas públicos de educação e dos seus valores; a aparentemente discreta difusão e recepção do *Europass*; a relativa indeterminação e pluralidade de orientações, concretizações e sentidos assumidos pelos dispositivos e processos envolventes do reconhecimento e validação de competências, por exemplo em Portugal, eis alguns dos componentes a merecer atenção redobrada já que, por um lado, chegam a questionar aquele projecto e programa políticos e, por outro, nos termos da análise, problematizam veementemente a aplicação descuidada da leitura da *correspondência* e *controlo social* a este específico campo de acção social.

A NOVA ORDEM EDUCATIVA MUNDIAL E A UNIÃO EUROPEIA: A FORMAÇÃO DE PROFESSORES DOS PRINCÍPIOS COMUNS AO ÂNGULO PORTUGUÊS

Introdução

Vivemos hoje tempos de transição em que o campo da educação vem ganhando coordenadas que demoramos ainda a perceber: (i) muitas decisões fundamentais têm lugar em fóruns supranacionais; (ii) os modelos, as orientações, os programas tomam forma e emanam de organizações internacionais e (iii) as acções públicas e colectivas ganham força através de movimentos, alianças, campanhas que envolvem as opiniões públicas e populações de âmbito global.

Somos, pois, testemunhas e artífices na construção, mais ou menos criativa, destrutiva ou agressiva, de uma *nova ordem educativa mundial* (Laval & Weber, 2002) cujos actores e acções têm uma natureza transnacional, e que se baseia em e responde, em primeiro lugar, a imperativos e prioridades de carácter global.

A ideia de que estamos perante a gestação de uma *nova ordem educativa mundial*, parecendo relativamente consensual, sê-lo-á menos quanto à análise e à apreciação que desse fenómeno possam ser oferecidas. Quanto a mim sublinharei quatro vertentes em que, penso, indubitavelmente assistimos a configurações inéditas das realidades em educação. São eles: a *governação pluriescalar* (Dale, 2005a)[1]; a acção transnacional;

---

[1] Refiro-me às combinações das actividades de financiamento, fornecimento, regulação, propriedade, através de: estado, mercado, agregado familiar ou comunidade, às escalas supranacional, nacional ou subnacional (cf. Dale, 2005a: 60 e ss.).

o novo *modelo educativo mundial* (Laval & Weber, 2002) e a *agenda globalmente estruturada para a educação* (Dale, 2000b). Com estas diferentes aproximações sinalizamos: 1) os novos arranjos através dos quais a educação é governada; 2) a natureza supranacional de alguns dos principais actores e actuações no campo educativo – organizações internacionais, iniciativas cosmopolitas e/ou referenciáveis a uma *sociedade civil global*[2], empresas transnacionais; 3) a ambição quase planetária de orientações e modelos que inspiram boa parte das perspectivas, propostas e medidas relativas à educação; 4) as prioridades, problemas e soluções através dos quais a educação é reestruturada para responder a imperativos e constrangimentos com origem global.

A perspectiva de que uma *nova ordem educativa mundial* se esboça para lá dos primeiros passos ganha consistência se ordenarmos a definição dos seus contornos a partir dos quatro eixos enunciados. Por exemplo, ao nível de instâncias supranacionais, como a União Europeia, são agora definidos os objectivos, as metas e os procedimentos de controlo, assumindo aquelas o estatuto e o papel de entidades responsáveis pela regulação geral dos sistemas de educação e formação; nessa medida, tornam-se também a fonte de fixação dos padrões a considerar, dos procedimentos de monitorização a operacionalizar e dos métodos de fabricação dos resultados. Por outro lado, no seio da Organização Mundial do Comércio, que agrega cerca de cento e cinquenta países, vigora desde 1994 o Acordo Geral de Comércio de Serviços (AGCS) que inclui a educação como objecto passível de ser submetido às regras aplicáveis a qualquer outro serviço comercializável internacionalmente podendo, nessa medida, ser financiado, fornecido, possuído e regulado à escala supranacional, o que, de resto, acontece já.

Outras organizações internacionais como a União Europeia, a OCDE e o Banco Mundial ou plataformas intergovernamentais como o *Processo de Bolonha* ou o *Processo de Copenhaga* constituem hoje fóruns onde, de modos muito distintos, são forjados consensos e é desenvolvido um trabalho simbólico de proposição e imposição de tendências e coordenadas que orientam influentes formas de pensar e poderosas actuações políticas de envergadura continental ou transcontinental de

---

[2] Para uma discussão das novas realidades que esta expressão pretende enunciar conferir, por exemplo, Falk (2001) e Santos (2001).

reestruturação de todo um sector de ensino e da formação profissional ou de definição dos parâmetros de avaliação, organização e funcionamento dos sistemas de ensino, como testemunhamos, respectivamente, com o desenvolvimento daqueles *Processos* ou com os estudos PISA.

Por outro lado, iniciativas como a Marcha pela Educação, os diversos Fóruns Mundiais de Educação, a Campanha Global pela Educação, e os movimentos e acções contra o Acordo Geral de Comércio de Serviços constituem uma miríade de acções e ligações heterogéneas que, dotadas de uma eficácia muito desigual, testemunham o germinar do que alguns autores já designaram uma *sociedade civil global* emergente também no campo da educação.

O terceiro eixo que nos propomos considerar para traçar os contornos da nova ordenação dos processos e relações educativos prende-se com alterações multiformes quanto aos conceitos, arranjos institucionais, modelos organizacionais, valores e padrões relacionais que estruturam o campo educativo. Este conjunto de formas materiais e simbólicas, de regras e relações que condensamos sob a fórmula semântica de *modelo educativo* verifica visíveis mutações que apenas muito imperfeitamente nomeamos e ainda menos capazmente entendemos, ou acomodamos. Assim, por um lado, parece-nos assistir ao esboroar do edifício educativo que nos habituámos a considerar como *sistema*, admitindo um universo de relações específicas, reiteradas, regulares, articuladas, coerentes e consistentes que, sustentando a concretização de expectativas realizáveis, mantinha os níveis de incerteza dentro de margens relativamente indeterminadas, mas aceitáveis. Hoje, parece cada vez mais erróneo falar de "sistema" educativo: literalmente todos os dias nos deparamos com mais uma ramificação, um programa, uma parceria, uma extensão de funções, uma interface, um protocolo, uma medida que altera a morfologia, a missão, o funcionamento da instituição ou então uma iniciativa que celebra um novo nó, costura um enlace ainda impreciso, abre um atalho por ora incerto. O nosso "sistema" educativo é já outra coisa: pluralizou-se, fragmentou-se, balcanizou-se, num certo sentido, mas também se localizou, se tornou mais heterogéneo, mais poroso, mais mestiço; hoje, é mais inclusivo do que há trinta ou quinze anos, mas é ainda injusto, elitista e discriminatório. Em todo o caso, se um núcleo duro da instituição educativa escolar persiste, a *nebulosa em movimento* é a figura que parece traduzir mais sugestivamente a percepção que vamos tendo do campo educativo.

Por outro lado, as organizações internacionais/intergovernamentais, com destaque para a Organização para a Cooperação e o Desenvolvimento Económico (OCDE), o Banco Mundial (BM), a União Europeia (UE), a Organização Mundial do Comércio (OMC), assumem um papel central na afirmação e difusão de um conjunto de tendências que constituem um novo modo de organizar a educação que alguns autores designam como um *novo modelo educativo* (cf. Laval & Weber, 2002). Nesta perspectiva, a educação tende a ser tomada, em primeiro lugar, como factor de produção decisivo que está na base da produtividade, do emprego e da competitividade das economias A ênfase colocada na *economia do conhecimento*, como realidade, *slogan*, prospectiva ou projecto exigente documenta à exaustão este reposicionamento pleno de consequências. Aquela concepção apresenta-se bifacetada: é liberal, quando propõe o mercado como modelo para a organização do sistema educativo (as relações educativas são o encontro entre uma oferta e uma demanda, a escola é uma empresa que compete por alunos ou recursos, a concorrência marca presença também nas relações entre os alunos, entre professores ou entre escolas); é utilitarista, porque a educação é reduzida às dimensões de um bem privado e individual, comercializável, proporcionando benefícios fundamentalmente económicos; a instituição educativa fica assim remetida ao papel de um instrumento ao serviço de interesses individuais, elegendo a utilidade como a substância do seu sentido e da sua justificação (cf. Laval & Weber, 2002).

No entanto, as lógicas liberal e utilitária-produtivista assumem formas e intensidades distintas conforme os sectores, países e regiões do globo e a integração económico-política destes. O novo modelo educativo, liberal e utilitarista-produtivista, na sua versão norte, estende-se ao longo da vida e expande-se para fora da escola. Para o lado sul do mundo, este modelo educativo desdobra-se numa cadeia de dualismos onde, qual desmaiada miragem, o desenvolvimento permanece sitiado numa teia de fundamentalismos autistas nascidos no norte enriquecido.

A nova ordenação dos fenómenos educativos é ainda apreensível sob a forma de uma *agenda globalmente estruturada para a educação* (Dale, 2000b; Antunes, 2004a); a partir deste ângulo de visão ganham realce os imperativos, exigências, prioridades e expectativas colocados à educação pelos arranjos e processos económicos, políticos e culturais globais em construção. É neste sentido que o apoio ao processo de acumulação, a garantia de um contexto favorável à continuidade daquele

A Nova Ordem Educativa Mundial e a União Europeia

processo e a legitimação são vectores fundamentais, mas parciais, das missões assumidas pela educação em cada sociedade. No contexto europeu, essa *agenda globalmente estruturada* exprime-se sob a forma, entre outras, de uma matriz de políticas emanada da União Europeia, o Programa *Educação & Formação 2010*. O impacto deste Programa no contexto nacional, as formas que aí assume e as articulações vislumbradas entre as políticas educativas nacionais e o mesmo Programa dão corpo ao olhar bi-direccional que defendo possibilitar a compreensão da estrutura, da dinâmica e dos processos que configuram o campo educativo. Neste texto, procuro delinear um percurso de compreensão da elaboração de um texto de política educativa europeia, o documento *Princípios Comuns Europeus para as Competências e Qualificações dos Professores*; diligenciarei ainda sugerir articulações com movimentos e processos políticos nacionais no mesmo campo.

1. **A profissão de professor na Europa: da** *questão* **aos** *princípios comuns*

A análise do processo de gestação do documento *Princípios Comuns Europeus para as Competências e Qualificações dos Professores*[3] indica que a *questão dos professores* ganha corpo ao ritmo da afirmação de uma política comum europeia para a educação, formulada no Programa *Educação & Formação 2010* e ancorada no recurso ao *método aberto de coordenação*[4] e nos diversos *Processos* em curso. Este documento que

---

[3] Refiro-me ao documento, não datado e elaborado pela Comissão Europeia em 2005, intitulado *Princípios Comuns Europeus para as Competências e Qualificações dos Professores* («Common European Principles for Teacher Competences and Qualifications») e que doravante referirei como *Princípios Comuns* ou simplesmente *Princípios* (cf. EC, s/d1). A sigla EC será utilizada neste texto para referir a designação "European Commission" usada pela Comissão Europeia em alguns textos e registada por mim na referência bibliográfica.

[4] O *método aberto de coordenação* é apresentado em documentos subscritos pela Comissão Europeia como "um novo meio de fomentar a convergência das políticas nacionais para objectivos comuns", tendo sido "delineado para ajudar os Estados-membros a desenvolverem progressivamente as suas próprias políticas" através da "comparação e aprendizagem mútuas" com recurso a uma "gama de indicadores, valores de referência, intercâmbio de boas práticas, avaliações pelos pares" (cf. Comissão Europeia, 2002: 10).

106 *Nova Ordem Educacional, Espaço Europeu de Educação e Aprendizagem ao Longo da Vida*

aqui nos ocupa corresponde a uma das (assim designadas) modalidades de apoio da Comunidade aos países envolvidos, previstas para a II fase de implementação daquele Programa iniciada, segundo a Comissão Europeia, em 2005 (cf. CEC, 2005: 62-64)[5]. A elaboração de *princípios comuns europeus* constitui um dos instrumentos de enquadramento das políticas nacionais na agenda estratégica da União na sequência da abordagem do referido *método aberto de coordenação*. Encontramo-nos, por isso, num ponto de chegada de uma cadeia de pequenos-grandes passos de que importa dar conta, já que parte do sentido deste documento resulta dos modos e artífices pelos quais foi fabricado.

No desenvolvimento do *Programa Educação & Formação 2010* surpreendemos processos que, não sendo inéditos, configuram uma realidade em visível metamorfose e esclarecem algumas das inovações que têm vindo a ser introduzidas nos nossos sistemas e procedimentos políticos. Assim, por exemplo, a *questão dos professores* é uma ilustração, interessante a vários títulos, dos modos como são elaboradas medidas políticas com âmbito e impacto europeus, usando processos e argumentos aparentemente técnicos para fundamentar e legitimar processos e opções políticos sem necessariamente passar pelos princípios e procedimentos típicos das democracias europeias.

1.1. *Da questão ao documento político: um processo em cinco andamentos*

Quanto ao processo como se desenvolveu, a *questão dos professores*, com ligeiras variantes, replica aqueles que encontramos em outras áreas:
1. apresenta-se a questão como problemática: no (que veio a ser o) *Programa Educação & Formação 2010*, o primeiro dos treze objectivos apontados diz respeito a *Melhorar a educação e formação dos professores e formadores* e sublinha os défices e a desactualização da formação, as mudanças de papel e aspectos relativos ao recrutamento e ao estatuto (cf. CE, 2002: 12);

---

[5] A sigla CEC refere a designação "Commission of the European Communities" adoptada pela Comissão Europeia em alguns documentos e mantida por mim na referência bibliográfica.

2. organiza-se um Grupo de Trabalho (GT) com o objectivo de determinar os dados do problema, definir os termos da discussão, as perspectivas, os instrumentos e as medidas a considerar face à questão; o GT é geralmente composto por peritos designados pelos Estados envolvidos e por outras entidades, consagradas como relevantes pelas instâncias organizadoras, podendo incluir desde responsáveis dos organismos comunitários a membros de organizações internacionais ou de associações europeias diversas (cf. EC, 2004);

3. o GT produz relatórios e recomendações com o objectivo expresso de proporcionar assessoria técnico-política à Comissão Europeia, de fundamentar e legitimar as posições e os cursos de acção propostos e eventualmente assumidos pelos órgãos europeus de decisão política (cf. *ibidem*);

4. organiza-se uma Conferência ou um Seminário, de âmbito europeu, juntando peritos, responsáveis técnicos e decisores dos Estados envolvidos, a fim de divulgar e/ou testar a posição oficial da Comissão, identificando as reservas ou oposições, bem como as acções a empreender face às mesmas (cf. EC, s/d2);

5. produz-se um documento oficial que pode ainda vir a ser objecto de procedimentos múltiplos e fontes de influência diversas (cf. EC, s/d1).

Como se referiu já, o facto mais contundente em todo este processo é a virtual exclusão dos órgãos e actores nacionais e do terreno. No caso vertente, se o documento oficial resultante for assumido como um modelo normativo a implementar, verificar-se-á o reforço da redução dos contextos e actores nacionais e do terreno a entidades receptoras e executoras de decisões exógenas, desse modo acentuando o actual *défice democrático* inerente à crescente separação entre participação e representação, poder e legitimidade, cidadãos e governantes na União Europeia; por outro lado, essa questão será evitada se este documento possuir, como o seu processo de gestação aconselharia, o estatuto de um recurso para os debates e mudanças a desenvolver nos diversos países.

Deve, no entanto, acrescentar-se uma nota de fundada apreensão: o significado deste documento permanece uma incógnita sem um conhecimento cabal da situação criada por outros processos em curso e das suas consequências para a formação, a qualificação e a estrutura da carreira docentes. O recentemente adoptado *Quadro Europeu de Qualificações*, o *Processo de Bolonha* e o *Processo de Copenhaga*, bem como a designada *Directiva dos serviços* geram, isolada e conjuntamente, um aglomerado de mudanças em cadeia cujos âmbito e impacto se afiguram difíceis de apreender e circunscrever. Se, como parece largamente provável, um mercado europeu de ensino superior está em vias de ser constituído – e a regulação da qualidade das formações depender de processos de acreditação nacionais e comunitários, tomados como base para o reconhecimento mútuo dos diplomas (cf. *The European Higher Education Área – Achieving the Goals*, 2005) –, a definição vinculativa de padrões exigentes de âmbito europeu pode ser decisiva e tornar-se a única barreira capaz de travar a espiral descendente rumo à nivelação por baixo, à desregulação, degradação e fragmentação da formação e da carreira docentes. Nesse sentido, um *quadro comum europeu para as competências e qualificações dos professores e formadores* pode ser um instrumento agora necessário – ainda que gerado por processos dificilmente aceitáveis face aos procedimentos políticos estabilizados nos sistemas políticos democráticos nacionais – para obstar o desmantelamento das responsabilidades e regulações públicas exigentes em vigor na maior parte dos países europeus.

Daí que nos encontremos neste momento incapacitados de compreender cabalmente as implicações destes *Princípios Comuns*, quer para as políticas europeias, quer para as políticas nacionais. Também neste sentido e nesta medida, o *défice democrático* desta "revolução silenciosa no campo da educação" (cf. *Newsletter*, 2003) é a experiência mais viva que vamos tendo das vertiginosas mudanças em cascata que se revelam hoje a face mais vincada da constituição da União Europeia; assim, sejamos prudentes e sagazes e perguntemos…

Neste processo é ainda interessante o facto de que, ao que parece, as propostas do Grupo de Trabalho terem encontrado um acolhimento muito frugal por parte da Comissão Europeia. Esta não integrou, nos documentos posteriormente elaborados, os quatro indicadores sugeridos; também não assumiu a formulação, o sentido e a substância de diversos princípios/recomendações, designadamente aqueles relativos ao modelo de formação inicial e às responsabilidades e participação das diversas entidades envolvidas na definição e promoção do desenvolvimento profissional dos docentes (autoridades públicas, instituições, docentes) (cf. EC, 2004; E C, s/d1).

1.2. *Quanto ao método: a redução técnica do político*

Como propõe Nóvoa (2005a), neste domínio a forma é conteúdo; isto é, o desenvolvimento de um objectivo político através da adopção de determinados meios e instrumentos de carácter predominantemente técnico, submete a política e o processo político ao esvaziamento do seu sentido e substância. Estes encontram-se por ora ainda corporizados nos processos plurais de debate, confronto e negociação, em instâncias constituídas por entidades mandatadas e legitimadas para a representação e negociação políticas, baseadas em interesses sociais diversos, reconhecidos e conflituais. Por outro lado, a fluidez e uma certa arbitrariedade das regras e critérios de participação favorecem a exclusão liminar dos protagonistas e dos processos eventualmente fracturantes, permitem a selecção de peritos, parceiros e interessados, amigáveis, promovem a circunscrição do campo e dos termos da discussão e facilitam a sintonia de pressupostos e entendimentos eventualmente geradores de propostas. Desta forma, desde há alguns anos a esta parte, também no campo da educação, a União Europeia tem primado pela restrição do debate das questões a alegados grupos de peritos; estes vagamente representam entidades selectivamente agraciadas com o estatuto de *parceiros* ou *interessados*, sublinhando a ambiguidade e ambivalência intencionadas de um grupo de trabalho assim constituído e com um mandato que oscila entre os domínios técnico e político, sem critérios sólidos que o sustentem fundados em qualquer dos campos. Eis, em todo o seu esplendor, alguns dos momentos emblemáticos do processo de elaboração das políticas educativas comunitárias! Na verdade, é omnipresente a tentação de substituir os processos e os actores políticos típicos das democracias europeias pelo predomínio de procedimentos potenciadores da influência de peritos e técnicos (Nóvoa, 2005a). Dessa forma, esta opção tende a tornar-se a norma na União Europeia, e em outras organizações internacionais, distorcendo o próprio regime político democrático e constituindo-se como uma tecnologia de governo e de exercício do poder ao serviço de interesses e objectivos não raros carentes de legitimação política. No entanto, nem sempre tal expediente se revela inteiramente eficaz na eliminação dos conflitos de interesses e no silenciamento das divergências, ainda que possa contar já com sucessos assináveis na delimitação do campo e dos termos da discussão acerca das questões em debate. Isto é, aquilo que, a partir de Bourdieu (1977: 168 ss., 1989), compreenderíamos como a construção de uma *nova ortodoxia* – empreendimento sistemático levado a cabo no contexto da União Europeia em múltiplas frentes, apenas para falar do campo da educação – tem sido genericamente alcançado, não obstante alguns contratempos inesperados. A discrepância significativa entre algumas propostas contidas no relatório do *Grupo de Trabalho* (cf. EC, 2004), e aquelas subscritas pela Comissão, relativas a novos indicadores (cf. CEC, 2004: 16) e aos *Princípios Comuns* (cf. EC, s/d1), bem como o relatório da *Conferência-teste* (cf. EC, s/d2), revelam quer as divergências significativas existentes entre os participantes seleccionados em relação à *questão dos professores*, quer a sistemática acção levada a cabo em prol do não-reconhecimento ou mesmo silenciamento, de oposições, descontentamentos e discordâncias. Neste domínio, a metódica *redução técnica* do campo e do processo políticos, em curso mais vincadamente desde há menos de uma década, tem sido notavelmente bem sucedida.

Pode, assim, revelar-se esclarecedora uma breve incursão ao modo como a questão docente foi sendo discutida neste curto período que conduz ao documento *Princípios Comuns*.

1.3. *Os termos de discussão da questão*

A questão da formação e desenvolvimento profissional dos professores é discutida desde antes de 2000: integrava uma primeira lista, a seguir abandonada, de indicadores de qualidade dos sistemas educativos da UE (cf. EC, 2000); foi tema de uma iniciativa, no quadro da Presidência Portuguesa da União Europeia, que teve expressão na criação da ENTEP (European Network for Teacher Education Policies), uma rede de políticos europeus que procura construir propostas para influenciar as políticas educativas nacionais e europeias (cf. Campos, 2000). Posteriormente, e já no âmbito do *Programa Educação & Formação 2010*, a ênfase desloca-se para o envolvimento de professores e formadores e os défices e a desactualização da formação, as mudanças de papel, as questões de recrutamento e estatuto, ignorando os indicadores sugeridos em torno da formação inicial, no relatório atrás mencionado. A atractividade da profissão, também para candidatos vindos de outros campos, substitui a saliência atribuída à formação inicial de alta qualidade; a estrutura das carreiras e a formação contínua ganham centralidade no discurso, enquanto se propõem os seguintes indicadores, que, ainda desta vez, não serão também adoptados: falta/excesso de profissionais qualificados; número de candidatos a programas de formação; percentagem de professores envolvida em formação contínua.

Surpreendentemente, os indicadores utilizados até ao momento para operacionalizar o objectivo *Melhorar a educação e formação dos professores e formadores* excluem liminarmente toda a referência à formação para se centrar exclusivamente em dimensões quantitativas relativas à força de trabalho docente: o número e percentagem de jovens menores de 20 anos; a distribuição dos professores por idades; o *ratio* alunos/professores por nível educacional.

Por outro lado, a partir de 2004, três áreas ganham destaque: o desenvolvimento profissional; a criação de indicadores e a elaboração de um quadro comum europeu para competências e qualificações de professores e formadores. Assiste-se à dramatização da necessidade de substituição de um milhão de professores entre 2005-2015 no continente europeu e é sublinhada a perspectiva de "uma vaga de recrutamento" em que "muitos países terão a oportunidade de explorar mudanças eminentes na força de trabalho docente (*in the teaching force*)" (cf. CEC, 2005: 29). São deixados cair os indicadores, centrados nos níveis de envolvimento, satisfação e investimento na formação docente, propostos pelo Grupo de Trabalho em 2004 (cf. EC, 2004) e ficam retidos apenas, no plano de trabalho assumido pela Comissão, os propósitos de avaliação das instituições de formação em 2005 pela rede de informação sobre a educação da União Europeia, Eurydice, e de colheita de dados sobre o ambiente de aprendizagem de estudantes e professores, ao nível das escolas, usando, por exemplo, o PISA 2006 (cf. CEC, 2004: 16; Jornal Oficial da União Europeia, 2005).

Num breve balanço do percurso delineado pelos termos da discussão da *questão dos professores*, cabe realçar alguns tópicos para reflexão:

1. a questão relativa aos professores é inicialmente discutida no contexto europeu em torno dos temas das transições de papel e do estatuto, da formação inicial e contínua e do recrutamento e carreira;

2. o mote do recrutamento ganha uma centralidade progressiva face às preocupações com a formação, o papel e o estatuto da profissão docente, crescentemente subordinadas e discutidas à luz da dramatização do número fetiche de um milhão de novos docentes necessários na Europa entre 2005-2015;

3. em consequência, a atractividade da profissão para candidatos de outros campos, a estrutura das carreiras e a formação profissional contínua são destacadas em conjugação com as dimensões quantitativas da força de trabalho docente;
4. a amálgama entre professores e formadores, que constituem profissões e realidades histórico-sociológicas distintas, sublinha derivas que crescentemente informam a discussão da questão;
5. o desconhecimento premeditado das políticas de promoção da formação docente nos países europeus é acompanhado da deslocação da atenção para as instituições de formação e de ensino.

1.4. *O regresso à questão: princípios comuns de que modelo de formação? de que profissão?*

A breve incursão ensaiada ao processo de gestação destes *Princípios Comuns* suscita algumas questões:

1. Porque foram ignorados todos os indicadores propostos (por várias vezes, por múltiplos grupos de trabalho, em menos de cinco anos) relativos à formação inicial, à participação na formação contínua, à satisfação com a formação e foram retidos três indigentes indicadores, respeitantes ao excesso/falta de docentes, que nada conseguem esclarecer quanto à formação dos docentes e à sua melhoria? Que dimensões das realidades europeias se pretende descurar e que aspectos se procura destacar com tais opções?
2. Porque foi substituída, no documento *Princípios Comuns*, a formulação proposta pelo Grupo de Trabalho ("O ensino e a formação devem ser vistos como uma profissão baseada numa *formação inicial profissional*, de nível *superior*, universitário ou equivalente, baseada na investigação no caso dos professores", cf. EC, 2004: 6, ênfase da autora) e se adoptou a que refere "os professores são graduados de instituições de ensino superior" (cf. EC, s/d1: 2)? Optando pela fórmula minimalista "os professores devem ser graduados de instituições de ensino superior ou equivalente" (cf. EC, s/d1: 4) harmoniza-se a formação de professores descurando os padrões mais elevados, em que a profissionalização está integrada na formação inicial, e acolhe-se os menos exigentes em vigor na Europa?

A *Nova Ordem Educativa Mundial e a União Europeia* 113

3. Qual o significado da virtual desaparição, no documento *Princípios Comuns,* de qualquer responsabilidade, por parte das autoridades públicas, em relação à formação docente, quer se trate da formação inicial ou contínua? Porque são apenas referidos os professores, as instituições, os empregadores? Quem financia, promove e regula essa formação? A que níveis pode/deve ser disponibilizada? Sob que modalidades? Por que instituições? Em que condições?

4. Estes *Princípios Comuns,* ao prescindir da exigência clara de uma formação inicial profissionalizante *integrada,* de nível superior, para os professores, não legitimarão, em muitos países, a tentação de harmonização da fragmentação e da degradação do nível e da exigência da formação docente em lugar de, como se promete "melhorar a formação..."?

Estas são questões de quem tem dúvidas...Dúvidas sobre o significado do documento, acentuadas pelas incógnitas quanto ao contexto em que aquele pode vir a ser política.

1.5. *Apesar do método, o retorno do político*

Detendo um pouco mais a atenção, percebemos que a agenda e as missões atribuídas à ENTEP (European Network for Teacher Education Policies) aquando da sua criação, por iniciativa da Presidência Portuguesa do Conselho Europeu em 2000, poderão ter obtido um eco atenuado, face às expectativas, à medida que iam mudando a ênfase e os termos da discussão da *questão* dos professores. Assim, são notórias, na agenda definida para a ENTEP, preocupações com a elevação do perfil profissional da formação de professores, com a valorização da vertente da investigação na preparação, na prática e na estruturação dos contextos de trabalho docentes, com a igualdade de oportunidades em educação, a coesão social, a multiculturalidade; é ainda claro o compromisso com o estabelecimento de instrumentos regulatórios em previsível ambiente de mercado (a definição de parâmetros e orientações, de objectivos e de resultados, a certificação dos professores, a avaliação da qualidade e a acreditação de programas de formação).

Analisando algumas das intervenções principais da Conferência de lançamento daquela rede, percebemos que a tensão, atrás apontada entre as perspectivas registadas no relatório do Grupo de Trabalho A, "Melhorar a Formação de Professores e Formadores" e as propostas de *Princípios Comuns* e de indicadores da Comissão, encontra raízes ou ecos na divergência entre as vias encontradas pelos Estados-membros da União Europeia quanto à formação de professores. Ora, segundo a análise do relator-geral daquela Conferência, sobre *Políticas de Formação de Professores na União Europeia e Qualidade da Aprendizagem ao Longo da Vida*, Friedrich Buchberger, as políticas de formação de professores dos Estados-membros exibiriam, ao longo dos anos noventa, traços que poderiam ser agregados em torno de três principais orientações: a via tradicional – que prevê uma formação baseada na escola ou uma formação de pendor académico-disciplinar, conforme se trata de professores dos níveis elementares ou secundários, respectivamente; uma opção próxima de um modelo institucional de *Aprendizagem*, estruturado em torno de competências mínimas, baseado nas escolas, com uma acentuada tónica de desprofissionalização da formação, que simplificadamente podemos considerar próxima da via seguida pela Inglaterra e País de Gales; uma terceira abordagem (no entender de Buchberger, sistémica, integrada, baseada na investigação), focada num "profissionalismo novo e aberto", mais frequentemente presente no que é referido como o "contra-exemplo" dos países nórdicos e que estaria presente também em Portugal, por exemplo (cf. Buchberger, 2000: 13, 33-4). Neste contexto, embora não possa ser pressuposta, em torno do "que se pode entender por um professor profissional (…) uma consensualidade conceptual que não existe", o processo sócio-histórico de profissionalização dos docentes, em múltiplas latitudes e registos cronológicos, permite sublinhar, entre outras, certas condições estruturantes: "a posse de um *saber científico e técnico especializado* decorrente de uma *longa escolaridade* (...) e a *autonomia profissional*" (Afonso, 1996: 6, ênfase nossa). Ora, são estas dimensões axiais da profissionalidade (e identidade) docente(s) que estão no centro das divisões e intervenções políticas e das transformações educativas e sociais em curso há vários anos[6]. Assim, por exemplo, também nos Estados

---

[6] Para compreender melhor estes processos específicos, e só para mencionar trabalhos recentes que aliam a concisão à clareza, consultar, entre outros, Nóvoa (2002) e Teodoro (2006).

A Nova Ordem Educativa Mundial e a União Europeia

Unidos, é vivo o confronto entre aquelas duas principais orientações, com um movimento, em diversos Estados, em direcção a vias de *profissionalização* da formação inicial dos professores, que disputa a influência, no debate, nas políticas e nas práticas, com a tendência de *desregulação* (e desprofissionalização) da formação de professores; esta assenta em modalidades de formação em alternância («alternate routes») com oficinas de formação aligeiradas («"quickie" teacher education workshops»); uma formação sequencial com a componente da(s) disciplina(s) da especialidade no ensino superior («as an art and sciences matter») e a componente das ciências da educação e da pedagogia em paralelo com o exercício da profissão («picked up on the job») e exames externos de acesso à profissão[7]. Segundo Marilyn Cochran-Smith, esta última posição "é baseada numa abordagem de mercado ao problema da falta de professores que alimenta a erosão da confiança pública na educação" apontando, com base no trabalho de diversos investigadores, que "a tendência na Austrália, Nova Zelândia, Reino Unido e parte dos Estados Unidos foi devolver a culpa («blame») pelos "falhanços" da educação pública para o nível local – escolas, professores e programas de formação de professores – e, ao mesmo tempo, sobre-regular o conteúdo da educação e reduzir dramaticamente o papel das universidades na formação de professores". Nesse sentido, a autora que seguimos afirma que "o debate profissionalização--desregulação" mostra que não há consenso nos Estados Unidos sobre como e onde os professores devem ser formados, o que devem aprender (ou não aprender), e que teorias de ensino e aprendizagem devem guiar a sua aprendizagem" (Cochran-Smith, 2002: 19, 44, 55, 56).

---

[7] A autora apresenta um conjunto de argumentos e evidências acerca das utilizações dos resultados destes exames, hoje realizados na quase totalidade dos Estados nos EUA, e suas consequências; assim, à data da escrita do texto, os resultados dos candidatos nos exames deveriam ser "compilados em registos («'report cards'») institucionais e estatais concebidos para servir de indicadores da adequação da empresa de formação de professores e proporcionarão *rankings* públicos (e sem dúvida altamente politizados) de instituições de formação de professores"; de tal modo que, segundo a autora, "Em alguns estados, foi até sugerido que o principal resultado dos exames para docentes («teacher tests») foi desacreditar as escolas de formação e proporcionar argumentário para aqueles que gostariam de fechá-las", isto apesar de haver "pouca evidência de que as classificações nos exames para professores («teacher tests») estejam relacionados com o desempenho real no ensino nas salas de aula ou com a aprendizagem dos estudantes" (Cochran-Smith, 2002: 28-30).

No quadro do Programa *Educação & Formação 2010* e da elaboração dos *Princípios Comuns Europeus*, as divergências parecem polarizar-se como vimos em torno do carácter profissional da formação inicial e, consequentemente, da regulação do acesso à profissão docente; a questão agudiza-se quando se trata de saber quem pode ser professor, qual a sua competência específica e como pode ser construída. As opções em torno do carácter especializado, e do processo formal, institucional e prolongado de construção dessa competência parecem dividir os técnicos e políticos envolvidos neste processo.

Ora, aparentemente, a agenda apontada pela ENTEP, em Maio de 2000, e as sugestões e propostas do Grupo de Trabalho no relatório de 2004 "Melhorar a Formação de Professores e Formadores" parecem encontrar-se mais próximas da terceira opção apontada por Buchberger, enquanto o documento dos *Princípios Comuns* surge mais distanciado daquela que nomeamos a abordagem *profissionalizante*, abrindo também o campo para qualquer das outras orientações para a formação de professores. Então, a tensão que notamos em vários momentos do percurso conducente aos *Princípios* poderá bem entroncar nas divergências de opções seguidas pelo GT e pela Comissão; com a informação hoje disponível (Janeiro de 2007), não é claro se estamos perante duas orientações assumidamente distintas e opostas (o caminho da formação profissionalizante integrada, por um lado, ou a via da formação em *Aprendizagem*, baseada em competências mínimas, centrada nas, e desenvolvida a partir das, escolas, por outro) ou da opção por omissão, por parte da Comissão, de uma direcção menos exigente e mais conservadora, procurando acolher e reunir consenso em torno do mínimo múltiplo comum das várias posições, assumindo o *status quo* da diversidade de políticas e estratégias em detrimento do impulso à mudança no sentido da elevação do esforço e do nível de formação de professores na União.

De resto, um visível e inexplicado adiamento da prossecução do processo dos *Princípios Comuns*, designadamente do seu encaminhamento para o Parlamento Europeu previsto para 2006, sugere, salvo melhor opinião, a possibilidade de este desenvolvimento carecer das necessárias condições de concretização.

2. Habilitações profissionais para a docência: o ângulo português

Em Portugal, a questão foi recentemente discutida em torno da definição do perfil geral de desempenho dos educadores e dos professores e dos perfis específicos relativos aos educadores de infância e aos professores do 1.º ciclo, consagrados nos decretos-lei n.º 240/2001 e n.º 241/2001, de 30 de Agosto, que deveriam constituir as matrizes dos programas de formação inicial. Este processo foi interrompido, voltando o debate a ser lançado no âmbito do grupo de trabalho que elaborou o parecer sobre a implementação do *processo de Bolonha* na área da formação de professores, por iniciativa da ministra Maria da Graça Carvalho em 2004[8].

A instabilidade governativa da época que se seguiu até à tomada de posse do XVII Governo Constitucional conduziu a que apenas em 13 Março de 2006 fosse apresentado o documento *Habilitações profissionais para a docência*[9], proposto para discussão pública. Este documento foi acolhido por instituições do ensino superior, responsáveis pela formação inicial dos docentes, e por sindicatos de professores com a expressão de sérias reservas relativas a várias questões. Deve ser notado que esta proposta apresentava diversas convergências com o documento *Princípios Comuns*, em particular em dois aspectos estruturantes: (i) está ausente a exigência explícita de formação *profissional inicial integrada* e de *nível superior* para a docência, adoptando-se a fórmula semanticamente muito próxima da dos *Princípios* "Adquire habilitação profissional para a docência numa área curricular quem cumulativamente satisfizer as seguintes condições: a) for titular do grau de licenciado pelo ensino superior; b) tiver adquirido um determinado número de créditos ECTS, no Ensino Superior, (…); c) completar com aproveitamento um Curso de Formação Profissional para Ensino (…)". Como alertávamos à data numa discussão inicial exploratória, "sugiro vivamente o estudo atento da proposta sobre a formação inicial e o recrutamento de professores do Ministério da Educação português em discussão nesta primeira metade de 2006; vale a pena notar que não só se desagrega a formação (científica/na

---

[8] Conferir Despacho n.º 13 766/2004, D. R. de 13 de Julho de 2004, II série.

[9] Doravante referir-nos-emos a este documento pela sigla HPD que manteremos nas referências bibliográficas.

área disciplinar, por um lado; profissional/específica, por outro), como em nenhum momento se afirma inequivocamente que o designado Curso Profissional de Ensino será obrigatoriamente de nível superior e da responsabilidade exclusiva de instituições do ensino superior. O estudo da proposta, ainda mais recente, de estatuto da carreira docente, em particular dos aspectos relativos à formação e estrutura de carreira, desperta justificados temores quanto à aproximação de tempos de degradação do estatuto e da qualidade da formação destes profissionais" (cf. Antunes, 2006).

Na verdade, as críticas não se fizeram esperar, sublinhando, entre outros, os seguintes aspectos:

(i) a chamada "modulação da formação" e não "intencionalidade do lado da oferta de "cursos para professores" por parte das instituições de formação" (HPD, p. 2) rompe com "a *natureza integrada* da formação de professores", "retalha-a" e vinca "uma evidente contradição interna quando se propõe a defesa de 'um número mínimo de créditos de formação' e a 'valorização da componente de conhecimento disciplinar'" (Ponte, 2006; S/A, 2006[10]).

(ii) a proposta "contratualização" da formação, por parte do Ministério, configura um "acréscimo do controlo do Ministério" e uma desarticulação dos "projectos de formação de professores gerando um contínuo de pedidos e respostas avulsas" (S/A, 2006; Ponte, 2006);

(iii) a adopção do exame previsto como parte do sistema de recrutamento por parte do Ministério, ainda que reconhecendo a legitimidade do mesmo para regular o acesso à profissão, pode implicar previsíveis efeitos indesejáveis, de entre os quais são salientados a "subjugação da formação ao acesso" (S/A, 2006; Ponte, 2006);

(iv) a diferenciação entre o nível de formação exigível para professores de diferentes ciclos de ensino, desvalorizando a dos

---

[10] Usamos a sigla S/A para indicar a referência *Sem Autoria* expressa que é o caso do documento de trabalho *Por uma Formação de Professores de Qualidade*, elaborado no âmbito de um grupo de trabalho responsável por preparar a posição da Universidade do Minho face à proposta em discussão pública.

profissionais vocacionados para a educação de infância e 1.º ciclo, configura um retrocesso de uma década (cf. Wong, 2006d: 24; S/A, 2006; Ponte, 2006).

Posteriormente, em Outubro de 2006, foi ainda colocado em discussão pública e solicitado parecer às instituições do ensino superior sobre um *anteprojecto de decreto-lei regulador do regime jurídico de habilitação profissional para a docência*, após o que veio a ser aprovado em Conselho de Ministros um documento normativo no final do ano. O anteprojecto posto à discussão distanciava-se em aspectos fulcrais da proposta de Março anterior: afirmava-se claramente que "Têm habilitação profissional para a docência (…) os titulares do grau de licenciado em Educação Básica e do grau de mestre na especialidade correspondente obtidos nos termos fixados pelo presente diploma" e "os titulares do grau de mestre na especialidade correspondente obtido nos termos fixados pelo presente diploma" conforme o nível de ensino em causa. Desta forma, a exigência de uma formação e habilitação profissional específicas para a docência, totalizando cinco anos de nível e da responsabilidade de instituições de ensino superior, ficou consagrada, apesar dos *Princípios Comuns*, bastante mais minimalistas, quanto ao grau de exigência de profissionalização da formação docente; por outro lado, acentuou-se, a partir deste documento, a consonância das opções de política educativa em Portugal com as perspectivas apontadas para a ENTEP em 2000 e com as propostas do Grupo de Trabalho formado pela Comissão no âmbito do Programa *Educação & Formação 2010*. Nesse sentido, dir-se-ia que o documento apresentado pela tutela em Março assumia uma orientação desprofissionalizante próxima da *via inglesa* sinalizada por Buchberger, enquanto a proposta de Outubro acolheu opções tendencialmente seguidas pelas abordagens de cariz *profissionalizante*, consideradas pelo mesmo estudioso. Como se transitou, em Portugal e em poucos meses, de um documento filiado estreitamente em orientações marcadamente desestruturantes e descaracterizantes da formação, da identidade e da profissão docentes para um outro que assume a continuidade com a especificidade e a natureza prolongada, profissionalizante e de nível superior da formação inicial dos professores? Como se passou de um documento que seguia de perto as interpretações minimalistas possibilitadas pelos *Princípios Comuns* para um outro que, à primeira vista, se desvincula dessas orientações? E, sobretudo, porquê a primeira e porquê a segunda opções?

3. A educação e os professores, cenários para o futuro

3.1. *Tempos regressivos*

Não dispondo de vias de resposta para as perguntas, podemos, no entanto, procurar entender o sentido de cada uma das opções. Tornar a educação mais barata para o erário público, diminuir a parcela de responsabilidade colectiva e estatal pelas políticas sociais tem sido uma tendência constante cuja sombra, mais ou menos densa, invadiu a Europa (e o resto do mundo) desde há cerca de três décadas. Por vias, com intensidades, em dimensões muito díspares. Em meados dos anos noventa, o projecto *neoliberal* ganhou clareza com a institucionalização de relações estáveis de liberalização do comércio e de desregulação que crescentemente foi invadindo áreas mais amplas da vida social; o Mercado Comum Europeu, em 1992, a Organização Mundial do Comércio, em 1994, são marcos de vulto neste percurso. Ao mesmo tempo, também um conjunto de propostas, de análises, de modelos, de opções e de medidas políticas foram fazendo caminho pela mão de diversas organizações multilaterais; a diversidade de orientações, e mesmo de objectivos, prosseguidos é um traço importante deste percurso que, no entanto, consolida opções importantes. Assim, por vias e em dimensões diversas, a descolagem entre um sistema universal de educação e o seu carácter público estabelece-se, ou amplia-se, de tal modo que, frequentemente, quanto mais jovem é o sistema, menos o Estado se encontrará vinculado à sua sustentação material e, às vezes também simbólica, como o exame das realidades experimentadas nas diversas latitudes, geográficas e sociais, do mundo evidenciará (cf., por exemplo, Carnoy, 1999; Torres & Levin, 2003).

Por outro lado, uma das traves-mestras dos sistemas públicos de educação e da sua autonomia relativa face à estrutura social assentou na sua ligação ao Estado e na constituição de um corpo de profissionais especializado e tendencialmente qualificado. Ora, também estas facetas da instituição escolar se tornaram problemáticas ao longo dos anos noventa face à expectativa aparentemente incontornável de universalizar uma educação prolongada, proporcionada por profissionais cada vez mais qualificados. Para além de todas as questões sócio-políticas, associadas a um sistema que organiza boa parte da socialização, com fortes traços de homogeneidade, e da alocação social da população de uma sociedade, as

A *Nova Ordem Educativa Mundial e a União Europeia*

pressões financeiras avolumaram-se, pelo menos em dois sentidos: a) porque formar e manter uma força de trabalho com estas características e dimensão exige volumosos recursos e uma opção societal de partilha de tais responsabilidades; b) porque a procura social de educação, em razão do seu alto valor *posicional*, torna apetecível a sua integração em relações mercantis produtoras de mais-valia. Uma e outra pressões tornaram-se visíveis no âmbito das instituições educativas ao longo dos últimos quinze anos; neste período, também crescentemente a força de trabalho docente foi sendo colocada no centro de debates que ora sublinhavam o peso orçamental ou incompetência dos sistemas públicos de educação, ora celebravam os desempenhos, a eficiência e a flexibilidade das instituições privadas de ensino. E também os pesados encargos financeiros das famílias que a elas recorrem. Como bem sublinham alguns sociólogos,

> "há hoje um certo discurso, que aparece com frequência em alguns órgãos de comunicação social, que acentua a responsabilização dos professores – mas essa responsabilização é injusta e não é nova em termos ideológicos, notando-se agora que ela está a ressurgir com alguma intensidade no momento em que, ao nível da governação, chega a Portugal (tardiamente e anacronicamente) a vaga neoconservadora e neoliberal[11] que procura alterar as políticas públicas em áreas fundamentais como a educação, a saúde e a segurança social" (Afonso, 2003: 38-9)[12].

Aquele conjunto de tendências que atrás referimos como o *novo modelo educativo mundial* integra algumas opções face à força de trabalho docente que tendem a desarticulá-la em dois sentidos: a) por um lado, procurando ganhos de eficiência, através da intensificação do ritmo e do prolongamento da jornada de trabalho; b) por outro lado, desprofissiona-

---

[11] Almerindo Afonso refere-se, como se percebe, ao XV Governo Constitucional sustentado pela coligação PSD-PP de centro-direita.

[12] É importante concluir aqui a ideia do autor citado, que prossegue: "Eu não pretendo com isto dizer que os professores não podem ou não devem ser responsabilizados pelo seu trabalho. Há certamente que pensar na necessidade de implementar modelos democráticos de responsabilização e de accountability relativamente aos professores e a outros actores educativos, incluindo o próprio Estado" (Afonso, 2003: 39). Por outro lado, e relativamente a este foco de debates e intervenções nos professores e na escola pública, Nóvoa observava no mesmo ano: "Nos *media* fala-se muito das escolas e dos professores. Por boas e por más razões. Mas há uma ausência dos professores, uma espécie de silêncio de uma profissão que se voltou para dentro, que se fechou nos muros da escola e que perdeu visibilidade no espaço público" (Nóvoa, 2004: 2).

lizando a formação e o trabalho docentes. O primeiro movimento tem, como assiduamente podemos experimentar, vindo a ocorrer um pouco por todas as latitudes e em tempos mais ou menos coincidentes ou diferidos; aquele último processo, por seu turno, foi perseguido, em alguns países, designadamente a Inglaterra, mas também a Nova Zelândia ou o Brasil, através da trivialização da formação inicial e contínua, da desregulação do recrutamento, da desestruturação das carreiras, da individualização dos contratos, da descaracterização do trabalho docente (cf., por exemplo, Laval & Weber, 2002; Robertson, s/d; Shiroma & Evangelista, 2003). Naquele último país, aliás, o *barateamento* e o *aligeiramento* da formação de professores foram procurados sob a égide de uma *política de profissionalização*, que alguns consideram um *eufemismo*, como "estratégia política e técnica" de reforma para um novo modelo de escola e de professor. Um professor construído, segundo um *novo profissionalismo* (de *intelectual* a *expert*), como "perito" técnico, "reduzido à perícia do seu trabalho" e em "risco perpétuo" de incompetência e de perda (de emprego, de cargo, de posição, de direitos). Ter-se-á, assim, "recontextualizado e reconfigurado" o conceito de profissionalização, "abandonando-se o modelo de profissional que atendia a aspirações de natureza pública" "enquanto se patrocinava uma profissionalização espúria" (Shiroma & Evangelista, 2003: 82, 90, 95; Shiroma, 2003: 61, 68). Também entre nós, há já mais de dez anos, Almerindo Afonso considerava que

> "se contrastarmos os períodos anterior e posterior ao 25 de Abril de 1974, talvez possamos dizer que em Portugal os professores têm vindo a tornar--se mais profissionais, embora ressurjam actualmente alguns sinais que vão em sentido contrário e que não são alheios a influências externas e internas de grupos de interesses ideologicamente mais conservadores ou tecnocráticos" (Afonso, 1996: 6)

argumentando que, neste contexto, a autonomia profissional dos professores "vem sendo fortemente condicionada, entre outras razões, pelo facto de aos professores se exigir que sejam, cada vez mais e apenas, técnicos (eficazes e eficientes) na transmissão de currículos sob controlo centralizado"[13].

---

[13] Vale a pena elencar as tremendas pressões existentes, que este sociólogo considerou, há já mais de dez anos, sobre o exercício da profissão com autonomia pelos professores: "simultaneamente são perseguidos pela indústria dos manuais, sitiados pelas

Curiosamente, o discurso recente no relatório sobre o Programa *Educação & Formação 2010* é algo paradoxal com sublinhados sobre necessidades de recrutamento de professores, resultantes das metas de expandir a influência da escolarização nas vidas dos jovens (máximo de 10% de abandono e 85% de diplomados do ensino secundário em 2010), incentivos para desenvolver "iniciativas para motivar os professores mais velhos a permanecer na profissão e para proporcionar-lhes desenvolvimento profissional contínuo" e balanços de que "a atractividade da docência está na agenda política em diversos países", com a preocupação de "melhorar a imagem e o estatuto da docência, melhorar a competitividade do salário dos docentes, melhorar as condições de emprego" (cf. CEC, 2006: 14). É como se a desprofissionalização docente, nos sentidos antes e acima discutido, pudesse ir de par com a atracção e a fixação de uma ainda mais volumosa força de trabalho. Ou, em alternativa, como se o relatório e os *Princípios Comuns* se ignorassem mutuamente. Ou ainda, como se, ao contrário, a atractividade e a competitividade da profissão se exercessem por referência a uma força de trabalho com débeis características profissionais, de acordo com os referentes conceptuais apontados.

A crer no relatório de 2006, a Comissão Europeia terá dispensado as sugestões de indicadores do GT que formou e trabalhou entre 2001/04 e decidido que "Na área do **desenvolvimento profissional de professores**, a Comissão está a seguir a solicitação do Conselho de cooperar com a OCDE, que está actualmente a preparar um estudo sobre os professores. Em cooperação com os estados membros da UE, a Comissão tenta assegurar que a questão do desenvolvimento profissional dos professores é abrangida pelo estudo da OCDE" (CEC, 2006: 50, ênfase no original).

De resto, a questão dos professores é foco de debate alargado, em que a formação inicial constitui ponto de entrada importante, porque, também aí, se encontram versões do que é a profissão, do que deve ou pode ser, em que projecto de educação e sociedade se inscreve. Numa publicação da rede Eurydice, intitulada *The teaching profession in*

---

tecnologias do pronto-a-ensinar, culpabilizados (até) pela perda de competitividade económica, obrigados a prestar contas de objectivos quantificáveis estabelecidos sem a sua participação (…) e avaliados (quase exclusivamente) pelos resultados académicos dos seus alunos". É notável a actualidade de tal análise cuja acutilância se mantém ou quiçá é hoje ainda mais elevada (Afonso, 1996: 6).

Europe: profile, trends and concerns (report IV). Keeping teaching attractive for the 21st century. General lower secondary education, apresentam-se como novas modalidades de formação inicial de professores um conjunto de programas de duração curta, em tempo parcial, em contexto de trabalho, centrados na escola, baseados no emprego, desenvolvidos pioneiramente e sobretudo em Inglaterra (mencionam-se também a Holanda, a Dinamarca, a Suécia), como uma alternativa viável para alargar o leque de recrutamento, apesar dos problemas e dúvidas levantados quanto à qualidade da formação e dos profissionais (cf. Eurydice, 2004: 12-16, 62; Eurydice, 2002:39).

Também a publicação da OCDE *Teachers matter: attracting, developing and retaining effective teachers* aponta favoravelmente a multiplicação de modalidades de acesso à docência, tendentes à desprofissionalização, através da formação baseada nas escolas e no exercício do trabalho, ao que parece porque "tais mudanças (...) ajudam a concentrar os recursos de formação de professores nas pessoas que melhor os podem usar", não ficando claro de quem exactamente se fala (cf. OCDE, 2005: 10).

Parecem então despontar alguns indícios de que tais orientações para a formação inicial de professores começam a ser olhadas, no seio da OCDE e da UE, como alternativas, apesar da evidente ruptura com o movimento de formação longa, especializada e de nível superior que construiu a profissão até ao momento, das reservas e dúvidas levantadas quanto àquelas opções (cf. Buchberger, 2000: 20; Eurydice, 2002: XXVI, 4, 103) e da ausência de avaliação e de evidências apresentadas de que a qualidade e a democratização da educação são, por essas vias, beneficiadas.

3.2. A escola do futuro nem com os professores nem sem eles: pode alguém ser quem não é?

Discutindo problemas e soluções construídas pela OCDE e Banco Mundial (BM) para a escola, no horizonte da *economia do conhecimento*, Susan Robertson aponta este último cenário como fonte de agendas colocadas face aos sistemas educativos no sentido de formar o capital humano capaz de aprender a aprender e a gerir a sua aprendizagem; o "novo tipo de aprendiz/trabalhador para a economia do conhecimento do século XXI é visto (…) como um mediador e gestor do conhecimento, uma máquina cultural continuamente em actualização e inovadora" (Robertson, 2005: 158)[14]. Se, na óptica da autora, a *economia do conhecimento* aparece segundo uma configuração comum para ambas as organizações, no entanto, quer os problemas, quer as soluções apontadas em relação à instituição educativa divergem. Assim, os professores parecem representar o calcanhar de Aquiles para os dois conjuntos de propostas de refundação da instituição educativa. Segundo aquelas instituições, por um lado, os docentes trabalhariam hoje em condições e de modos ainda inadequados para favorecer a construção dos processos e ambientes de aprendizagem que sustentem a *aprendizagem ao longo da vida* e a inovação e, por outro lado, o seu conhecimento específico, pedagógico e profissional, das relações e dos processos de aprendizagem não apenas parece ser dificilmente substituível, como, em boa medida, se constitui sob a forma de conhecimento tácito, não codificado, não explícito, nem formalmente transferível. Nesse sentido, a OCDE e o BM procuram apresentar respostas que confrontem o curioso dilema que consiste em, de acordo com as suas visões, a escola do futuro não parecer um horizonte possível com os professores, tal como os encaram, nem também sem eles. É a partir desta base comum que os problemas e soluções da escola do futuro, ou da *aprendizagem ao longo da vida*, para a *economia do conhecimento* são desenhados.

Para a OCDE, a inscrição da educação em relações institucionais fortes é o caminho para que o conhecimento seja produzido, partilhado e consolidado entre os professores e com os aprendizes em *comunidades de aprendizagem*, ricas em *capital social*, inscritas em organizações *aprendentes* ou *redes* de aprendizagem; nesta base, crê a OCDE, será possível educar e apoiar o desenvolvimento de estudantes, aprendizes, professores e trabalhadores, capazes de construir sistemas de inovação de que as escolas serão uma componente (cf. Robertson, 2005: 157-60).

Para o BM, é o indivíduo empreendedor e a disponibilização em abundância de oportunidades de aprendizagem que proporcionará as

---

[14] Susan Robertson aponta fundamente para o facto de, na generalidade dos textos emanados de instâncias políticas e outras, entre as quais também alguns trabalhos de natureza académica, a invocação da economia do conhecimento pressupor que se trata de uma ideia e uma realidade não problemáticas, quer do ponto de vista conceptual, quer ideológico, quer político ou social (cf. Robertson, 2005: 166).

condições de produção, circulação e partilha de conhecimento e inovação, necessários em demanda contínua pela *economia do conhecimento*. A transformação dos professores em mentores, educadores, facilitadores, guias decorre, para aquela organização, em boa medida, do facto de a informação e o conhecimento serem disponibilizados a partir de múltiplas fontes e em diversos suportes, permitindo a individualização de percursos e de relações de aprendizagem (cf. Robertson, 2005: 161-3). A ênfase na diluição das relações e arranjos institucionais estáveis, densos e determinados, na multiplicação e descaracterização de entidades e papéis, na desregulação básica que preside às propostas do BM, sugere que há distinções importantes aqui em presença; a este desencontro (inconsequente em que medida?) não será alheio o facto de as direcções enunciadas pela OCDE emanarem essencialmente de programas desenvolvidos a partir ou com a participação do CERI (Centre for Educational Research and Innovation), o organismo que há mais tempo e com maior número de académicos e técnicos se dedica à investigação e intervenção no campo da educação dentro da organização (cf. OECD, 2006: 20). A questão que aqui sublinhamos é que a sensível divergência entre as propostas das duas instituições terá eventualmente contornos menos vincados se apreciada com base em diferentes textos e programas. Isto porque, como outras, estas poderosas organizações multilaterais na cena mundial não são um monólito, como por diversas vezes foi já possível apreciar.

3.3. *A economia do conhecimento, o Estado neo-liberal e a modernização reflexiva*

A discussão percorrida conduz-nos à sugestão de que a educação e os professores se encontram sob pressões e expectativas de origem global para as quais estão a ser defendidas respostas distintas. Esta *agenda globalmente estruturada para a educação* – emergente da leitura dos actuais e futuros arranjos económicos sob a forma de *economia do conhecimento*, associada a processos sócio-político-culturais de multiculturalidade, *individualização* e *reflexividade* – coloca o conhecimento e a aprendizagem no centro das transições e transformações em perspectiva. Por outro lado, a forma de *Estado neo-liberal* ou *Estado competitivo* (Cerny, 1990) desenvolve *formas de actuação* (Antunes, 2004a: 81-88) que privilegiam a redução da despesa pública, em particular desvinculando-se de políticas sociais, e das mais onerosas de entre estas, como a educação e a saúde; nesse sentido, a reorganização das prioridades do Estado, nesta nova fase do capitalismo, em torno da potenciação da *acumulação* traduz-se também pela centralidade da intervenção junto da profissão docente, do seu estatuto, papel e lugar nos sistemas e processos educativos.

Ainda de acordo com análises incidentes em outros continentes, também aí se encontraram "os professores no centro do furacão", no contexto de uma operação político-ideológica que colocou a educação no coração da crise social; desse posicionamento foram derivadas a centralidade e a missão salvacionista daquela, apta a carregar a responsabilidade pelos problemas sociais ao mesmo tempo que aos indivíduos foi acometida "a culpa do seu fracasso pessoal" (Shiroma & Evangelista, 2003: 83-88).

Desse modo, vislumbramos uma agenda polifacetada e desdobrada em múltiplas vias e alternativas. As implicações da centralidade do conhecimento para os professores definem vias de acção que podem aparentemente encontrar-se, mas constituem projectos distintos, independentemente dos eventuais erros de paralaxe ou enganos de percurso. A perspectiva aqui apresentada – na sequência do relator da conferência da ENTEP em 2000, Buchberger e agregando alguns traços mais representados em sistemas desenvolvidos em países nórdicos – defende a formação inicial profissionalizante e de elevado nível científico, baseada na investigação e em estreito trabalho colaborativo com as escolas, os contextos e as práticas profissionais; a mesma abordagem procura ainda construir um sistema de formação contínua que potencie a investigação, a parceria com as instituições de ensino superior, a partilha, a circulação e a integração do conhecimento nas práticas, nos contextos e nas culturas profissionais e institucionais. Aponta-se, assim, para um projecto societal que procura entrosar o aprofundamento da democratização da educação e da coesão social com a construção de um profissionalismo docente reflexivo[15] (cf. Buchberger, 2000; Campos, 2004). Por outro lado, também

---

[15] Chamamos a atenção para a discussão desenvolvida por Moraes & Torriglia (2003) em torno da reflexão, do professor e da prática reflexivos e dos diversos sentidos que podem assumir no quadro de instrumentos e percursos intelectuais, cognitivos, conceptuais, metodológicos distintos.

a opção, olhada com simpatia, quer pela UE, quer pela OCDE, aqui condensada sob a designação de *via inglesa* atribui uma centralidade inegável ao conhecimento; neste caso, no entanto, a ênfase é colocada no conhecimento *tácito*, produzido no exercício e em contexto de trabalho, partilhado e transmitido sem a mediação necessária da reflexão e da investigação e elaboração científicas. O projecto parece orientar-se mais para a preocupação de potenciar a criação de sistemas e dispositivos de educação mais competitivos (mais produtivos, eficientes e eficazes); e a aposta, senão a resposta, procurada pode passar pela extracção (explici-tação e codificação) do conhecimento tácito e local produzido pelos pro-fessores e seus colectivos e a sua incorporação em sistemas e dispositivos tecnológicos; a expectativa acarinhada é que estes possam, com evidentes vantagens competitivas, substituir o oneroso trabalho qualificado e espe-cializado dos docentes por trabalho *genérico* (Castells, 1998) bem mais barato e descartável. Nesse sentido, deve ser considerada como hipótese plausível a ideia de que a aparente identificação da proposta da OCDE com uma escola do futuro assente em relações institucionais densas pode ser explicada pelo compromisso com um projecto envolvido com a cria-ção de escolas como *comunidades de aprendizagem* centradas no conhe-cimento local e tácito; estas poderiam ser progressivamente complemen-tadas, senão substituídas, por sistemas tecnológicos de educação apenas parcialmente ou diminutamente geridos ou usados por professores. Dessa forma, só à primeira vista uma tal orientação pode parecer em contradi-ção com a simpatia expressa pela mesma organização pela *via inglesa* de formação inicial de professores que descura o que parecem ser condições necessárias para uma aposta em profissionais competentes de sistemas de conhecimento e inovação: profissionalização, valorização do conheci-mento, da especialização e da qualificação docentes. Como acentua Nóvoa, "Se levarmos este raciocínio até ao fim, deparamo-nos com um curioso paradoxo: 'semi-ignorantes', os professores são considerados as pedras-chave da nova 'sociedade do conhecimento'"[16] (Nóvoa, 2002:

---

[16] A citação referida vem na sequência da seguinte afirmação: "Os professores nunca viram o seu conhecimento específico devidamente reconhecido. Mesmo quando se insistiu na importância da sua missão, a tendência foi sempre para considerar que lhes bastava dominar bem a "matéria" e possuírem um certo jeito para comunicar e para lidar com os alunos. O resto era dispensável. Tais posições conduzem, inevitavelmente, ao desprestígio da profissão, cujo saber perde qualquer "valor de troca" no mercado acadé-mico e universitário" (Nóvoa, 2002: 253-4).

254). Este movimento, já demoradamente analisado por outros autores, configura "o recuo da teoria" (Moraes, 2001) por força da disseminação de abordagens pragmáticas ao conhecimento e à educação, restringindo o "âmbito epistemológico" da pesquisa e da reflexão sobre a experiência docente e a realidade quotidiana e reduzindo "a base de conhecimento da docência como profissão" (Shiroma, 2003: 71). Neste sentido alguns autores sublinham que "No que se refere à profissão docente, o «estudo da actividade» é a única maneira de resolver o dilema do conhecimento", prosseguindo no sentido de vincar que, salvo rigorosa observação de algumas exigências incontornáveis, "cairemos, facilmente, numa retórica inconsequente do "professor como investigador" ou do "professor reflexivo". (Nóvoa, 2002: 259). Como acentuam Moraes & Torriglia "na relação entre a prática escolar e o mundo se configura o sentido de *ser* docente e do seu *conhecimento*" (Moraes & Torriglia, 2003: 48). De resto, a discussão e as intervenções políticas em torno do papel dos professores, da intervenção de outros profissionais e técnicos, da divisão do trabalho educativo nas escolas são plenos de potencialidades de sentidos ainda imperscrutáveis. Eis mais uma área a que é imperioso estar atento[17]. Se os nossos argumentos se confirmarem, então a UE, a OCDE e o BM podem vir a encontrar-se mais em sintonia do que hoje parece, enquanto a aqui designada *via nórdica* ou *projecto democrático-profissionalizante* está longe de ser patrocinado por estas poderosas organizações internacionais, bem mais interessadas no que sugerimos ser o *projecto competitivo-tecnológico* para a educação e os professores. O investimento crescente em modalidades e produtos de educação com recurso às tecnologias de informação e comunicação não tem que desembocar ou ter por alvo um projecto similar de desenvolvimento de sistemas tecnológicos de educação em massa que, no entanto, já esteve mais próximo de um cenário de ficção científica do que se encontra hoje.

---

[17] No mesmo sentido também devem ser seguidas com absoluta atenção as múltiplas e recentes intervenções do Ministério da Educação em Portugal, quer na colocação nas escolas de uma estranha miscelânea de técnicos, estatutos, funções e papéis, quer na reorientação da carreira e estatuto docentes, quer na promoção encapotada da degradação da função docente ao permitir a mais completa liberalização de arranjos e vínculos contratuais de professores envolvidos nas áreas *fora-da-lei* da leccionação de inglês e das actividades de complemento curricular, quer ainda nas relações contratuais de todos esses trabalhadores em exercício nas escolas.

4. Um roteiro em três dimensões: das pressões e projectos globais às organizações internacionais e equações políticas nacionais

Ao longo do estudo apresentado fomos compreendendo que:

1. se confrontam hoje na Europa duas principais opções para a formação de professores, uma dominante no que toca à componente da formação inicial, e a outra minoritária nos sistemas educativos dos estados-membros da União; distinguem-se, em particular e respectivamente, pela exigência para o acesso à docência de uma formação profissionalizante, especializada, prolongada, multidisciplinar e multidimensional e de nível superior com forte componente académica, em contraste, para o segundo caso, com a formação inicial centrada nas escolas e segundo um modelo de *Aprendizagem*, associada à liberalização do exercício docente em condições de profissionalização em serviço e/ou em contexto de trabalho;

2. esta disputa de orientações ecoa no posicionamento de organizações internacionais que protagonizam a ordenação das relações educativas no espaço mundial e da *governação* da educação, como a OCDE e a UE, que, ao que tudo indica, tenderão a sintonizar com a orientação adoptada pela Inglaterra e alguns outros países para a formação inicial de professores, sugerindo maior afastamento, senão ruptura, face ao modelo dominante na Europa;

3. a divergência referida aflora, discreta mas visivelmente, no processo de construção do documento dos *Princípios Comuns Europeus para as Competências e Qualificações dos Professores*, designadamente em: a consideração em bloco dos professores e formadores, levando a temer que esta simbiose forçada abra portas à tentativa de harmonização da formação e da profissão de professor pelo padrão menos exigente, tomando como referência a actividade de formador e assim instalando uma **espiral de declínio** da profissionalização; o distante acolhimento das recomendações do Grupo de Trabalho, por parte da Comissão, visível nos *Princípios*, em particular naquele mencionado em primeiro lugar; as menções à questão em debate nos textos produzidos por entidades comunitárias (a rede *Eurydice*, por exemplo); as posições da ENTEP, ou defendidas por membros seus, em iniciativas e publicações por ela patrocinadas;

A Nova Ordem Educativa Mundial e a União Europeia

4. o documento *Princípios Comuns Europeus* procura acolher as duas vias mencionadas, nesse sentido valorizando desproporcionadamente a opção hoje minoritária e legitimando uma **ruptura regressiva** com o percurso de afirmação e reforço do carácter profissionalizado, especializado e altamente qualificado da formação para a, e do exercício da, docência, seguido ao longo de décadas no espaço europeu;

5. esta posição é tanto mais preocupante quanto há sérias e profundas interrogações, dúvidas e reservas em relação a características e mudanças importantes expectáveis no actual e próximo contextos políticos que envolve o *espaço europeu de educação*;

6. a clivagem assinalada marcou o processo político português de definição do regulamento jurídico de habilitações para a docência, saldando-se, ao que tudo indica, pela afirmação da posição mais próxima do caminho seguido preferencialmente nos sistemas europeus de formação de professores, da orientação aparentemente dominante da ENTEP e da assim referida abordagem nórdica, em relativa contradição com a via favorecida, segundo a informação disponível, quer pela Comissão, quer pela OCDE;

7. as respostas à *agenda globalmente estruturada para a educação* evidenciam fissuras importantes, inscrevendo-se no desenho de futuros prováveis cuja consistência está em jogo e cujos possíveis permanecem indeterminados.

As pressões globais com impacto na educação e nos professores como força de trabalho acumulam-se e conjugam-se com as que têm o conhecimento como centro, delineando cursos de acção ou tendências que referimos e tendem a dar outros sentidos ou novos relevos à leitura da tendência de *proletarização* dos professores (Lawn & Ozga, 1988; Apple, 1988; Araújo, 2000: 58-60). As evocações atrás registadas de fenómenos que vêm atravessando os nossos dias em épocas recentes podem ser agora interrogadas a esta luz.

A educação e os professores encontram-se, então, sob o fogo de conferir ao conhecimento e à aprendizagem a centralidade identitária, biográfica e institucional supostamente requerida pela *economia do conhecimento* e a sociedade da *modernização reflexiva*; a transição agudiza-se também pela reorganização do *regime de acumulação*, ainda hostil ao investimento de recursos em direitos e benefícios sociais. Esta agenda emergente de pressões e processos globais condensa-se em tendências e projectos que alguns autores interpretam como vectores, nem sempre consonantes, de um *novo modelo educativo* de ambição *mundial*. No que mais estritamente aos professores e à sua formação (inicial) respeita, a pluralidade de propostas e abordagens é ainda um traço estruturante dos debates e iniciativas; entre os projectos *democrático-profissionalizante* e *competitivo-tecnológico* de massas, a divergência é tão real quanto a discrepância da capacidade de influência entre as entidades e interesses que os sustentam.

É difícil discernir, ao nível da União Europeia e a partir da informação disponível, tendências claras quanto à questão da formação de professores que excedam esta constatação de que aparentemente as instâncias comunitárias (por exemplo, a Comissão Europeia, o Grupo de Trabalho *Melhorar a educação e formação dos professores e formadores*, a ENTEP) são hoje atravessadas por uma diversidade de direcções e situações e pelo desencontro e desequilíbrio de influências entre as opções a privilegiar como orientação para as políticas dos Estados-membros.

Como procuramos entender, aquelas divergências parecem ter-se manifestado de uma forma bastante expressiva em Portugal, produzindo propostas de sentidos muito distintos para a formação inicial de professores. Os modos como as diversas opções encontrarão acolhimento e modelarão as políticas e as realidades educativas revelar-se-ão seguramente em futuros desenvolvimentos. De momento, não deixa de ser claro que, quer o *novo modelo educativo mundial*, quer a *agenda globalmente estruturada* para a educação, nas suas múltiplas facetas e nas acepções propostas, parecem ter encontrado no país distintas comunidades interpretativas e de interesses que veicularam e filtraram as tendências e pressões globais de modos diferentes e de acordo com definições alternativas de prioridades e problemas. Nesse sentido, a *agenda política nacional* para a formação de professores (para a educação) assumiu uma equação e uma fórmula também elas específicas para cada uma das propostas apresentadas. É demasiado cedo para que seja possível ir mais além neste esforço de compreensão do processo de elaboração das políticas globais, europeias e nacionais neste campo. Procuramos, de qualquer forma clarificar percursos e processos, conexões e desarticulações, salientando, por um lado, a *inscrição estratégica* das políticas nacionais nas políticas da União e globais (a agenda globalmente estruturada para a educação, traduzida num novo modelo educativo mundial de contornos ainda incertos) e, por outro lado, a *construção mediada*, contextualizada e não-linear do desenvolvimento daquelas políticas na realidade de um país.

GLOBALIZAÇÃO E INDIVIDUALIZAÇÃO: EDUCAÇÃO AO LONGO DA VIDA ENTRE A ECONOMIA DO CONHECIMENTO E A COESÃO SOCIAL

Introdução

Em capítulos anteriores apontamos a emergência da bandeira-projecto de *aprendizagem ao longo da vida*, em conjunção com essa outra de edificação do *espaço europeu de educação*, como uma constelação multifacetada e polissémica de processos. Na verdade, o debate em torno desta teia de mudanças sociais e das suas narrações apresenta áreas significativas de convergência, bem como expressivas distâncias entre análises e autores.

Talvez possamos admitir que aquele debate verifica uma primeira polarização relativa à interpelação colocada sobre a realidade a examinar; ainda que seja de considerar, na sua expressão empírica, a simbiose dos processos de construção da modernidade e do capitalismo ao longo dos últimos séculos (Dale, 2005b: 120-1), estamos, no entanto, perante duas cadeias de fenómenos cuja compreensão requer análises específicas. De facto, aquela conjugação nem sempre é explicitamente tomada como objecto de interrogação heurística, acabando não raramente por ficar elidida através da secundarização ou mesmo do total esquecimento de uma das dimensões. Quanto ao problema de que aqui nos ocupamos, também essa questão é central para o esclarecimento das expressões, significados e implicações de mudanças recentes no campo educativo.

1. Mutações do capitalismo ou da modernidade?

Estamos perante um projecto político de engenharia e gestão da mudança social, apontando para o remanejamento de uma nova fase do capitalismo? Nesse sentido, trata-se de reconduzir a educação, a acção do Estado, a reinvenção deste e do seu papel a direcções e arranjos consonantes com opções abertas quanto ao funcionamento da economia?

Ou, estamos perante uma mudança político-cultural de magnas dimensões, associada a dinâmicas económicas e políticas de alteração profunda das nossas sociedades, cujos espaços intersticiais, ambivalências e indefinições marginais devem ser perscrutados potenciando a compreensão crítica dos fenómenos e a acção reflexiva colectiva e individual?

Podem, a partir daqui, ser esboçados diferentes ângulos no plano deste debate:

(i) as análises do projecto-estratégia de *aprendizagem ao longo da vida* no quadro de um conjunto de mudanças do capitalismo como sistema histórico, económico-político-cultural-social (Field, 2000, 2001; Laval & Weber, 2002; Lima, 2003; Nóvoa, 2005a; Dale, 2005b; Borg & Mayo, 2005; Hake, 2006);

(ii) os estudos que focalizam as conexões essenciais entre tais desenvolvimentos e o projecto de edificação da Europa como entidade política (Lawn & Lingard, 2002; Lawn, 2003; Nóvoa, 2005a);

(iii) os autores que abordam facetas da realidade empírica salientando dimensões de análise associadas ao paradigma sócio-cultural, dominante ou em formação, a modernidade tardia e reflexiva, a radicalização da modernidade ou emergência da pós-modernidade (Field, 2000; Hake, 2006).

Estas perspectivas proporcionam ângulos de visão distintos também quanto ao significado e às implicações que são retiradas do projecto-estratégia de *aprendizagem ao longo da vida* (ALV) e de afirmação do *espaço europeu de educação* (EEE): uns sublinham os nexos entre aquele projecto-estratégia e as novas formas de valorização do capital no quadro de uma fase inédita do capitalismo e de organização da economia; outros, ainda que considerando as mutações económico-políticas associadas a processos de globalização, salientam sobretudo as transformações sócio-culturais e políticas e as suas implicações para/nas sociedades do nosso quadrante planetário (esse vago *Ocidente* que, no entanto, sempre nos é indispensável evocar). Sugerirei que estas análises apreendem dimensões e processos que é necessário conhecer para compreender (e agir n) o mundo actual ainda que, isoladamente, tendam a desenvolver-se em sentidos divergentes.

Assim, indiscutivelmente a ALV e o EEE são colocados na agenda política conjuntamente com importantes mudanças na organização da economia global. Os anos 1994/95/96 representam momentos de emergência, enquanto visibilização, daquelas bandeiras-projecto erguidas em simultâneo; no contexto da União Europeia representam dinâmicas de intensificação de integração/europeização que coincidem cronologicamente com marcos do processo de *constitucionalização* da ideologia neo-liberal (cf. Dale, 2005a). Este movimento envolve frequentemente a substituição de anteriores regulações jurídico-políticas – associadas ou não à configuração do *Estado de Bem-estar* nacional e algumas já em processo longo de desmantelamento – por outras de recorte neo-liberal e global apontando frequentemente em dois ou três dos seguintes sentidos em simultâneo: regulação supranacional; liberalização; novo quadro regulatório. Este argumento evoca a reactivação da Organização Mundial do Comércio (OMC) e a assinatura do Acordo Geral de Comércio de Serviços (AGCS) em 1994 que representam, em particular este último, o alcandorar do neo-liberalismo a um regime político-económico global; desse ponto de vista, o novo *regime de acumulação* e o novo *modo de regulação*, em emergência e expansão, terão ganho forma reconhecível a partir dessa segunda metade dos anos noventa. Este estatuto de ponto de viragem para os acontecimentos evocados é justificado pela sua amplitude e agressividade face a áreas de desenvolvimento de políticas públicas, designadamente sociais, e sectores desmercadorizados ou protegidos de bens e serviços (água, educação, saúde, protecção social ...); assim se foi abrindo caminho à institucionalização de mercados e à ampliação de oportunidades de realização de mais-valia e valorização do capital pela invasão de domínios onde a consagração de direitos e/ou a presença do Estado haviam minimizado as possibilidades de obtenção de lucro. Não é possível ignorar o movimento articulado entre esta profunda reorganização da economia e das sociedades e os projectos de desfazer regulações nacionais e harmonizar estruturas de ensino e formação na Europa, de redistribuir responsabilidades quanto à educação, redefinindo o lugar e a natureza desta e por essa via compaginando a socialização dos indivíduos e a organização da economia e da sociedade. Desse modo, são incontornáveis as fortes ligações que unem os projectos/estratégia de *aprendizagem ao longo da vida* e de afirmação do *espaço europeu de educação* às reconfigurações da economia e do capitalismo.

Não é, contudo, este o único movimento em curso, nem um sentido que esgote as tendências dominantes e/ou em presença.

As análises que apontam a expansão da *reflexividade*[1] como modo de ser desta modernidade hoje radicalizada – em que a informação, o conhecimento, as interacções e as redes sociais favorecem a revisão das situações biográficas e das relações individuais e colectivas nesse quadro – concluem que a *aprendizagem ao longo da vida* (de que o envolvimento em processos de educação formal ou não formal constitui uma das formas) é já uma realidade, enquanto condição existencial, para muita gente (Field, 2000). Para Hake (2006) e Field (2000), a *aprendizagem ao longo da vida* é um objecto multifacetado, simultaneamente uma condição existencial, uma estratégia e um programa político-económicos, também eles plurais, para além de um processo interno ao indivíduo conjugado com o próprio desenrolar da vida humana.

O reposicionamento da educação – enquanto intervenção colectiva institucionalizada e protagonizada ou tutelada pelo Estado corporizando um conjunto organizado de processos de alocação social (Hake, 2006)[2] – no quadro de uma estratégia de *aprendizagem ao longo da vida*, verifica a redistribuição de riscos e oportunidades, num contexto marcado por dinâmicas de *globalização* e *individualização*. Alguns dos vectores de mudança associados à afirmação crescente da centralidade da *aprendizagem ao longo da vida* neste quadrante ocidental do globo consistem em: a reorientação do papel do Estado, assumindo a responsabilidade pela educação inicial (ainda que procurando reduzir o fardo financeiro a tal associado)[3], enquanto aos empregadores se pede a responsabilização pelo

---

[1] Hake enuncia uma noção de reflexividade, a partir de Giddens (1992) como "a aplicação rotineira do conhecimento na constituição da vida social" (Hake, 2006: 49).

[2] Hake argumenta que os sistemas educativos nacionais constituem mecanismos de alocação social entendidos como um conjunto articulado, organizado e institucionalizado de processos de distribuição de posições sociais, através do acesso a oportunidades, recursos, bens, recompensas e estatuto (cf. Hake, 2006).

[3] Vejam-se, por exemplo em Portugal ou ainda em diversos outros países, as mudanças agora em cima da mesa em relação à formação inicial e contínua, à carreira e estatuto dos professores, à redefinição das suas funções; o denominador comum é sistematicamente a redução de despesas e a disciplinação (cf. cap. 4).

Globalização e Individualização 137

desenvolvimento profissional dos seus assalariados e aos indivíduos se assaca a obrigação de diligenciar a formação necessária para garantir a sua permanente *empregabilidade* (essa indefinível qualidade); a ampliação do espaço e da influência do mercado como modelo de organização e regulação das relações sociais em educação; a concomitante importância crescente da escolha e da relação consumista face à educação e à formação (cf. Hake, 2006). Para Field, este cenário sinaliza um movimento mais amplo que desenha um *novo pacto entre Estado e sociedade civil*, em que aquele desloca atribuições para entidades supra e sub-nacionais, sustentando *uma nova ordem educacional* (2000; 2001), acompanhada de uma governação de *múltiplos níveis* (Leibfried, 1996; Boyer & Hollingswort, 1997) ou *pluriescalar* para a educação (Dale, 2005a).

Field (2000) e Hake (2006) salientam ainda a *ambivalência* como um traço importante das formações sociais de modernidade tardia: um acrescido potencial de produção de exclusão social e de ameaças à coesão social (desenvolvendo "sociedades um terço/dois terços") conjuga-se com a emergência de novas formas de participação social e de formação de identidades; do mesmo modo, a fixação ressentida de identidades tradicionais em comunidades ancestrais (re)imaginadas, convive com o desenvolvimento de processos de individualização. Estes são sustentados por condições favoráveis à multiplicação das oportunidades de escolha, mas também de opções compulsivas e situações de risco obrigatoriamente carregadas pelos indivíduos como decorrentes de decisões suas (Beck, 1992; Giddens, 1992; Hake, 2006).

Assim, se uma análise económico-política das mudanças em educação conectadas com a afirmação da estratégia de *aprendizagem ao longo da vida* esclarece os seus nexos com as mutações da economia global e dos sistemas políticos no quadro de uma nova fase do capitalismo, a abordagem das transformações inscritas no paradigma sócio-cultural da modernidade tardia, radicalizada e reflexiva, elucida aqueles processos e relações sociais no quadro de modelos culturais de indivíduos, biografias, instituições e formações sociais. Explorar o mundo da educação no contexto actual, procurando elucidar as mutações do capitalismo e da modernidade constitui uma proposta exigente porque as explicações oferecidas pelos diversos olhares e instrumentos conceptuais não convergem ou se articulam simplesmente; tensões ou mesmo oposições não deixam de ter lugar, dificultando a compreensão ainda mais quando não explicitadas ou discutidas. Esses são alguns dos riscos desta discussão que, mesmo assim, se apresenta como promissora face à capacidade heurística da comunidade de conhecimento interessada no campo educativo. O quadro analítico assim delineável não oferece coerência, clareza e claridade bastantes para elucidar soberanamente a nossa realidade no momento actual; dispomos de percursos incompletos, interpelações insuficientes, pontos de partida e fios que desvendam partes, zonas e camadas de um quadro que, tecido a partir de múltiplos guiões, também ele se transfigura consoante o ângulo de que é olhado.

1.1. *Aprendizagem ao longo da vida, globalização e mutações do capitalismo*

Uma *agenda globalmente estruturada para a educação* (Dale, 2000b) parece reconhecidamente ganhar corpo a partir de um conjunto de novos arranjos político-económicos desenvolvidos na senda de alargar os espaços e processos susceptíveis de sustentar a contínua acumulação de capital. A construção de uma *governação pluriescalar* da educação (Dale, 2005a, 2005b), de uma *nova ordem* e um *novo modelo educativos mundiais* (Laval & Weber, 2002) constituem propostas interpretativas, largamente consonantes, ainda que em boa medida não-coincidentes, que procuram dar conta das dinâmicas e fenómenos em acção.

Aquela *agenda* ganha hoje corpo na procura de definição de uma *governação pluriescalar* para a educação em que, por exemplo, as *regulações* nacionais e modeladas no contexto do Estado de Bem-estar são substituídas por novas modalidades de âmbito supranacional (com base nas realizações (*outputs*) e/ou resultados (*outcomes*)) alinhadas pelos *modos de coordenação social* de mercado; a orientação para a constituição de sistemas de graus harmonizados, de sistemas de transferência de créditos, de sistemas de garantia de qualidade e sistemas de acreditação de cursos e instituições de âmbitos nacional e europeu, em curso no contexto dos *processos de Bolonha* e *de Copenhaga* constitui talvez um dos desenvolvimentos mais expressivos dos fenómenos que aquelas propostas analíticas procuram apreender e sublinhar. É, assim, incontornável, a leitura de que estas reordenações no campo educativo, em torno do projecto de construção do *espaço europeu de educação*, são compagináveis, no tempo e quanto ao conteúdo das alterações, com os programas económico-políticos de constituição, ao nível da União Europeia, do mercado interno de serviços, e de desenvolvimento do *Acordo Geral do Comércio de Serviços* (AGCS), no âmbito da OMC. O sector da educação não foi excluído de nenhum destes programas de liberalização, apesar dos intensos debates e polémicas, envolvendo mesmo o confronto entre o Conselho Europeu e a Comissão Europeia, por um lado, e o Parlamento Europeu, por outro, em torno da conhecida directiva Bolkestein, bem como das movimentações de âmbito global face aos processos em curso quanto ao AGCS na OMC. Nesse sentido, quer os *processos de Bolonha e Copenhaga*, quer o *Programa Educação & Formação 2010* em que se inscrevem, no quadro da União Europeia, constituem expressões da *agenda globalmente estruturada* que modela e anima a reorganização do campo e das relações sociais em educação[4].

Também, segundo alguns autores, este início do século XXI tem sido marcado pela elevação da *economia(/sociedade) do conhecimento* (com todas as imprecisões, indefinições e diversidade de noções com que a ideia é apresentada) ao topo da agenda política, designadamente no contexto da União Europeia, mas também em documentos programáticos quer do Banco Mundial (BM), quer da Organização para a Cooperação e o Desenvolvimento Económicos (OCDE); tal orientação suscita implicações decisivas no campo da educação, nomeadamente através das propostas associadas ao projecto-estratégia de *aprendizagem ao longo da vida* (por exemplo, a importância das enunciadas novas competências, básicas, essenciais ou transferíveis, a atenção colocada na aprendizagem não-formal e informal). Permanece a questão de saber se se trata sobretudo de um *slogan* ou de uma realidade, ainda que, mesmo quando as respostas incidem na primeira alternativa, não fiquem dúvidas de que os sistemas educativos são colocados sob pressão político-ideológica face à perspectiva de uma real ou virtual *economia(/sociedade) do conhecimento*.

---

[4] Se esta nossa interpretação elucida processos decisivos em curso, estaremos perante uma versão particularmente crua da hipótese avançada por Dale de que "podemos também esperar, numa era de EC [economia do conhecimento] supranacional e de reduzida importância das economias 'nacionais', que algumas das actividades da educação associadas com o suporte à acumulação sejam crescentemente governadas a um nível supranacional, em resposta à 'agenda globalmente estruturada para a educação'" (Dale, 2005b: 133). Nesse caso, o apoio à acumulação através da educação efectivar-se-ia também directamente pela inclusão de subsectores (o ensino superior, o ensino e formação profissionais) no domínio do mercado.

E a *aprendizagem ao longo da vida* (na diversidade e fragilidade de concepções com que é enunciada) é parte do desafio/resposta avançado (cf. Laval & Weber, 2002; Méhaut, 2004; Robertson, 2005; Dale, 2005b). Os guiões de mudança delineados em documentos programáticos por organizações internacionais como o BM e a OCDE divergem, como antes se explicitou, em aspectos importantes como as formas institucionais em que a aprendizagem poderá ser organizada e dispensada (respectivamente avançando com uma proposta mais favorável a uma coordenação segundo mecanismos de mercado, face a uma outra mais propensa a uma coordenação de base concorrencial, ainda que não mercantil); convergem, no entanto, quanto ao diagnóstico hostil aos actuais sistemas educativos, mais acentuado em relação a algumas das suas características, como as funções e a identidade dos professores (cf. Robertson, 2005). Aparentemente, como já se mencionou, nas versões do futuro apresentadas naqueles guiões de mudança, os professores constituem o calcanhar de Aquiles, já que, por agora, não se afigura possível a aprendizagem sem eles, mas também não parece desejável continuar a necessitar deles.

Chamámos a atenção, em outros trabalhos, para processos de "redefinição da educação", apreendidos ao nível de uma matriz discursiva produzida no contexto da então Comunidade Europeia e que, entre outras mudanças, apontava para "a constituição de sistemas, redes e/ou mercados europeus de educação e formação (…) nomeadamente do ensino superior e profissional e de formação profissional inicial e contínua" (Antunes, 1999: 407, 406, 399); questionávamos ainda, a partir de uma investigação sobre o subsistema de Escolas Profissionais em Portugal: "Parcerias transnacionais: a participação num espaço educativo europeu (em formação)?". Num outro momento, considerámos estar perante

"novas modalidades de organização para o ensino e a formação (preconizados, quando não induzidos e reforçados, através dos Programas de Acção Comunitários) favoráveis ao estabelecimento de sistemas, redes e/ou mercados de educação e formação de âmbito comunitário" (Antunes, 2001: 200).

Parece, assim, datarem de há já mais de uma década[5] algumas orientações e indícios sugestivos de movimentos de reordenação dos sistemas

---

[5] Os documentos emanados do Conselho Europeu que analisámos no trabalho aqui referido dizem respeito ao período que vai de 1986 a 1992, isto é contando hoje mais de quinze e vinte anos (cf. Antunes, 1999).

e sectores de educação no contexto comunitário. Hoje tornou-se claro que os projectos siameses de *aprendizagem ao longo da vida* e *espaço europeu de educação* contêm a ambição de edificar novos contornos, instituições, processos e relações sociais de educação: uma ordem e um modelo mundiais, envolvendo uma governação pluriescalar e uma nova ordenação das relações sociais em educação (cf. Laval & Weber, 2002; Dale, 2005a, 2005b; Field, 2000).

Esta *nova ordem mundial* no campo da educação tem como protagonistas importantes as organizações internacionais/intergovernamentais, com destaque para a OCDE, o BM, a UE, a OMC, onde são forjados consensos que se tornam hegemónicos, ou mesmo juridicamente imperativos, no caso da OMC, mas também da UE e do BM, assumindo um papel central na afirmação e difusão das tendências desse *novo modelo educativo* (Laval & Weber, 2002); são aquelas as autoras de um trabalho simbólico de proposição e imposição das coordenadas que orientam novas formas de pensar e actuar politicamente: unificam conceitos, constroem avaliações comuns, fixam objectivos, definem prioridades e imperativos que os governos que as constituem assumem e veiculam para os seus países. Estas importantes artífices da *nova ordem educativa mundial* desempenham o papel de conselheiros do príncipe em relação aos governos, encontrando-se profundamente envolvidas numa batalha das ideias cujas regras jogam largamente a seu favor; palavras e conceitos como *competências, flexibilidade, formação ao longo da vida, avaliação, autonomia, TIC, descentralização, harmonização, mobilidade, adaptação ao mundo do trabalho, empregabilidade*, definem um campo semântico que reconhecemos em torno da competitividade, sem que no entanto desvendemos os mundos e futuros projectáveis para lá da cortina das palavras. A educação discute-se hoje com estes conceitos e sentidos, vagos, muitos deles, recentes ou com um novo significado, quase todos.

A reorientação do papel do Estado tem ganho terreno, a par da ampliação do espaço de influência das relações sociais de mercado e da escolha como mecanismo de organização e de legitimação da distribuição de oportunidades, de recursos e bens (cf. Hake, 2006).

As bandeiras-projecto de *aprendizagem ao longo da vida* e de edificação do *espaço europeu de educação* emergem como reordenações do espaço político-económico-cultural da União Europeia e da sua governação, bem como dos espaços, dos tempos, dos contextos e da inscrição biográfica da educação. Estes projectos procuram afirmar, firmar e

142 *Nova Ordem Educacional, Espaço Europeu de Educação e Aprendizagem ao Longo da Vida*

legitimar conexões entre a governação dos territórios, da educação, das biografias e dos indivíduos (cf. Lawn, 2003).

Em suma, a narrativa que evoca as mutações do capitalismo (*a agenda globalmente estruturada*) permite, assim, encontrar conexões entre algumas das principais dinâmicas e reordenações no campo da educação (os *processos de Bolonha e Copenhaga*, o *Programa Educação & Formação 2010*, os projectos de consolidação da *aprendizagem ao longo da vida* e de constituição do *espaço europeu de educação*) e programas económico-políticos de lançamento, ao nível da União Europeia, do mercado interno de serviços, e de desenvolvimento do *Acordo Geral do Comércio de Serviços* (AGCS), no âmbito da OMC. A *constitucionalização* neo-liberal, no sentido de desregular, liberalizar e instituir novos quadros regulatórios apresenta-se, porventura, como uma mudança particularmente fracturante, quando falamos de uma área de bem-estar social, envolvida ainda com a formação das subjectividades e das comunidades e definindo um direito humano básico – a educação.

1.2. *Aprendizagem ao longo da vida, individualização e transformações da modernidade*

Edwards (1997) procura mapear "o território" dos discursos sobre a sociedade de aprendizagem; identificando três correntes em torno desse tópico, este autor sublinha a deslocação do foco dos discursos da provisão de *oportunidades* de aprendizagem para a *aprendizagem*. Assim, encontramos uma concepção da aprendizagem ao longo da vida no quadro de políticas sociais com o objectivo de proporcionar oportunidades de educação aos adultos para responder aos desafios das mudanças e da cidadania; a sociedade de aprendizagem é uma sociedade educada e as políticas contribuem para sustentar uma sociedade democrática como construção permanente. Um outro conjunto de propostas desenvolve-se no quadro das políticas económicas dos governos, pretendendo proporcionar oportunidades de aprendizagem em resposta a demandas dos indivíduos e dos empregadores para actualização de competências e qualificações face à incerteza económica; a sociedade de aprendizagem é um mercado de oportunidades oferecidas por múltiplas instituições; o objectivo é a realização de uma sociedade economicamente competitiva. Uma terceira versão neste debate é a visão da aprendizagem ao longo da vida como a condição existencial de muitos de nós no mundo actual em que os indivíduos abordam a vida como aprendizagem, com base em múltiplos recursos mobilizados para responder aos desafios das situações que confrontam, dos projectos de vida que abraçam e dos estilos de vida em que se envolvem; é a esta condição existencial que as políticas deverão responder; a sociedade da aprendizagem é um conjunto de redes de aprendizagem e esta última constitui uma actividade através da qual os indivíduos intentam prosseguir os seus objectivos heterogéneos (cf. Edwards, 1997: 173-188; Smith, 1996, 2001).

Segundo Edwards, o primeiro conjunto de discursos estaria inscrito e revelaria consonâncias com as sociedades modernas; a segunda orientação mencionada impregnaria as propostas dominantes, mais visíveis e dos actores mais influentes e estaria, desde os anos noventa do século passado, em franca ascensão entre os grupos de decisores políticos; a terceira versão considerada replicaria sobretudo visões de tom pós--moderno sobre o momento actual (cf. Edwards, *ibidem*).

Este mapa de discursos e concepções é-nos útil porque permite sinalizar a pluralidade de perspectivas no campo de debate, de políticas e práticas de *aprendizagem ao longo da vida*, mantendo em aberto a definição dos conceitos, das interpretações e das propostas. Nesse sentido, é importante reconhecer que este é um território heterogéneo e em definição, mas simultaneamente vincar os traços dominantes, os vectores marcantes, as suposições efectivas e as opções silenciadas no contexto das controvérsias, das propostas políticas e das práticas em confronto.

Usando ainda aquele mapa de discursos como uma âncora para progredir nesta discussão, sugerimos que a visão da *aprendizagem ao longo da vida* como condição existencial actual pode ser conjugada quer com a perspectiva que enfatiza os nexos igualdade de oportunidades/ política social/ mudança social e cidadania/sociedade democrática e educada, quer com a concepção assente nos elos entre oportunidades/política económica/competências e qualificações/mercado de aprendizagem/economia competitiva. Por outro lado, se esta última concepção de *aprendizagem ao longo da vida* se afigura consonante com o quadro que salienta os processos de *globalização* e as mutações do capitalismo, a perspectiva de uma sociedade de *redes de aprendizagem* (Edwards, 1997: 181 e ss.) parece conjugar-se sem problemas com a análise que sublinha as transformações da modernidade.

Assim, encontramos autores como Barry Hake e John Field que sublinham a perspectiva de que as sociedades da *modernidade tardia* constituem sociedades de aprendizagem no sentido de que "a reflexividade se torna inerente a todas as formas de interacção social e a aprendizagem tende a impregnar (*comes to pervade*) toda a sociedade"; seguindo Giddens, Hake regista que "a globalização, a destradicionalização e a reflexividade institucionalizada conduzem à centralidade da aprendizagem em todas as relações sociais" (Hake, 2006: 36). Este autor defende, então, que a *aprendizagem ao longo da vida* constitui uma *necessidade estrutural* das sociedades da modernidade tardia: dado que o risco atravessa as condições de existência de indivíduos, organizações e sociedades, face à mudança, incerteza, ambiguidade e ambivalência, são produzidas, no seio das populações, assimetrias importantes, assentes na desigualdade de oportunidades de acesso a aprendizagens, recursos culturais e capacidades de sobrevivência (Hake, 2006: 36 e ss.).

O processo de *individualização*, baseado na escolha compulsiva, onde mil projectos, percursos de vida e identidades podem florescer como uma obra de autor, é a fonte do cinismo ou angústia incrédula de todos os que, armadilhados na *falácia epistemológica da modernidade tardia* (Furlong & Cartmell, 1997), se viram sem dominar os dados e as regras do jogo, fatalmente responsáveis pela "resolução biográfica das contradições societais" (Beck, 1992). Esta ambivalência decorre de traços societais estruturais como a *individualização da reprodução social* (Beck, 1992), agora efectivada através de trajectórias e projectos escolhidos pelo seu autor que, no entanto, desconhece o potencial de risco inerente às suas decisões. A referida ambivalência percorre clivagens estruturais associadas a relações de classe, género, etnia e outras assimetrias sociais, sem que, por essa via, se efectivem os processos de distribuição tradicionais e expressos em conhecidas "biografias padrão" (Hake, 2006: 45). Reproduzem-se as desigualdades, mas as formas destas e daquela reprodução são inéditas e caleidoscópicas. O desempregado qualificado ou o emprego desqualificado, os "ganchos, tachos e biscates" (Pais, 2001), os *trabalhadores*-estudantes e os *estudantes*-trabalhadores, constituem outras tantas figuras e processos em que *individualização* e risco/reprodução e metamorfose se intersectam em vidas estatisticamente (e estruturalmente?) homólogas.

As transformações da modernidade implicam a re-"distribuição de oportunidades e riscos" para os indivíduos, constituindo os sistemas de educação e formação mecanismos de alocação social decisivos. No entanto, a distribuição social da aprendizagem mobiliza também processos que conhecemos muito mal como a organização da formação profissional contínua e/ou em contexto de/baseada no trabalho (Hake, 2006: 39, 43). Por outro lado, a *aprendizagem ao longo da vida* tem vindo a ser discursiva e politicamente construída como estratégia de mudança dos sistemas de educação e formação (Field, 2000) e enquanto projecto de gestão das mudanças sociais que configuram os processos de *globalização* e *individualização*. Aquele processo contribui para o reposicionamento da educação num novo *modo de regulação*, distanciando-se das intervenções colectivas corporizadas nos sistemas nacionais que conhecemos ao longo do século XX. Nesse sentido, este é um tempo de transição em que se afirmam, negoceiam e digladiam processos, projectos e percursos de construção de uma nova ordem e um novo modelo educativo de ambição mundial, de que a *educação/aprendizagem ao longo da vida* é um dos componentes e pode revelar-se um analisador e um catalisador de horizontes prováveis e possíveis em negociação.

Procurando sinalizar e entender algumas dessas propostas em movimento, vamos olhar, num primeiro momento, como se apresenta esse objecto vago e fugidio nas propostas e discursos de um importante bloco regional, a UE. Em seguida, mapearemos as apropriações que em Portugal têm sido traduzidas em políticas e práticas relevantes.

2. Educação/aprendizagem ao longo da vida: alinhar a educação para gerir a mudança social

O regresso da bandeira da *educação ao longo da vida* nos anos 90 à agenda política das organizações internacionais está amplamente documentado e discutido, com ênfases e leituras diversas por parte dos estudiosos: (i) alguns sublinham a subordinação, ou mesmo substituição, das aspirações democráticas de justiça e igualdade social às/pelas orientações para a concorrência individual e a competitividade económica (a viragem *economicista*, segundo Borg & Mayo, 2005: 207) ou a preocupação com a restauração de um laço social flagrantemente corroído pelas fissuras e feridas provenientes da insegurança, incerteza e risco social inerentes a sociedades envolvidas na frenética perseguição de um incessante crescimento económico (cf. Lima, 2003, 2004; Nóvoa, 2005a;

Borg & Mayo, 2005); (ii) outros apontam a viragem *discursiva* da ênfase na educação para a aprendizagem, isto é, de um processo baseado em actividades planeadas (*educação*) para um outro, de natureza cognitiva, interno ao sujeito, podendo ocorrer quer incidentalmente quer em resultado de uma acção planeada (*aprendizagem*) (cf. Courtney, 1979: 19, Merriam & Brockett, 1997, *apud* Smith, 1996, 2001: 5); (iii) é também sublinhada uma deslocação dos discursos de um foco nas condições (*inputs*), em educação de adultos e fornecimento para um foco nas realizações (*outcomes*), na aprendizagem e no aprendente (*learner*) (cf. Edwards, 1997); (iv) sustenta-se ainda que as preocupações com a participação e a autonomia ou com a capacitação profissional para benefício ou adaptação a requisitos da economia estão hoje presentes nas formulações associadas à *educação/aprendizagem ao longo da vida*, como perpassavam já as propostas avançadas há vinte anos atrás sob a égide da educação permanente (para o Conselho da Europa ou a UNESCO) (ou recorrente, para a OCDE). O que é radicalmente distinto, de acordo com esta última posição, é o contexto político-económico e sócio-cultural, que fazem da educação/aprendizagem ao longo da vida um projecto inédito, polimorfo e controverso; novo é ainda o consenso político em torno de tal desígnio (cf. Field, 2000; 2001). Por outro lado, enquanto nos anos setenta o debate sobre a educação permanente havia decorrido no âmbito de organizações internacionais com capacidade limitada para pressionar as políticas nacionais, nos anos noventa, quando aquele ressurge, a UE dispunha de poderes formais no campo da educação desde o TUE de 1992 e de uma esfera de influência e capacidade de intervenção nas políticas nacionais alargada e em expansão há várias décadas (Field, 1998, 2001; Antunes, 1999, 2004a); no seguimento do Ano Europeu da Educação e Formação ao Longo da Vida[6], este conceito é integrado nos debates nacionais e accionado como *instrumento de mudança* dos sistemas de educação e formação e de *legitimação* de políticas (cf. Field, 2001). Segundo este último autor, nesse momento, a UNESCO constituía uma câmara de debate, onde o acolhimento do conceito e um forte compromisso com ele tiveram lugar, a UE tornava-se um sistema de instituições de decisão e acção políticas e a OCDE uma organização com um perfil

---

[6] Como é designado no *Livro branco sobre a educação e a formação. Ensinar e Aprender. Rumo à Sociedade Cognitiva* (cf. CCE, 1995: 2).

Globalização e Individualização 147

algures entre as duas últimas, mas por isso mesmo capaz de jogar simultaneamente nos dois tabuleiros, com efectividade circunscrita, ainda que ampliada e em progresso, dada a ressonância simbólica dos países que a compõem no xadrez geopolítico (cf. Field, 2001). No entanto, mesmo aí e até hoje, a retórica e o fervor discursivo apresentam-se muitíssimo mais acesos e ambiciosos do que as práticas e as medidas com efectivos resultados significativos para a educação ao longo da vida.

A verdade é que, ao longo dos anos 90, após algumas medidas do governo japonês em 1990 e uma iniciativa da associação das maiores empresas da União Europeia, a *European Round Table of Industrialists – ERT* – em 1992, se sucederam um impressionante conjunto de publicações programáticas que mostram bem como a tematização em torno daquele projecto percorreu nesse período as mais importantes organizações internacionais com o ímpeto de uma pandemia[7].

A partir de 1994, a UE assume um protagonismo-chave na definição dos contornos de um projecto de educação/aprendizagem ao longo da vida, que se torna uma estratégia política central em educação no início do séc. XXI. Desde 2000, a *aprendizagem ao longo da vida* constitui uma dimensão axial da política da UE para a economia do conhecimento, o

---

[7] Para ilustrar o que afirmamos bastará ter em conta que, entre 1990 e 2000, para além do governo japonês e da ERT, que foram, num certo sentido, pioneiros, a OCDE, a UE e a UNESCO estiveram envolvidas em mais de oito iniciativas e publicações programáticas, o que implica que, em diversos anos, tiveram lugar duas ou mais dessas iniciativas internacionais de significativo impacto: 1990, Japão, Lei de Promoção de Aprendizagem ao Longo da Vida/Conselho Nacional de Aprendizagem ao Longo da Vida.; 1992, *European Aproaches to Lifelong Learning*, ERT Education Policy Group; 1994, *Livro Branco sobre Crescimento, Competitividade e Emprego* (p. 16) CE; 1995, *Moving Towards a Learning Society*, P. Cochinaux & P. de Woot, ERT & CRE; 1995, Livro Branco, *Ensinar e Aprender Rumo à Sociedade Cognitiva* (Edith Cresson), CE; 1995-98, UNESCO, Plano de médio-prazo, "Desenvolvimento humano sustentável, aprendizagem ao longo da vida e paz"; 1996, Ano Europeu da Educação ao Longo da Vida, UE; 1996, *Educação, um Tesouro a Descobrir*, (Jacques Delors, Comissão Internacional sobre Educação para o século XXI), UNESCO, ALV, tema unificador central; 1996, *Making Lifelong Learning a Reality for All*, OCDE; 1997, Tratado de Amsterdão/UE, ALV princípio básico para políticas de educação e formação; 1997, V Conferência Internacional de Educação de Adultos, Hamburgo, UNESCO, ALV, questão-chave; 2000-06, Programas de Acção Sócrates II e Leonardo II assumem ALV como princípio fundamental de política educativa na UE; programa Grundtvig, cooperação em Educação de Adultos (cf. Hake, 2006; Lima, 2003, 2004; Borg & Mayo, 2005).

148 Nova Ordem Educacional, Espaço Europeu de Educação e Aprendizagem ao Longo da Vida

emprego, a mobilidade e a inclusão social; é entendida ainda como o princípio orientador da reforma da educação e formação nos Estados--membros e a política estratégica da União para a educação e formação.

Talvez a primeira tematização, em termos de propostas concretas, para a *aprendizagem ao longo da vida*, seja originada na OCDE, inovando em dois sentidos principais no seu relatório de 1996, *Lifelong learning for all*: a construção de nexos entre a aprendizagem informal e os sistemas de educação e formação (SEF's) formais; a ligação entre a ALV e o combate à exclusão social (cf. Field, 2001: 10).

2.1. *A UE em movimento: prospectivas*

Em sintonia e ao mesmo tempo, a Comissária Édith Cresson sinaliza todo um programa para aquela que se oferece como uma das primeiras figurações *para um espaço educativo europeu*. Aí, a *formação ao longo da vida* aparece equacionada como uma política social voltada para a coesão social e nacional; o *laço social* é o desígnio mais sublinhado para este programa. Mas, a exemplo do que acontecia em *Ensinar e Aprender. Rumo à Sociedade Cognitiva*, também agora é enfatizada a trilogia mudança institucional, biográfica e de regime ao referir: que aprender a aprender em permanência é atributo de cada indivíduo adquirido na educação inicial; a preocupação de desenvolver abordagens mais abertas e flexíveis e instrumentos de avaliação e acreditação de conhecimentos e competências para encorajar a *formação ao longo da vida*; a cultura geral e *aptidão para o emprego* como a resposta da Europa à *sociedade da informação*, *mundialização* das trocas e aceleração das ciências e técnicas. Como se pode verificar, é notória a sugestão de alteração das instituições educativas (as modalidades, os dispositivos, os processos, os *produtos*), das trajectórias biográficas e dos nexos com/entre a formação e o trabalho e do pacto e balanço entre os poderes e as responsabilidades públicas sociais e colectivas e as atribuições individuais e de âmbito privado (cf. Cresson, 1996).

A ALV é definida em documentos oficiais da Comissão como "toda a actividade de aprendizagem em qualquer momento da vida com o objectivo de melhorar os conhecimentos, as aptidões e competências, no quadro de uma perspectiva pessoal, cívica, social e/ou relacionada com o emprego", tendo por referência "quatro objectivos": "a realização

Globalização e Individualização 149

pessoal, a cidadania activa, a inclusão social e a empregabilidade/adaptabilidade" (CE, 2001). Acções desenvolvidas, a nível nacional e da União, foram contrastadas em torno de preocupações algo distintas:

"enquanto as palavras-chave ao nível europeu são mercado de trabalho, empregabilidade, flexibilidade e mobilidade, a preocupação geral ao nível nacional parece ser com equilibrar os interesses de mercado com as necessidades pessoais e sociais" (Borg & Mayo, 2005: 212).

Por outro lado, os principais temas e orientações salientados num primeiro balanço, datado de 2001, em torno de iniciativas de ALV na União Europeia foram: novas competências básicas; recursos humanos; inovação no ensino e aprendizagem; valorização da aprendizagem; educação e comunidade. Os autores referidos avançam um conjunto de questões de entre as quais merecem ser retidas, a nosso ver: (i) são as requeridas necessidades das empresas (em competências de Tecnologias da Informação, por exemplo), uma exigência do bem público comum? (ii) as competências básicas para o emprego coincidem com aquelas requeridas para a vida cidadã activa? (iii) quais as margens de autonomia e dependência dos responsáveis nacionais e institucionais deixadas pelos financiamentos do Fundo Social Europeu em recursos humanos? (iv) o forte impulso à disseminação das tecnologias de informação e comunicação (TIC) vai continuar cego às questões da privatização da aprendizagem e do *fosso digital* entre países mais enriquecidos e países mais empobrecidos na União, face às quais a inovação tecnológica tem sido largamente ineficaz? (v) a valorização das aprendizagens é impelida pelos reconhecimento e certificação das mesmas ou pela prioridade à padronização das qualificações através da Europa?[8]; (vi) as iniciativas educativas centradas na comunidade podem capacitar-se para lidar com os conflitos de interesses sem arriscar excluir os grupos mais fragilizados? (cf. Borg & Mayo, 2005: 212-8).

---

[8] A resposta a esta questão talvez se incline mais para a última alternativa, já que o Quadro Europeu de Qualificações está em franco desenvolvimento, enquanto os dispositivos de reconhecimento e certificação de aprendizagens se encontram menos avançados ainda que em progresso visível.

2.2. Uma trilogia de mudanças: biografias, instituições, regime. O Programa Educação & Formação 2010

Procederemos agora a uma exploração do modo como a E/ALV tem vindo a ser construída, no seio da UE, enquanto objecto de cognição, enquanto categoria, isto é, enquanto conceito empírico na formulação de Tortajada (1986: 181-8)[9]. Na publicação de apresentação do Programa *Educação & Formação 2010* a ALV é mencionada de diversas formas, poderíamos dizer salientando diferentes dimensões desse objecto tão vago quanto sugestivo e atraente: (i) na sua faceta de *princípio orientador*/horizonte de metas políticas – "facilitar o acesso de todos aos sistemas de educação e formação, à luz do princípio orientador da aprendizagem ao logo da vida" (CE, 2002: 12); (ii) enquanto um *bem valioso* – "a utilização efectiva de oportunidades de aprendizagem ao longo da vida para adultos" (CE, 2002: 16); (iii) sob o ângulo de um *processo interno ao sujeito* coetâneo da própria existência – "todos estes aspectos devem ser tomados em consideração, tomando em conta a aprendizagem ao longo da vida e a diversidade dos sistemas de educação e de formação e das culturas" (CE, 2002: 16); (iv) como uma *actividade institucionalizada* – "promover a criação de redes de instituições de educação e de formação a diversos níveis no contexto da aprendizagem ao longo da vida" (CE, 2002: 23)[10].

Tomando como referência as propostas analíticas de Edwards (1997), ensaiámos encontrar sentidos do objecto político-cognitivo E/ALV: (i) em que quadro é marcadamente colocada, das políticas sociais, das políticas económicas, como condição existencial actual? (ii) qual o foco central dos discursos que a constroem, a igualdade de oportunidades (*entitlement*, que direitos?), as oportunidades de aprendizagem

---

[9] Na senda de Maurice Godelier, Ramon Tortajada distingue entre conceitos teóricos, que adquirem sentido e pertinência apenas no seio de uma teoria de cuja constituição participam, e conceitos empíricos ou categorias, que são o resultado de investigações, mas também o seu ponto de partida e cujo sentido se altera em função de mudanças do objecto que designam e apreendem (cf. Tortajada, 1986: 181-8).

[10] As dimensões da ALV que recenseamos são mencionadas em diversas referências no Programa *Educação & Formação 2010*: (i) princípio orientador/horizonte de metas políticas (3 ref.); (ii) bem valioso (3 ref.); (iii) processo interno ao sujeito (1 ref.); actividade institucionalizada (7 ref.) (cf. (CE, 2002: 4, 8, 9, 12, 16, 23, 24).

oferecidas (*provision*[11], que produtos?), a aprendizagem? (iii) que vertentes são enfatizadas, as condições (*inputs*), a educação institucionalizada, a estrutura de fornecimento ou as realizações (*outputs*), o processo interno de aprendizagem e o aprendiz insularizado? Em cada item considerado, os primeiros aspectos mencionados são usualmente mais identificados como componentes de suporte das políticas educativas redistributivas do *Estado de Bem-estar*, enquanto os segundos têm acompanhado mudanças associadas à *Nova Gestão Pública* no *Estado de Competição* de feição neo-liberal.

Sentidos das referências a ALV no Programa *Educação & Formação 2010*

	Definição/enquadramento			foco			ênfase	
	PS	*PE*	*CE*	*IO*	*OA*	*A*	*C/E/F*	*R/A/A*
Princípio orientador	x?	x?		x			x/x	
Bem valioso		x?		x?/x?			x/x/x	
Processo interno		x?						x
Actividade institucionalizada	x?/x?/x? /x?/x?/x?/x?	x?/x?/x? /x?/x?/x?/x?		x?/x?/x? /x?/x?/x?/x?			x/x/x /x/x/x/x	
Total de referências	8 (dúvidas)	10 (dúvidas)	0	1 (clara) 9 (dúvidas)	0	0	12 (claras)	1 (clara)

(baseado em propostas de análise de Edwards (1997)

A análise assim possibilitada aponta no sentido de que, na apresentação inicial do Programa *Educação & Formação 2010*, para três objectivos estratégicos e treze objectivos conexos, algumas dezenas de

---

[11] Para este passo da discussão convocamos a proposta de Dale & Ozga para a análise das políticas quanto à relação que promovem entre os cidadãos e os bens e serviços proporcionados ou as instituições que os fornecem. Uma primeira noção é constituída pelo par *ter direito a/fornecimento de* («entitlement»/«provision») que pretende esclarecer quando é que uma dada política é orientada para favorecer a universalidade de *direito a* bens e serviços de igual valor ou promove antes a posicionalidade social pelo *fornecimento de* serviços e bens cujo valor social depende da sua relação com outros congéneres e cuja posse classifica e estratifica os seus destinatários. Dale & Ozga retiram tal noção de Dahrendorf e definem *ter direito a* («entitlement») como "essencialmente tendo a ver com a distribuição de bens e serviços e quais os indivíduos e grupos que a eles têm direito («are entitled»)"; por outro lado, *fornecimento* («provision») está relacionado com a "disponibilidade de bens e serviços" (cf. Dale & Ozga, 1993: 76-9; Dale, 1994b: 125-6).

propostas e sugestões de alvos ou marcos de acção e cerca de trinta e cinco páginas de texto (excluindo anexos), a tematização da ALV decorre de cerca de quarenta menções, literais ou substantivas, a tópicos associáveis ou explicitamente a ela referenciados[12]. Por outro lado, e algo surpreendentemente, a indefinição a ambiguidade e a ambivalência parecem ser o traço mais saliente deste Programa, no que toca à delimitação, ao enquadramento, às valências, às opções político-ideológicas, mas também às alternativas de estrutura e morfologia deste novo objecto político e cognitivo (cf. quadro acima: as interrogações registam exactamente a dúvida constante quanto ao sentido do discurso). Trata-se de abertura, hesitação ou indefinição? E, neste último caso, estamos perante uma necessária e dinâmica conciliação político-diplomática para acolher diversas opções e sensibilidades dos Estados-membros ou face a uma estratégia de influência política que deixa em aberto a definição de natureza ideológica e vinca limites e opções através das especificações técnicas, essas estritas e claras? Cremos que esta última sugestão tem uma forte probabilidade de vir a mostrar-se com apreciável capacidade explicativa a par de outras, já que os motivos se apresentam mesclados e mitigados. A nossa convicção é que este discurso aparentemente conciliador e continuista, face a opções ainda dominantes nos sistemas políticos, ou educativos dos Estados-membros, e, portanto, este tom apaziguador, constitui em boa medida o edulcorante com que é oferecida a ruptura com modelos e políticas anteriores. A hipótese que oferecemos, com base em trabalhos de analistas políticos é que, dado que a forma é conteúdo, serão, não predominantemente os discursos envolventes, mas os dispositivos, procedimentos e instrumentos de governo (Nóvoa, 2005a) que, mais claramente revelarão as opções de política e a construção cognitiva da categoria empírica ALV. E os discursos, que nos revelam eles? Meros e decisivos ou (in)dispensáveis recursos de legitimação? Um caso de um discurso mais cauteloso que a prática? Ou uma bandeira avançada que ainda carece de acções que lhe dêem corpo?

Em outros documentos se destacam também alguns desses sentidos que informam a categoria empírica que aqui nos ocupa e que vem sendo

---

[12] Como vimos há pouco, as referências explícitas à expressão/noção de ALV são em muitíssimo menor número (catorze, mais precisamente); agora referimo-nos a tópicos que fundamente podem ser relacionados com aquela questão como o reconhecimento de competências, por exemplo.

Globalização e Individualização 153

construída pelos discursos e práticas em movimento por referência a uma trilogia de mudanças, de ordem institucional, biográfica e de regime, que constituem uma agenda destacada desta bandeira-projecto. Na resolução do Conselho Europeu de 27 de Junho de 2002 são claras essas três dimensões: "a aprendizagem ao longo da vida deve abranger a aprendizagem da idade pré-escolar à de pós-reforma, incluindo o espectro inteiro de aprendizagem formal, não-formal e informal"; "o indivíduo como sujeito de aprendizagem"; "desenvolver iniciativas para estimular o investimento privado na aprendizagem". Também se encontra a menção da categoria como princípio orientador das políticas de educação e formação e como processo interno ao sujeito; salienta-se ainda o estreito vínculo entre a aprendizagem ao longo da vida e a estratégia europeia de emprego ou a integração de pessoas e grupos desfavorecidos ou a governação do território: "a validação e reconhecimento (…) entre países e sectores educacionais", "a validação de resultados de aprendizagem, cruciais para construir pontes entre a aprendizagem formal, não-formal e informal é assim um pré-requisito para a criação de um espaço Europeu de aprendizagem ao longo da vida" (CE, 2002).

Por outro lado, outros documentos, porventura menos rigorosamente examinados insistem numa nova institucionalidade apresentada como o *encontro* entre os aprendentes e as oportunidades (ou ofertas) de aprendizagem, segundo um modelo entre o mercado e o espaço público, que mistifica qualquer deles: "para realizar a Europa da aprendizagem ao longo da vida é indispensável: (…) Aproximar os aprendentes das ofertas de educação e de formação, o que se consegue criando centros locais de aquisição de conhecimentos e fomentando a aprendizagem no local de trabalho"[13].

O Programa Integrado de Aprendizagem ao Longo da Vida, 2007-2013

A nova proposta da Comissão para os Programas de Acção Comunitários foi apresentada e designada sob os lemas da integração e da ALV[14].

---

[13] Cf. Espaço europeu de aprendizagem ao longo da vida, in http://europa.eu.int/scadplus/leg/pt/cha/c11054.htm, consultado em 18 de Fevereiro de 2006.

[14] Este programa de acção começou por ser designado *Programa Integrado de Aprendizagem ao Longo da Vida, 2007-2013* (aqui referido como PIALV). As notas que se seguem referem-se ao documento Directorate-General for Education and Culture

A justificação da alteração do formato apoia-se num diagnóstico societal (*o desafio*), um programa de respostas para as situações/problemas sinalizados (*o papel central da educação e formação*), um balanço da experiência prévia e em alguns objectivos determinados. O *diagnóstico* estabelece a mudança social como o pano de fundo decisivo, construindo uma classificação vulgarizada, ainda que não isenta de problemas, para as transformações salientadas (económicas, sociais e «wider Europe» (políticas?)). As palavras-chave das mudanças sociais retidas são: economia de competição, de globalização e baseada no conhecimento; mercado de trabalho exigente e flexível; demografia, diversidade, inclusão; Europa alargada. Face a uma realidade assim desenhada, *o papel central da educação e da formação* é avançado como ponto de partida adequado para reagir e lidar com aquelas alterações. Tal protagonismo tem vindo a ser edificado na senda, repetidamente afirmada desde 2000, dos desígnios da "mais competitiva economia baseada no conhecimento" e da "União Europeia como referência de qualidade mundial". Os *processos de Bolonha* e *de Copenhaga* (mas não o Programa *E&F 2010*) são considerados parte desta resposta. Aqueles dois pilares e estes dois caminhos parecem definir um quadro de respostas àquelas mudanças. O balanço da experiência aponta as línguas, a cidadania e a integração regional como focos importantes dos Programas. O objectivo é, através da ALV, caminhar para uma sociedade do conhecimento avançada com desenvolvimento económico sustentável; mais e melhores empregos e maior coesão social; a interacção, cooperação e mobilidade entre sistemas de educação e formação constituem vias para aquelas metas. Conhecimento, emprego e coesão, interacção, cooperação e mobilidade (parcerias, projectos e redes) podem ser para já tomadas como código do PALV nas propostas em análise[15].

Como serão desenvolvidas? Através de programas sectoriais (*Comenius, Erasmus, Leonardo da Vinci, Grundtvig*), um programa transversal (para desenvolver as políticas, fomentar a aprendizagem de línguas e

---

(DGEC) (s/d). A *Decisão* do Parlamento Europeu e do Conselho de 15 de Novembro de 2006 que estabelece um programa de acção no domínio da aprendizagem ao longo da vida abandonou o termo "integrado"; quando nos referirmos ao programa aprovado, usaremos, portanto, esta última designação (PALV) (cf. Decisão 2006/1720/Ce do Parlamento Europeu e do Conselho)

[15] Conferir a apresentação do PIALV em http://www.eu.int/comm/education/programmes/newprog/index_en.html, consultado em 24 de Março de 2006.

tecnologias de informação e comunicação (TIC) e a disseminação) e de um *Programa Jean Monet*, apoiando instituições e associações de âmbito europeu para actividades de fomento à integração regional. A ALV fica assim aqui ordenada nestes quatro espaços/tempos biográficos e institucionais: educação escolar; educação superior e formação avançada; educação e formação profissional inicial e contínua; educação de adultos. O desenvolvimento de políticas, a aprendizagem das línguas e das TIC são particularmente procuradas e as actividades que alimentem a integração regional são apoiadas. Em qualquer destes domínios as formas de acção incentivadas incluem sobretudo a mobilidade individual, as parcerias, projectos e redes como modelos de relação, organização e mobilização sociais.

Emergem, desta perspectiva sobre o teor das propostas do referido PALV (2007-2013), alguns dos desenvolvimentos sublinhados pelos analistas[16]:

(i) a governação dos sujeitos, individual e colectivamente considerados (a re-ordenação dos espaços-tempos biográficos e institucionais; a invenção de formas distintas de relação, acção, organização e mobilização social, individual e colectiva)...

(ii) a governação dos percursos e trajectórias individuais e colectivas (a separação entre educação escolar e educação e formação profissional inicial, entre outras)...

(iii) ... dos territórios (a mobilidade individual, as redes...)

Aparentemente, estas propostas apresentam-se mais consonantes com as explicações focadas nas mutações do capitalismo, com a ênfase acrescida que colocam nos processos sócio-económicos, e bastante mais longínquas e desatentas aos fenómenos esclarecidos pela abordagem centrada nas transformações da modernidade; são na verdade as dimensões económicas das sociedades e das vidas dos europeus que aparecem como centro do diagnóstico que fundamenta o PALV (2007-2013). Nesse sentido, com base na tipologia de Edwards (1997), o modelo de *sociedade de aprendizagem* mais congruente com este diagnóstico e estas propostas e preocupações parece ser o de mercado de oportunidades oferecidas por múltiplas instituições, em resposta a demandas dos indivíduos e dos

---

[16] Conferir, em particular, Lawn & Lingard (2002); Lawn (2003); Nóvoa (2005a).

empregadores para actualização de competências e qualificações face à incerteza económica, com o objectivo da realização de uma sociedade economicamente competitiva.

Procuremos, então, compreender que interpretações[17] podem ser reforçadas com as tematizações e propostas sublinhadas pelo conjunto dos documentos analisados.

Não necessitará ser excessivamente afirmada a relevância das interpretações para o objecto político ALV propostas pelos autores que seguimos; na verdade, a breve revisão que encetámos pelos três documentos seleccionados conduziram-nos a sublinhar um leque de temas, propostas e algumas citações que documentam a pertinência daquelas leituras (cf. apêndice 1). Dispomos, assim, de um conjunto de sentidos que permitem delinear um quadro de inteligibilidade, quer para o modo como a aprendizagem ao longo da vida tem vindo a ser politica e cognitivamente construída no contexto da União Europeia, quer ainda para as apropriações que mais eco terão encontrado em Portugal.

---

[17] Consideramos um conjunto de significados atribuíveis ao objecto ALV a partir das interpretações e explicações propostas pelos autores que vimos seguindo. Assim, construímos o seguinte quadro de referência para análise dos documentos:

Interpretações ou dimensões de ALV	Indicadores de significados (elementos que revelam propriedades do objecto ALV)
1. gestão da mudança (veicular e responder a novas condições do capitalismo) (Laval & Weber, 2002)	instrumento para responder a economia do conhecimento e prioridade a acumulação (conhecimentos/competências)
2. novo pacto estado-sociedade civil (Field, 2000)	deslocação de responsabilidades/atribuições de estado para sociedade civil
3. nova governação (Field, 2000)	cedência de competências de estado para instâncias supra e subnacionais
4. instrumento de mudança dos SEF's (Field, 2001)	promoção de alterações institucionais
5. condição existencial (Field, 2000)	centralidade da aprendizagem nas relações sociais
6. necessidade estrutural (Hake, 2006)	imperativo para sobrevivência individual e institucional
7. governação de territórios/populações/ sujeitos (Lawn (2003)	centralidade da aprendizagem na ordenação dos sujeitos (biografias, identidades, comunidades) e dos territórios

Globalização e Individualização 157

Assim, ainda que este ensaio de leitura interpretativa seja meramente indicativo, é interessante notar que[18]:

(i) os significados que parecem informar os três documentos definem a ALV como: projecto de governação de territórios, populações e sujeitos (oito referências); instrumento de mudança dos SEF's no contexto de um novo pacto Estado-sociedade civil (oito mais sete referências); necessidade estrutural nas actuais formações societais (cinco referências); instrumento de gestão das mudanças sociais (três referências).

(ii) como seria de esperar, o PALV salienta-se pelo número de propostas em que a ALV se configura como um projecto de *governação* dos territórios, das populações e dos sujeitos (I7, cinco propostas em sete);

(iii) a ALV como *instrumento de mudança* dos SEF's no contexto de um novo *pacto estado-sociedade civil* com deslocação de atribuições e responsabilidades do primeiro para a segunda apresentam-se como os sentidos mais frequentemente evocados quando considerado o conjunto dos temas e propostas acolhidos nos três documentos (I4, oito referências; I2, sete referências, respectivamente e, quer um, quer outro, num total de trinta e uma).

No dizer de alguns autores, poderíamos sinalizar o prisma complexo das nossas sociedades sublinhando algumas das suas dimensões fundamentais através da ideia de que vivemos em sociedades de informação e

---

[18] Para acompanhar as observações apresentadas, conferir o quadro de sistematização seguinte:

Interpretações/dimensões ALV	Temas			Propostas			Total ref.
	E&F 2010	Resol ALV	PALV	E&F 2010	Resol ALV	PALV	
I4	1	1	1	2	2	1	8
I2	1	1	1	1	2	1	7
I7	1			1	1	5	8
I6	1	1	1	2	———	——	5
I1	———	1	2	———	———	——	3
Total referências	4	4	5	6	5	7	31

conhecimento, de incerteza e risco, de globalização e localização (Almeida, 2003: 196). Não é indiferente se tais enunciados, como alguns pretendem, destacam certas dimensões marcantes da nossa vida colectiva e estimulam a compreensão dos processos que envolvem, das mudanças sociais que implicam e capacitam e dos constrangimentos que favorecem ou se, como outros argumentam, nomeadamente quanto às primeiras expressões referidas, estamos perante enunciados programáticos e legitimatórios (Tanguy, 2003: 128), que, pela sua força ideológica e visionária, tendem a sugerir e acolher expectativas diversas, ou mesmo díspares, a propor e impor projectos societais e a mobilizar consensos em torno de "utopias" cuja credibilidade advém da sua sustentação em alguns ícones e tendências aparentemente evidentes e amplamente proclamadas.

A tese que desponta, sob a forma de um conjunto de preocupações para um programa de investigação, é que certas condições estruturais das nossas sociedades de modernidade tardia – sinalizadas pela progressão da *reflexividade* (individual, colectiva, institucional), *individualização* (da identidade, dos percursos biográficos, da reprodução social) e *risco* – constituem a ALV como uma necessidade estrutural e uma condição existencial das nossas vidas (cf. Field, 2000; Hake, 2006). Nesse sentido, podemos considerar que, sob determinados ângulos, estas são sociedades de aprendizagem, colocando, por ora, apenas em questão se é o desígnio e o modelo de mercado, de comunidade democrática ou de sociedade em rede (de projectos, de dispositivos de aprendizagem...) (cf. Edwards, 1997) que inspiram e dão conta dos movimentos e mudanças em curso. Ora, diversos autores convergem no sentido de considerar que as orientações políticas actuais para a ALV acentuam de forma díspar a responsabilidade individual e a organização e coordenação segundo a forma institucional do mercado (cf., por exemplo, Laval & Weber, 2002; Field, 2000; Lima, 2003; Nóvoa, 2005a; Hake, 2006). Nesta conjuntura, a ambivalência das nossas sociedades de modernidade tardia aumenta a susceptibilidade destas a:

(i) ameaças à coesão traduzidas pelas amplamente visíveis dualização e exclusão sociais;

(ii) agudização de uma tensão entre o investimento na ALV nas organizações e as tendências de reorganização do trabalho e das relações de emprego, com a acentuação da clivagem de oportunidades intra-organizacional;

(iii) aprofundamento da diferenciação individual, em termos de recursos de construção da biografia e dos percursos de vida, baseada no acesso a contextos, actividades e carreiras de aprendizagem distintos (cf. Hake, 2006).

Assim, a investigação sobre os mecanismos de alocação social e as estruturas de desigualdade de oportunidades em sociedades de aprendizagem impõe-se como preocupação incontornável para esclarecer dimensões fundamentais destas formações sociais; de igual forma, a divisão de oportunidades de aprendizagem no interior das organizações e a desigual distribuição de, e acesso a, contextos e percursos de aprendizagem constituem tópicos obrigatórios de pesquisa para a compreensão de dimensões decisivas das configurações da vida social e das opções e projectos políticos actuais. Nestas condições, de acordo com o autor referido, as orientações políticas seleccionadas têm sido capazes de colocar a ALV no centro das atenções; no entanto, as dúvidas avolumam-se quanto às direcções privilegiadas, aos desígnios e projectos perseguidos, aos resultados a reverter ou reforçar.

Em todo o caso, vale a pena transcrever na íntegra a citação em que tal programa político é discursivamente afirmado:

O Conselho sublinhou repetidamente o duplo papel – social e económico – dos sistemas de educação e de formação. Com efeito, são factores determinantes para o potencial de excelência, inovação e competitividade de cada país. Simultaneamente, são parte integrante da dimensão social da Europa, porque transmitem valores como a solidariedade, a igualdade de oportunidades e a participação social, além de produzirem efeitos positivos na saúde, no combate ao crime, no ambiente, na democratização e na qualidade de vida em geral. É necessário garantir a aquisição e actualização permanente dos conhecimentos, aptidões e competências de todos os cidadãos através de uma aprendizagem ao longo da vida, e considerar as necessidades específicas dos cidadãos em risco de exclusão social. Tal contribuirá para o crescimento do emprego e da economia e reforçará, ao mesmo tempo, a coesão social" (cf. CE, 2006: C79/1)

O estudo de algumas das orientações políticas e programas adoptados em Portugal e alguns dos cursos de acção, medidas, dispositivos e práticas implementados e impactos apreensíveis permitem discutir e esclarecer algumas das tendências e processos em curso.

A presidência Portuguesa da União Europeia, no primeiro semestre de 2000 ficou reconhecidamente marcada na história recente da União, pela definição, então levada a cabo, da chamada Agenda de Lisboa, a que o projecto de ALV ficou também ligado. Ainda que o Ano Europeu da Educação e da Formação ao Longo da Vida date de 1996 e diversos passos tenham tido lugar nesse intervalo, é, na verdade, a partir do Conselho Europeu de Santa Maria da Feira que o objecto político ALV é inquestionavelmente colocado como horizonte das políticas e dos sistemas de educação e formação. Curiosamente e paradoxalmente é a partir do lugar geográfico e sob a responsabilidade de um país com claros problemas e obsessões de subdesenvolvimento educativo[19] e com uma ausência prolongada e evidente de uma política e um sistema de educação de adultos (Melo, Lima & Almeida, 2002) que vão ser dados impulsos decisivos para o lançamento de uma política europeia de educação e formação fortalecida sob a égide da bandeira-projecto de aprendizagem ao longo da vida. As conclusões da Presidência falavam de "educação e formação para a vida e o trabalho na sociedade do conhecimento", de "oportunidades de educação e formação", de "desenvolvimento de centros locais de aprendizagem polivalentes", "novas competências básicas", de "parcerias de aprendizagem", numa curiosa combinação de sintonia e dissonância com o discurso que até então e posteriormente prevalece nos documentos da União. Sem surpresa, talvez, mas também sem notoriedade ainda assinalada, estas propostas ressoam agora àquelas que foram as medidas emblemáticas das políticas de *educação/aprendizagem ao longo da vida* em Portugal, desde 2000 até ao momento – os Cursos de Educação e Formação de Adultos e os Centros de Reconhecimento, Validação e Certificação de Competências, incluídos no Programa para o Desenvolvimento e Expansão de Educação e Formação de Adultos 1999--2006 (Melo, Matos & Silva, 2001). Há um significado a retirar destas observações? Qual poderá ser?

---

[19] Para uma discussão e argumentação aprofundadas em torno da negligência e do alarmismo manipulador das políticas e dos debates públicos em torno da educação ao longo de mais de um século, ler-se-á com proveito Nóvoa (2005b).

Globalização e Individualização 161

3. A distância que separa... é ainda grande[20]

A *gestão da mudança sócio-económica*, procurando veicular e responder a novas condições postuladas para o capitalismo, e a procura de vias para *alterar os sistemas de educação e formação* constituem alguns dos principais temas identificados em documentos-mestres referenciados ao objecto político-cognitivo E/ALV em Portugal[21]. Aparentemente, portanto, entre nós, a E/ALV alicerça mudanças institucionais com os olhos postos em novas condições estruturais do capitalismo encapsuladas na fórmula da economia e sociedade do conhecimento, por exemplo. O tema omnipresente nos documentos do governo português é o evocado *défice de escolarização e qualificação da nossa população*, apontado quer na chamada "fractura geracional", quer nas "situações menos favoráveis no

---

[20] Cf. despacho conjunto n.º 262/2001.

[21] É no âmbito da Estratégia Europeia do Emprego, desenvolvida a partir de 1998, que o objecto político-cognitivo ALV, e o campo de políticas, discursos e práticas em torno dele, assumem forma em Portugal; também o PRODEP III (2000-2006) constitui um instrumento decisivo nesse domínio. Ensaiamos uma breve incursão na interpretação de alguns documentos considerados importantes: o Plano Nacional de Emprego (PNE) de 2001, onde constou como anexo o documento de "Estratégia nacional de aprendizagem ao longo da vida"; o PNE 2005-2008, actualmente em vigor e que faz a transição para o XVII Governo agora em funções; o relatório do primeiro ano de execução do PNACE. Utiliza-se a tipologia atrás apresentada de interpretações ou dimensões de E/ALV, construída a partir de propostas de estudiosos deste objecto (cf. nota 17). A análise levada a cabo permitiu salientar as leituras plasmadas no quadro seguinte:

Significados/interpretações que informam os documentos acima mencionados

Interpretações/dimensões da E/ALV	Temas			Total (n.º de ref.)
	PNE 2001	PNE 2005-2008	PNACE (2006)	
I4	4	2	3	9
I1	6	2	3	11
I6	0	2	0	2
I7	0	2	0	2
Total referências	10	8	6	24

Lembra-se que I1, I2...I7 são siglas para a expressão 'interpretação 1,...7 enunciadas no quadro apresentado na nota 17.

contexto europeu" quanto aos níveis de conclusão do ensino secundário e superior e de saída precoce dos jovens (PNACE, 2006: 12)[22].

Então, se considerarmos a análise que interroga o objecto político E/ALV nos termos da evocada *viragem discursiva* e *economicista* (Borg & Mayo, 2005), encontramos, desde o primeiro momento, a sua definição como política económica e de emprego, ainda que com preocupações sociais que progressivamente se atenuam ao longo dos cerca de oito anos considerados. A exclusão, o desfavorecimento, a iniquidade escolares e sociais são considerados sobretudo em função do seu impacto no emprego e na economia, tendendo a apreciação de ineficiência a substituir a de injustiça como móbil para a acção política de correcção e engenharia sociais. Assim, a E/ALV é evocada no âmbito da política de emprego e qualificação como uma "aposta (…) no alargamento das oportunidades de aprendizagem" que vai "de encontro aos principais constrangimentos estruturais do nosso sistema de emprego, como o que se refere às baixas qualificações"; enfatiza-se, ainda, as condições dadas, a forma de educação institucionalizada, a estrutura de fornecimento, mas também a aprendizagem como processo interno ao sujeito e as respostas educativas como ofertas centradas nas demandas de aprendizes e empregadores[23]. Nesse sentido, à luz da proposta de Edwards (1997), esta formulação e as propostas que lhe dão corpo apresentam-se como uma concepção assente nos elos entre oportunidades/política económica/competências e qualificações/mercado de aprendizagem/economia competitiva, sem deixar de incluir dimensões referenciáveis à especificidade da situação portuguesa, como o forte impulso e responsabilização estatais no sentido de maximizar as possibilidades de disseminação de habilitações certificadas.

---

[22] O documento referenciado tem por título *Estratégia de Lisboa. Portugal de Novo. Programa Nacional de Acção para o Crescimento e o Emprego (PNACE 2005/2008). Relatório do 1.º ano de execução*; a data é Outubro 2006. De ora avante será referenciado, no corpo do texto como na bibliografia, pela fórmula PNACE (2006).

[23] Para que melhor se compreenda a interpretação que desenvolvemos, optamos por transcrever a citação na íntegra: "Aposta-se, por essa razão, na expansão e melhoria da qualidade da formação técnico profissional dos jovens e também no alargamento das oportunidades de aprendizagem ao longo da vida para os adultos, quer pela via de formações de dupla certificação, de maior duração, quer pelo reconhecimento, validação e certificação de competências adquiridas ao longo da vida, quer ainda pela frequência de acções de formação de curta duração, no quadro designadamente do cumprimento do direito instituído no Código do Trabalho de todos os trabalhadores a um número mínimo anual de horas de formação" (Plano Nacional de Emprego, 2005-2008: 16).

3.1. *Quatro notas de leituras e três períodos da ambivalência inicial à regra da qualificação*

Da União à qualificação: o défice e a regra

Poder-se-ia, então, destacar quatro sugestões de interpretação, sem ser ainda possível o confronto aprofundado e desenvolvido das mesmas com a diversidade de práticas em constituição. Assim, a análise de alguns documentos, sobretudo de conteúdo programático-operacional, permite--nos avançar que a (apropriação e) construção do objecto político-cognitivo E/ALV em Portugal: (i) recai no campo de sentidos, discursos, políticas e práticas em presença na UE – mas apresenta fórmulas, combinações e ênfases específicas; (ii) desenvolve-se ao longo de momentos distintos – que envolvem, entre outras componentes, as diversas tematizações e mudanças na natureza, estatuto e designação de importante(s) organismo(s) de tutela; (iii) foi marcada pela divergência e ambivalência – ainda visíveis, mesmo que de forma atenuada; (iv) é hoje condicionada pela obediência à *regra qualificacionista* – distanciando-se progressivamente da ambivalência de orientações inicial.

Assim, aparentemente em Portugal a apropriação do objecto político//cognitivo E/ALV ocorreu de forma selectiva, destacando algumas das suas dimensões assumidas no quadro da UE e negligenciando outras, sem forçosa e estritamente coincidir com aquelas mais valorizadas nos textos programáticos, nas propostas e nas políticas comunitárias. Mas, também sem colidir com tais opções; corresponde antes a fórmulas, combinações e ênfases distintas. Aquela apropriação no âmbito dos programas adoptados pelo governo português correspondeu porventura a uma contextualização para a situação e posição portuguesas no quadro Europeu. Nesse sentido, foram exacerbadas as dimensões instrumentais e produtivistas das opções em presença, dadas as dificuldades da economia portuguesa, agudizadas pelo agravamento do desemprego e dado ainda o forte contraste, em sentido negativo, dos valores relativos a alguns indicadores em educação, no mesmo contexto. Por isso, os programas do governo português tendem a apresentar a E/ALV como um *instrumento de mudança dos SEF's, no quadro de políticas económicas e de emprego, para responder às novas condições do capitalismo, através de oportunidades de aprendizagem alargadas*. Afirma-se, então, que: "A qualificação dos portugueses tem sido condicionada por um sistema educativo que tardou em abandonar o modelo adequado à economia industrial – elevada selectividade com altos índices de abandono e insucesso escolares – estando a ser substituído pelo modelo ajustado à sociedade do conhecimento em que a educação para todos, com o máximo desenvolvimento do potencial de cada um, é factor de competitividade e de progresso" (PNACE, 2006: 30).

Temas privilegiados	
União Europeia	Portugal
competitividade/emprego e coesão/inclusão sociais	(défice de) *qualificação*, emprego e desenvolvimento
instrumento de mudança dos SEF's	*instrumento de mudança* dos SEF's
instrumento de governação de territórios/populações/sujeitos	*resposta a novas condições* do capitalismo (gestão da mudança)
novo pacto estado-sociedade civil	(virtual ausência no discurso)
imperativo para a sobrevivência individual e institucional	(virtual ausência)

A E/ALV como instrumento propulsor de uma nova ordenação das biografias não é particularmente enfatizada, ao contrário da invenção de novos arranjos institucionais e de reorientações do pacto estado-sociedade civil que, com tónicas particulares, tiveram presença importante no desenho deste objecto político-cognitivo em Portugal. Dessa forma, encontramos as seguintes combinações e alterações de temas privilegiados: competitividade/emprego e coesão/inclusão sociais na UE versus (défice de) *qualificação*, emprego e desenvolvimento (por esta ordem) entre nós; a E/ALV como *instrumento de mudança* dos SEF's (novas institucionalidades) (com apreciável destaque em ambos os contextos); ênfase mais vincada, no quadro da UE, nas dimensões em que a E/ALV é encarada como instrumento de governação de territórios/populações/sujeitos ou novo pacto estado-sociedade civil, enquanto a vertente em que E/ALV se constitui como instrumento de *resposta a novas condições* do capitalismo (gestão da mudança) aparece mais sublinhada em Portugal; aqui, a virtual ausência de formulação do tema de E/ALV como imperativo para a sobrevivência individual e institucional (necessidade estrutural) contrasta com a preocupação notória na UE nesse sentido. Na verdade, dir-se-ia que a quase-obsessão assumida pelo designado défice de qualificação da população portuguesa se desdobra na preocupação com a distância que separa

Portugal de outros países europeus/ocidentais nas mais diversas listas ordenadas que constituem a metáfora gráfica da contemporânea utopia totalitária da concorrência global[24].

Em segundo lugar, é possível propor uma visão deste processo de apropriação/construção do objecto político-cognitivo ALV em três momentos, atendendo a: (i) temas marcantes mobilizados; (ii) natureza do organismo principal de tutela (nomeadamente a designação e enquadramento organizacional, entre outros aspectos). Assim, num primeiro momento, entre 1998-2002, os temas mais salientes conectam qualificação-emprego-desenvolvimento. Em todo o caso, percorrendo alguns dos principais documentos que balizam a apropriação em Portugal do objecto político E/ALV, fica a curiosa impressão de dissonância ou polifonia, tanto interna como face ao exterior. É assim porque, quer as expressões utilizadas, quer os tópicos avançados ou realçados, descoincidem com regularidade promissora e persistente.

Uma primeira nota para realçar que as rubricas que, no PRODEP III (1999-2006) e em diversos normativos legais, acolhem as medidas referenciáveis à E/ALV recebem tanto a designação de *educação e formação* como *aprendizagem ao longo da vida* (cf. PRODEP III, 2000: 30, 52; despacho conjunto n.º 262/2001); se tal oscilação discursiva pode ser relacionada com a influência do tema do Ano Europeu de Educação e Formação ao Longo da Vida em 1996, a verdade é que a nova expressão

---

[24] A nossa condição semiperiférica europeia torna-se particularmente acutilante na experiência de ser o mais pobre país de entre os ricos, o mais *sub* dos países desenvolvidos ou de tanto nos reencontrarmos como o eterno último entre os primeiros. Regularmente nos deixamos assolar por esta identidade auto-flagelada, cuja exploração tão bem tem servido a justificação e legitimação da imposição de cortes nas despesas e direitos sociais, sacrifícios e redução de apoios à população, enquanto as desigualdades assomam cada vez mais cavadas: a conspiração das elites contra a redução dos seus privilégios para sustentar a partilha de benefícios com as populações, tem conduzido ao afastamento entre os segmentos mais ricos da população e os mais pobres; entre os salários, reformas e privilégios dos gestores das empresas, públicas e privadas e os salários das populações; entre a austeridade relativa que se abate sobre a população há já alguns anos e os lucros crescentes e astronómicos dos bancos, tendo em conta o país que somos; entre os montantes assumidos pela fuga aos impostos e a corrupção, em boa medida impunes e desfrutando da conivência, quando não benefício, das autoridades e elites, e as dificuldades e frugalidades impostas aos serviços públicos de bem-estar. A lista de intoleráveis iniquidades características desta semiperiferia europeia é, também ela, grande.

ALV era já dominante nos documentos comunitários e foi consagrada no próprio Tratado de Amesterdão, assinado em 1997. Assim, a apropriação portuguesa na altura parece ser ainda hesitante, o que constitui um dado significativo se atendermos a que a *viragem discursiva* é apontada como reveladora de novos sentidos ou dominâncias quanto à construção cognitiva e política deste novo objecto. Por outro lado, também internamente encontramos dissonâncias múltiplas, sendo de destacar duas orientações: uma que procura articular e negociar aspirações de educação permanente de adultos, de desenvolvimento local e comunitário e de cidadania participativa, integrando a economia, o emprego, a qualificação como dimensões essenciais da vida individual e colectiva[25]; a outra, que sublinha preocupações com os *défices* de certificação escolar e qualificação profissional, as políticas de emprego e "o desenvolvimento e integração de jovens e adultos e (...) as vulnerabilidades estruturais do País" (despacho conjunto n.º 262/2001). A primeira orientação informa, por exemplo, intervenções, documentos e programas do Grupo de Missão para a Educação e Formação de Adultos, responsável pela criação da ANEFA e pela proposta do Sistema de RVCC[26]; a segunda encontra-se plasmada mais intensamente nos documentos oficiais e normativos legais da autoria da administração central. Estas duas orientações partilham e estão até hoje activas nas políticas, programas e práticas de *educação e formação ao longo da vida*, constituindo, no entanto, duas comunidades interpretativas e de acção com influência e campos de intervenção distintos. Designamos provisoriamente a primeira como uma *política social multidimensional* enquanto consideramos a segunda como uma *política para/segundo a economia*.

O segundo momento definível no modo como foi apropriado e constituído o objecto político-cognitivo E/ALV corresponderá ao período entre

---

[25] Alberto Melo, o Coordenador do Grupo de Missão para a Educação e Formação de Adultos, entre 1998 e 2000, por exemplo, numa entrevista de balanço desta responsabilidade, em 2000, sustentava que "De facto, o mais importante para mim, neste momento, é garantir-se uma 'arquitectura' autónoma para a educação/formação de adultos, voltando as costas às disciplinas tradicionais e partindo sobretudo da vida, da experiência de cada adulto na sociedade, como pessoa individual, como membro de uma família, de comunidades, de uma biosfera e como produtor, consumidor, criador..." (Melo, 2000: 9).

[26] Agência Nacional de Educação e Formação de Adultos, entidade autónoma exclusivamente votada a uma política pública de educação de adultos, criada pelo decreto-lei n.º 387/99 de 28 de Setembro (cf. Melo, 2000: 8-11).

Globalização e Individualização 167

2002-2005, em que os temas evocados parecem agregar-se em torno dos nexos qualificação-(des)emprego/empregabilidade; em Agosto de 2002, a ANEFA é extinta e toda a actividade transferida para a Direcção-Geral de Formação Vocacional do Ministério da Educação onde, segundo Alberto Melo, "mais uma vez, a educação de adultos acabou 'diluída' num conjunto de actividades fragmentadas predominantemente voltadas para os jovens mal sucedidos na escola" (Melo, 2006: 187). Durante aquele período, discutiu-se em Portugal o prolongamento da obrigatoriedade escolar até aos 12 anos, no meio de um consenso interrompido apenas por algumas desassossegadas vozes solitárias e foi aprovada, mas não promulgada pelo Presidente da República, uma nova Lei de Bases da Educação; aqui, sob a forma (mais uma vez) de diversificação da educação associada a um vocacionalismo de insucesso (passe a provável redundância para a situação verificada em Portugal e diversos outros países), deu-se um passo adicional na senda de desvalorização do trabalho e do conhecimento prático, técnico e tecnológico ao optar, direccionar e salientar que a multiplicação das vias profissionalizantes se destinava a criar condições para diminuir o insucesso, abandono e a saída precoce escolares[27].

Por último, desde 2005, parece delinear-se um percurso com muitas continuidades face ao anterior, mas também intervenções e cursos de acção suficientemente distintos para que se possa considerá-lo autonomamente. Hoje, as anteriores articulações integram componentes pré-existentes, agora agigantadas por novas extensões, utilizações, funções e

---

[27] Acerca desta questão escrevemos num outro trabalho: "a proposta de Lei de Bases da Educação do anterior Governo, prevendo, por exemplo, a migração da formação profissional inicial para a instituição escolar, estabelece, no entanto, o seu acantonamento nas margens da escola e acentua a separação estrita entre os percursos realizados no âmbito da formação profissional e aqueles que se desenvolvem através das vias tradicionais da educação escolar. Verificava-se, na proposta que mencionamos, de facto, a diluição das fronteiras de que falávamos, na medida em que a instituição escolar se torna híbrida, em algumas áreas de intervenção, aproximando-se e ocupando domínios que outrora excluíra, se articula e adquire valências conjugadas com outras instituições de formação; no entanto, como referimos, este é um processo selectivo e acompanhado pelo reforço da desvalorização dos percursos formativos não escolares" (Antunes, 2005b). Também sobre discursos e projectos em educação, privilegiando o debate sobre o ensino profissional na escola pública, estudamos o confronto e as implicações de distintas opções em Antunes (1998).

centralidade, compondo uma outra cadeia, qualificação-(des)emprego/ empregabilidade-competências; propõe-se a "Reforma do modelo de formação inicial e de requalificação de activos, para aumentar os níveis de sucesso escolar, reforçar a empregabilidade e aumentar a base de competências disponíveis para a modernização do tecido produtivo e do serviço público (PNACE, 2006: 7).

Também o lançamento da Iniciativa Novas Oportunidades e a recém--criada Agência Nacional para a Qualificação, que não analisamos, criam um quadro onde a *regra qualificacionista*, qual imparável maré, ameaça deixar muito pouco espaço para que as acções desenvolvidas neste âmbito possam acolher e desenvolver outras lógicas que não a de constituir e avaliar um catálogo de competências ou uma carteira de créditos: "uma iniciativa integrada para a qualificação da população e a criação de competências para as empresas, intitulada "Iniciativa Novas Oportunidades", visando adequar a formação inicial dos jovens aos desafios e às necessidades do País, apostar na certificação e na requalificação de activos, reforçar o ensino tecnológico e investir mais e melhor na aprendizagem ao longo da vida" (PNACE, 2006: 7).

Mas os cursos de acção actualmente lançados são interpelados ainda por outras preocupações. A dominância da orientação que antes designámos de uma *política para/segundo a economia* terá verificado uma nova e vincada turbulência com o desenvolvimento desta recente Iniciativa; a acentuada pressão das metas quantitativas a atingir sobre a política denuncia a poderosa e obcecante determinação pelo *comparativismo globalizador* (Cussó & D'Amico, 2005). A *distância que separa*, o outro nome dos *défices*, descentra o olhar e a acção dos agentes para longe dos territórios e das dinâmicas de desenvolvimento destes, direccionando-os para os indicadores de posicionamento na competição.

Ambivalências: dos programas de acção à acção dos programas e aos programas em acção

A terceira sugestão ou nota de leitura quanto à *educação/aprendizagem ao longo da vida* em Portugal diz respeito exactamente à já mencionada ambivalência de referências a uma *política social multidimensional* e/ou a uma *política para/segundo a economia*. A evocação de alguns momentos e aspectos dos processos de lançamento da ANEFA e do Sistema de RVCC são suficientes para sugerir a hipótese de que aquelas duas orientações se combinaram e conflituaram desde, pelo menos, 1998 em Portugal. Entendemos, por outro lado, que – e esta é a quarta nota – este percurso foi marcado pela progressiva migração da primeira orientação, desde uma presença transversal a diversos níveis do sistema até aparentemente uma acantonação à presença resistente no terreno de acção e do debate, com perda clara de influência na decisão central.

Assim, segundo Alberto Melo, a ligação às comunidades locais, a participação e a mobilização dos actores sociais locais constituíram referências importantes para definir as entidades acolhedoras dos CRVCC, na convicção de que tais condições favoreceriam o desenvolvimento de práticas e metodologias promotoras da ELV (cf. Melo, 2006: 185). Hoje, no entanto, os activistas de práticas da E/ALV referenciáveis a uma *política social multidimensional* têm uma presença diminuída, de resistência e em franco retrocesso, tendo em conta o processo de ampliação desmesurada de certos sistemas e ofertas (SRVCC e sistema de ensino profissional ou oferta de Cursos de Educação e Formação em variados contextos institucionais) na desesperada tentativa de cumprimento das metas estatísticas – megalómanas ou ambiciosas, segundo a óptica do observador.

O conflito entre posicionamentos tornou-se mais vincado e, nesse sentido, a ambivalência e a compatibilização de orientações estará (?) em vias de metamorfose ou desvanecimento. Chegados a 2007, o texto de uma petição em formato digital, promovida por alguns antigos e actuais responsáveis e/ou activistas da educação de adultos/aprendizagem ao longo da vida, afirma que:

> "Desde 2002, temos sido testemunhas impotentes de um processo de progressiva degradação deste Sistema, pelo abandono a que foi votado entre 2002 e 2005 e pela actual política governamental. Esta, numa evidente contradição entre os enunciados objectivos políticos de reforço e multiplicação e as medidas de implementação, que o empobrecem e instrumentalizam, tem vindo a adulterar os princípios fundadores do Sistema de RVCC, pondo em causa a sua missão essencial, minando a sua eficácia e comprometendo gravemente o valor social dos diplomas por ele emitidos"[28].

A alteração do sentido e da missão das inovações emblemáticas deste período e desta política de EFA/ALV é apontada acusadoramente

---

[28] In http://www.petitiononline.com/rvcc/petition.html, consultado em 19 de Fevereiro de 2007.

como perversão da actual orientação política. Por seu lado, a Iniciativa Novas Oportunidades definiu ambiciosos alvos, com um calendário e um processo de produção bem claros para os rebaptizados e os numerosos recém-criados Centros Novas Oportunidades. Não parecem restar grandes dúvidas de que o Plano Tecnológico que lhe dá guarida e a produtividade que lhe é exigida ("qualificar 1 000 000 de activos", dos quais cerca de 860 000 entre 2007 e 2010 – 300 000 através de Cursos de Educação e Formação de Adultos e 560 000 no âmbito do Sistema de RVCC[29]) constituem imagens emblemáticas da sua forte vinculação às políticas económicas (e de emprego) e a bem mais lassa filiação em preocupações sociais; a forte determinação técnica exibida pela concepção do programa é aqui um poderoso facto político: as metas estatísticas constituem o alfa e o ómega, a verdade, da política e é essa particular abstracção da realidade dos processos sociais implicados que parece impor novos sentidos para a E/ALV em Portugal:

> "Iniciativa Novas Oportunidades. Esta iniciativa tem como objectivo reconquistar os jovens e os adultos que saíram precocemente do sistema educativo. Ao nível dos jovens, pretende-se fazer do 12.º ano o referencial mínimo de formação para todos. Ao nível dos adultos, o esforço será centrado na sua qualificação contínua e na certificação de competências. Neste esforço integra-se, também, a valorização do ensino secundário – com o correspondente aumento da sua atractividade – e o reforço da oferta de formações tecnológicas, vocacionadas e profissionais, também em regime pós-laboral. Impõe-se, igualmente, o reforço da oferta do ensino recorrente (ensinos básico e secundário)" (Plano Tecnológico: 18).

A submissão e a redução da política de *educação/aprendizagem ao longo da vida* à *regra da qualificação*, a perseguição das metas estatísticas, a *vocacionalização* do insucesso subsequente à desvalorização do trabalho assomam como faces dos modos de apropriação e construção do objecto político-cognitivo E/ALV, entre nós e por parte dos decisores de topo e dos programas que esses actores desenham e assumem. Eis ainda alguns dos modos como os processos de *europeização* articulam especificidades das realidades portuguesas, elos duma cadeia que precisa ser seguida com insistência e lucidez.

---

[29] Cf. http://www.min-edu.pt/ftp/docs_stats/n_1127387587500.pdf, consultado em 4 de Abril de 2007.

Procurámos apreender sentidos e dimensões mais acentuados do objecto E/ALV, tal como aparecem desenhadas em programas que apresentam políticas e constroem discursos. Constituem *o texto da política* (cf. Bowe, Ball & Gold, 1992: 19-23). Aqueles programas adquirem a sua acção própria influenciando o campo em que as práticas se confrontam com os textos, as condições e relações sociais que as constroem[30]. A apropriação do objecto político-cognitivo E/ALV e a constituição do campo das práticas são suficientemente heterogéneos e complexos para justificar e suscitar um estudo autónomo. Este poderá documentar se a ambivalência de orientações atrás mencionada se reconhece e se reproduz nos processos e resultados das acções em curso ou se figura antes como uma promessa sempre adiada, à maneira dos rios que morrem na praia sem nunca chegar a desaguar.

4. **Educação/aprendizagem ao longo da vida, o poliedro irregular: regime, instituições, biografias e subjectividades**

Ensaiamos compreender as realidades educacionais nos termos de dois campos de pesquisa que proporcionam um significativo e clarificador acervo de estudos, debates e instrumentos teórico-conceptuais. As mutações do capitalismo têm vindo a inscrever-se no campo da educação através de uma *agenda globalmente estruturada* que persegue a *constitucionalização neo-liberal*, ensaiando novos quadros regulatórios, desenhando inéditas realidades e contextos de acção políticos: os *Processos de Bolonha* e *Copenhaga*, o *Programa Educação & Formação 2010*, o *espaço europeu de educação* e a *aprendizagem ao longo da vida* constituem desenvolvimentos cujos nexos com processos económico-políticos, como o mercado interno de serviços da União Europeia ou o AGCS da OMC, ou a sustentação de evocadas *economia* e *sociedade do conhecimento* parecem muito nítidos.

---

[30] Assim se constitui uma constelação de nexos entre cursos e círculos de acção relativamente autónomos, na medida em que não há determinações, mas delimitações e constrangimentos entre eles. São estes diversos círculos de acção política que mencionamos com as expressões *programa de acção/acção do programa/programa em acção*.

Por outro lado, as transformações da modernidade, que sublinham o lugar da aprendizagem em todas as relações sociais e colocam a *reflexividade* no âmago das interacções de actores e estruturas, aliam-se ainda à omnipresença do *risco* na existência dos indivíduos; desse modo, a *falácia epistemológica da modernidade tardia*, ancorada na *individualização* das biografias e da reprodução social, participa da *ambivalência* básica das nossas sociedades. A simultânea abertura de espaços de autonomia, participação e identidade e a multiplicação dos riscos e das desigualdades, bem como do autoritarismo e do controlo sociais conectam as propostas de leitura da *aprendizagem ao longo da vida* como *condição existencial* experienciada profusamente por (quase) todos nós ou ainda como *necessidade estrutural* face às condições em que vivemos.

Parece, então, datarem de há já mais de uma década algumas orientações e indícios sugestivos de movimentos de reordenação dos sistemas e sectores de educação no contexto comunitário e mundial. Hoje tornou-se claro que os projectos siameses de *aprendizagem ao longo da vida* e *espaço europeu de educação* contêm a ambição de edificar novos contornos, instituições, processos e relações sociais de educação: uma *ordem* e *modelos mundiais*, envolvendo uma *governação pluriescalar* e novas relações sociais em educação (cf. Laval & Weber, 2002; Dale, 2005a, 2005b; Field, 2000).

1. Nesta conjuntura, as bandeiras-projecto de *aprendizagem ao longo da vida* e de edificação do *espaço europeu de educação* emergem como reordenações do espaço político-económico-cultural da União Europeia e da sua governação, bem como dos espaços, dos tempos, dos contextos e da inscrição biográfica da educação. Estes projectos procuram afirmar, firmar e legitimar conexões entre a governação dos territórios, da educação, das biografias e dos indivíduos (cf. Lawn, 2003).

Desse modo, a construção, discursiva e política, da *aprendizagem ao longo da vida* como estratégia de mudança dos sistemas de educação e formação e enquanto projecto de gestão das mudanças sociais que configuram os processos de *globalização* e *individualização* tem vindo a substanciar o reposicionamento da educação num novo *modo de regulação*, distanciando-se das intervenções colectivas corporizadas nos sistemas nacionais que conhecemos ao longo do século XX. Nesse sentido, este é um tempo de transição em que se afirmam, negoceiam e digladiam processos, projectos e percursos de construção de uma *nova ordem educacional mundial* e *novos modelos educativos mundiais* de que a *educação/aprendizagem ao longo da vida* é um dos eixos e pode revelar-se um analisador e um catalisador de horizontes prováveis e possíveis em negociação.

2. Conferimos como, e reforçando argumentos de alguns analistas, a ALV vem sendo construída enquanto objecto discursivo, cognitivo e político, em documentos da UE, acentuando conexões com políticas económicas (e de emprego) enquanto as preocupações sociais dificilmente excedem a reparação do *laço social*; enfatizando mudanças que desenham *novas institucionalidades* em educação maioritariamente centradas nos *encontros* dos indivíduos com as ofertas e oportunidades de aprendizagem e descurando a responsabilidade de actuação do estado através de projectos colectivos de intervenção nos mecanismos de alocação social; sublinhando novas ordenações biográficas, territoriais e políticas (em particular aquelas que destacam a mobilidade entre formações e empregos, entre países, entre sectores educacionais; as parcerias entre níveis da administração pública e entidades, o espaço europeu de educação...). De resto, a insistência num *mandato*, agora reformulado como "o duplo papel – social e económico – dos sistemas de educação e de formação", no contexto da "revisão intercalar da estratégia de Lisboa" em 2005, sugere com total veemência certas dimensões em que a educação é redesenhada e reposicionada no quadro da *regulação social*: a sustentação da *economia do conhecimento* e a reparação do *laço social* são vectores determinantes, enquanto este último aspecto é operacionalizado quer numa vertente de redistribuição de rendimento (através de bolsas de formação, por exemplo), quer de controlo social (a ênfase na motivação e na empregabilidade, por exemplo); por outro lado, a preocupação com as *segundas* oportunidades e a prevenção ou acção face ao *risco* social vincam bem a tónica na dimensão assistencialista da educação e formação como política social.

3. Procurando apreender elementos dos modos como este objecto político-cognitivo foi apropriado em Portugal, seleccionamos alguns documentos e programas políticos centrais desde 2000 até ao momento. Argumentamos que os programas do governo português apresentam a E/ALV como um instrumento de mudança dos sistemas de educação e formação (SEF's) – desenhando novas institucionalidades –, no quadro de políticas económicas e de emprego, para responder às novas condições do capitalismo, através de oportunidades de aprendizagem alargadas.

A análise do conteúdo daqueles documentos permitiu propor algumas sugestões de interpretação sob a forma de:
(i)   quatro observações;
(ii) uma cronologia em três momentos;
(iii) a leitura da ambivalência inicial de orientações políticas;
(iv) o actual alinhamento pela *regra da qualificação* dos sistemas, medidas e objectivos.

Aqui propomos o argumento de que aquela ambivalência resulta da conjugação conflitual em Portugal, desde 1998 até ao momento, de duas orientações na construção do objecto *educação/aprendizagem ao longo da vida* e do campo de discursos, políticas e práticas que o configuram; são elas: uma política social multidimensional, por um lado e uma política para/segundo a economia, por outro. Queremos ainda sublinhar que não encontramos correspondência entre os *programas de acção*, a *acção dos programas* e os *programas em acção*. Como defendemos antes, estes três níveis de acção política articulam-se e desdobram-se através de mediações que nunca permitem traduções lineares. Assim: (i) os *programas de acção*, os textos analisados[31], realçam a E/ALV votada a suprimir *défices de qualificação*, no quadro de políticas económicas e de emprego, para sustentar a economia e sociedade do conhecimento; (ii) a *acção dos programas* (o que permitem, o que capacitam) pode ter criado espaços e condições em que se opera a articulação da *regra da qualificação* com a intervenção para a coesão social. Esta conexão, através da focalização na *empregabilidade* (?), ensaia favorecer a reparação do *laço social*, fragilizado por múltiplos abalos fracturantes recentes na sociedade portuguesa (da desindustrialização ao desemprego e às deslocalizações de empresas, do abandono do modo de vida rural à mutação do paradigma agrícola ou à desertificação, depressão e morte social do interior do país). Pode-se ainda sugerir que o estudo dos *programas em acção* não deixará de indicar, como alguns estudos empíricos já apontam, complexas interacções e modalidades devedoras dos sentidos atrás referidos; hão-de, porventura,

---

[31] Recordamos que ensaiamos a leitura analítica do conteúdo do Plano Nacional de Emprego, 2001; do Plano Nacional de Emprego 2005-2008 e do Programa Nacional de Acção para o Crescimento e Emprego (PNACE 2005/2008). Relatório do 1.º ano de execução.

Globalização e Individualização 175

tomar forma tensões entre aspirações à capacitação dos formandos, à ampliação da cidadania e da autonomia dos sujeitos envolvidos e um ambíguo processo de socialização e recriação de subjectividades – através de uma consciencialização de apaziguamento e reconciliação com o percurso individual, a biografia e as condições sociais de existência[32]. Desafios e sombras que só a investigação alongada, cuidada, crítica e rigorosa poderá enfrentar.

---

[32] Esta última hipótese (socialização e subjectividades) agora esboçada resultou de debates desenvolvidos num grupo de estudantes que frequentou uma disciplina que leccionei. Trata-se de Políticas Educativas II (*Nova ordem educacional, Espaço Europeu de Educação e Aprendizagem ao Longo da Vida: actores, processos e instituições*), da 4ª edição (2006/07) do Mestrado em Sociologia da Educação e Políticas Educativas, designadamente aquelas discussões que incidiram sobre material empírico trazido pela Paula Guimarães.

ÚLTIMAS NOTAS

Do ponto de vista da análise das políticas educativas, duas notas sobressaem em epígrafe à ideia de que o capitalismo da *modernidade reflexiva* está a forjar uma nova ordem educacional:

(i) esta nova ordenação das relações sociais na esfera da educação é pluriescalar, verificando um acentuado protagonismo do nível supranacional;

(ii) o *défice democrático* e a *democracia limitada* (Cox, 1996: 303) no espaço europeu têm também naquele sector uma expressão significativa: acentua-se exponencialmente a importância das plataformas intergovernamentais como *fora* de decisão e dos processos supranacionais de entendimento e acção cooperativa[1],

---

[1] O sentimento de exclusão, manipulação e estupefacção, perante medidas que chegam aos actores no terreno como ordens a cumprir, é tanto maior quanto estes processos levam anos de desenvolvimento, a informação disponível nunca foi tanta e, por vezes, são até mencionados períodos de consulta pública. A verdade é que uma das percepções possíveis é que a cooperação supranacional foi cooptada pelas elites políticas (e económicas) que dominam as redes, os meios e os recursos de circulação e de informação, deixando a esmagadora maioria das populações do planeta a séculos-luz da sua capacidade de produzir acontecimentos e resultados que frequentemente os actores, individuais e colectivos, no terreno, não têm sequer capacidade de acompanhar quanto mais de reagir. Ainda que os processos sejam variáveis, dependendo dos contextos nacionais, a *bi-polarização excludente* dos sistemas políticos – com as populações e os actores no terreno mantidos à distância de toda a capacidade de influenciar, discutir ou participar no processo de decisão e as elites políticas e económicas, assessoradas por corpos técnicos, constituindo redes de decisão *ad-hoc* e *à medida*, apoiadas e legitimadas pelos órgãos nacionais – é um dos factos maiores da ordem educacional em construção, aqui apenas sinalizado. Os aparelhos políticos nacionais podem funcionar, nestes casos, como sistemas de exclusão legitimada da decisão, na medida em que, ratificando-os, permitem atribuir valor democrático a processos que, de outra forma, surgiriam como puras imposições

concorrendo para a exaustão dos processos estabelecidos de produção de políticas nacionais (consultas e debates públicos, diálogo/negociação social, debates parlamentares).

Assim, o processo de mudança pode acentuar, e tem acentuado, por acção ou omissão, a corrosão de sistemas políticos nacionais, designadamente nas suas dimensões e instituições de negociação de interesses, de classe ou outros, de expressão nacional. Dessa forma, as medidas políticas aqui analisadas foram implementadas no nosso país sem negociação com os sindicatos de professores, por exemplo, sem debate, digno desse nome, interno ou com os representantes das instituições de ensino e formação.

Nesse sentido, e dado que as novas práticas de *governação* se relacionam também com reacções e respostas dos actores no terreno e a partir da *base* (cf. Dale, 2005a: 61), a refundação e o aprofundamento da democracia passarão não por questionar o que aquelas afirmam (as parcerias, a cooperação, a pluralidade), mas por interpelar o que elas silenciam: o conflito e a exclusão de interesses e o papel do Estado nacional e da autoridade pública (cf. Santos, 2005: 14).

Não deixa de ser notável que a abordagem adoptada pelas instâncias de *governação* europeia para desencadear a mudança educativa, os *Processos* e o *método aberto de coordenação*, estejam directamente envolvidos com a corrosão ou alteração de certas dimensões dos sistemas políticos nacionais e a construção do sistema político europeu. Não nos é possível neste momento descrever e apreender conceptualmente os precisos contornos destas últimas e mais vastas transformações. É notório, no entanto, que em questão estão, por um lado, a selecção, a representatividade e a legitimidade dos interesses que são admitidos ou excluídos no círculo de influência da política, e, por outro, a determinação dos fins e processos de controlo e transparência da acção política (Burns, 2004: 154 e ss.). Os *Processos* (*de Bolonha e Copenhaga*) e o *método aberto de coordenação* (associado ao Programa *Educação & Formação 2010*) testemunham assim, pela via das mudanças educativas que protagonizam,

---

(*vide* o *Processo de Bolonha* e a ratificação sumária das opções políticas implicadas, designadamente pela alteração da Lei de Bases do Sistema Educativo em Assembleia da República, sem um debate substantivo).

transformações sócio-políticas de regime nas nossas sociedades. O que, de resto, não será novidade, dado o processo de progressiva construção da UE como entidade política inédita, não apenas na sua morfologia, como é muito evidente, mas na substância da sua democracia.

No quadro do debate sobre a refundação da democracia, da representação, da transparência e da legitimidade, interessaria perguntar, por exemplo, quais os processos pelos quais se acede, nesses contextos, à representação de interesses e quais os princípios de selecção mobilizados para legitimar a inclusão e exclusão de actores e interesses? Como são seleccionados os actores e interesses que participam do "círculo de parceria/governação" (Santos, 2005: 20)? As novas feições do nosso sistema político, que alguns designam como de "democracia orgânica" (Burns, 2004: 126), se parecem apresentar e representar múltiplas oportunidades e formas de democracia participativa, permitem também a emergência de novas formas e situações de exclusão e de abuso de poder perniciosas para os sistemas democráticos. Pelo que faz sentido questionar quem representa quem, responde a quem e avalia quem, mas também investigar os silêncios, as ausências e exclusões dos antigos e novos sistemas e processos de representação e de participação. Não para recusar as perturbações e turbulências das formas emergentes, mas para contribuir para um pensamento e acção reflexivos no seio delas.

Como se vem sublinhando, uma das mais importantes formas pela qual a educação tem vindo a ser reposicionada nas suas relações com as estruturas sociais consiste nas alterações sofridas ao nível da sua *governação*; esta tem vindo a assumir um padrão pluriescalar e formas compatíveis com a coordenação social de mercado, um e outras congruentes com desenvolvimentos associados quer à constituição do mercado interno de serviços na União Europeia, quer com o *Acordo Geral de Comércio de Serviços*.

O novo quadro regulatório, baseado no reconhecimento, garantia de qualidade e acreditação, associado à combinação de escalas supranacional, subnacional e nacional, poderá vir a favorecer, num futuro mais ou menos próximo, o desenvolvimento de múltiplos arranjos institucionais para os sectores do ensino superior e do ensino e formação profissionais, mais ou menos propícios à vinculação directa ao apoio ao processo de acumulação e ao mercado ou à cooperação cosmopolita segundo modalidades a discernir. Neste contexto é necessário introduzir a problemática da educação como direito social, para examinar como se configuram os efeitos desta nova ordenação das relações sociais da educação para a regulação da produção e distribuição da educação, nos termos deste novo *pacto* Estado-sociedade civil. Tal permitir-nos-á inquirir como aparece reordenada a equação da *regulação*, por exemplo, nos termos do balanço entre os direitos e os deveres dos cidadãos-produtores de educação e os direitos e os deveres dos cidadãos-beneficiários, individual e colectivamente considerados. A discussão poderá ser ainda alargada para perceber quais os efeitos desta reordenação da *regulação* quando olhada do ângulo da definição da educação como bem público, como bem privado e como direito social.

Dos arranjos institucionais mencionados, com as suas vinculações, dependerá em boa medida o que continuaremos a entender como educação: um bem transaccionável de acesso condicionado à capacidade aquisitiva dos clientes ou um direito humano universal, a educação continuará provavelmente envolvida com a criação e o desenvolvimento dos sujeitos e das comunidades humanas. Nessa medida, a *educação/aprendizagem ao longo da vida* e o *espaço europeu de educação* contêm aspirações e virtualidades que os constituem como objectos e projectos político-cognitivos em tensão e portadores de conflitos e ambivalências que continuaremos a confrontar sob a forma de dilemas e contradições inscritos nos contextos de acção, nas opções e práticas políticas, teórico-científicas e profissionais.

A centralidade estratégica, para a *economia/sociedade do conhecimento*, da educação/aprendizagem ao longo da vida, enquanto lugar de formação do capital humano e social, parece fundar o reposicionamento da educação na *regulação* social. Nesse sentido, um modelo produtivista e instrumental de ordenação das relações sociais de educação apareceria consonante com esta agenda estruturada por pressões de competitividade global. Do mesmo modo, a *individualização*, quer das relações sociais de educação, quer da relação salarial apresentam-se como movimentos concomitantes e potencialmente congruentes com a reestruturação económica em torno de um novo *regime de acumulação* liberto das regulações impostas pela negociação política e as convenções colectivas antes associadas à constituição da *qualificação* e de outras componentes da relação salarial. Por outro lado, a relevância crescente das competências face aos conhecimentos e dos contextos informais e não-formais de aprendizagem suscita questionamentos em torno da dualização da distribuição e apropriação dos saberes sociais. Se, como argumentamos, os sentidos projectados das mudanças impulsionadas parecem apontar individual e conjuntamente para a criação de condições funcionais a uma nova organização da economia, o que, neste momento, é possível saber é que essa constitui uma dimensão que influencia o terreno em que os actores e protagonistas com diferentes poderes e interesses interagem. Pelo que o impacto das iniciativas que pretendem viabilizar tais mudanças, designadamente aquelas atrás discutidas e relacionadas com o *Processo de Copenhaga*, não é ainda suficientemente conhecido, quer porque se encontra no seu início, quer porque está por acontecer.

Em todo o caso, se encontramos projectos de transformação social hegemónicos e poderosas organizações empenhadas na sua difusão, promoção ou mesmo imposição, a verdade é que a assimetria de poder e influência que retalha os actores globais não elimina os contendores fragilizados que, por vezes, se tornam mais impressivamente presentes. Os modelos mundiais que disputam o horizonte de mudança atravessam a Europa, os órgãos e as agendas europeias. Poderíamos mesmo argumentar que a *economia/sociedade do conhecimento*, um projecto algo enigmático, pode conter múltiplas vias no prosseguimento das quais o tão evocado modelo social europeu se refunda, reinventa ou esvazia. Nos embates que por vezes assomam à escala nacional, nas vicissitudes aparentemente episódicas, nas hesitações das políticas educativas manifestam-se comunidades interpretativas, mais ou menos coerentes face a projectos e modos de fazer e desenvolver a educação. O caso do regime jurídico da habilitação para a docência em Portugal, e as suas conexões europeias e mundiais, é apenas um esclarecedor processo quanto a algumas tendências e percursos metodológicos promissores para a análise das políticas educativas: cruzando olhares entre o local/nacional, europeu/ /regional e global/mundial. O olhar bi-direccional pode facilitar a escalpelização dos sistemas políticos nacional, europeu e mundial e salientar nós de exclusão de actores e interesses e potenciais de desenvolvimento de protagonismos e projectos.

Tende a ser, assim, reposicionada a educação no quadro do *regime de acumulação* emergente: numa fase conhecida como de *economia/ /sociedade do conhecimento*, a política de educação traduz a centralidade (identitária, biográfica e institucional) do conhecimento e da formação. A *aprendizagem ao longo da vida* é a fórmula emblemática adoptada como mote para este programa de gestão de mudanças sociais, com realce maior para os sistemas de educação e formação. A *educação/aprendizagem ao longo da vida* incorpora as ambivalências, quer do seu tempo/espaço de *modernidade tardia* e *reflexiva* ocidental, quer do projecto de *economia/sociedade do conhecimento* de que adoptou por agora a filiação: as coordenadas que se oferecem para o enquadramento geral da educação são as políticas económicas para a competitividade e as políticas sociais focadas na sustentação da coesão social básica, envolvendo inclusão e controlo sociais. Nos próximos tempos, podem apresentar-se como desenvolvimentos possíveis:

(i) a mobilidade como projecto cosmopolita individual, colectivo e mundial ou como circulação sem fronteiras para maximizar as trocas;

(ii) a educação como formação dos sujeitos e comunidades ou como informação codificada, medida, classificada e integrada em circuitos produtivos;

(iii) a biografia como obra de autor e *locus* de risco obrigatório.

O poliedro irregular mostra-se a figura mais sugestiva para o objecto político-cognitivo da *aprendizagem ao longo da vida*: as subjectividades, as instituições e o regime político são pontos de ancoragem que sustentam as nossas formações sociais e que aparentemente estão também envolvidos nas práticas e políticas de aprendizagem ao longo da vida. Aquelas, mostrando-se heterogéneas, aparecem envoltas na sombra da agenda da competitividade económica, sem nela se subsumir. A leitura de documentos de referência europeus aponta preocupações dominantes com a dupla agenda da competitividade económica e da coesão social, com o eventual desencontro de escalas relevantes para uma e outra. Uma discussão que fica é a exploração de quais são os níveis, os actores, os interesses e as regras de enquadramento em destaque para uma e outra. O desafio consiste ainda em entender e conferir sentido à miscelânea de orientações, condições e interacções em que evoluem as políticas e as práticas de educação, formação e aprendizagem ao longo da vida.

REFERÊNCIAS BIBLIOGRÁFICAS

AAVV (2005). *Ensino Médio e Ensino Técnico no Brasil e em Portugal. Raízes Históricas e Panorama Actual*. Campinas: Autores Associados.

AFONSO, Almerindo J. & ANTUNES, Fátima (2001). Educação, cidadania e competitividade: questões em torno de uma nova agenda. *Cadernos de Pesquisa*, n.º 113, pp. 83-112.

AFONSO, Almerindo J. (1998). *Políticas Educativas e Avaliação Educacional*. Braga: Universidade do Minho.

AFONSO, Almerindo J. (1996). A avaliação dos professores: um novo desafio ao profissionalismo. *Rumos*, n.º 9, edição de Março/Abril de 1996, p. 6.

AFONSO, Almerindo J. (2003). Atacar a escola pública e os professores é uma forma de abrir caminho a políticas de privatização do ensino (entrevista). *Jornal da Fenprof*, n.º 186, pp. 37-41.

AGLIETTA, Michel (1997). *Régulation et Crises du Capitalisme*. Paris: Éditions Odile Jacob.

ALMEIDA, João F. (2003). Contextos, regularidades e aprendizagens sustentáveis. In AAVV, *Cruzamento de Saberes, Aprendizagens Sustentáveis*. Lisboa: Fundação Calouste Gulbenkian, pp. 195-206.

ALVES, Giovanni (2006). Crise estrutural do capital, trabalho imaterial e modelo de competências: notas dialéticas. In AAVV, *Trabalho e Educação. Contradições do Capitalismo Global*. Maringá: Editorial Praxis, pp. 47-81.

AMARAL, Alberto (2002a). À conversa com o Prof Dr. Alberto Amaral. Bolonha: o que está em jogo? (entrevista). *Ensino Superior*, n.º 45, Suplemento ao *Jornal da Fenprof* n.º 175, Janeiro de 2002, pp. 8-12.

AMARAL, Alberto (2002b). O viagra dos ministros fracos. *DNE Ensino*, edição do *Diário de Notícias* de 5 de Julho de 2002, pp. 92-93.

AMARAL, Alberto (2004). Conferência apresentada na Faculdade de Economia da Universidade do Porto em 22 de Novembro de 2004 (texto policopiado).

AMARAL, Alberto & MAGALHÃES, António (2004). Epidemiology and the Bolonha saga. *Higher Education*, 48, pp. 79-100.

ANDERSEN, Svein S. & ELIASSEN, Kjell A. (1993a). The EC as a new political system. In Svein S. Andersen & Kjell Eliassen, *Making Policy in Europe: the Europeification of National Policy-making*. Londres: Sage, pp. 3-18.

ANDERSEN, Svein S. & ELIASSEN, Kjell A. (1993b). Policy-making in the new Europe. In Svein S. Andersen & Kjell Eliassen, *Making Policy in Europe: the Europeification of National Policy-making*. Londres: Sage, pp. 255-263.

ANTUNES, Fátima (1996). Uma leitura do «Livro Branco» (sobre «crescimento, competitividade e emprego») do ponto de vista da educação. *Educação, Sociedade e Culturas*, n.º 6, pp. 95-115.

ANTUNES, Fátima (1999a). A comunidade/união europeia e a *transnacionalização* da educação: elementos para debate. In Albano Estrela & Júlia Ferreira (orgs), *Educação e Política* (2.º vol.), actas do II Congresso Internacional da AIPELF/AFIRSE. Lisboa: AFIRSE Portuguesa/ Faculdade de Psicologia e Ciências da Educação, pp. 855-868.

ANTUNES, Fátima (1999b). Orientações e mudanças para a educação no contexto comunitário: alguns elementos e breves anotações. In AAVV, *Investigar e Formar em Educação* (1.º vol.), actas do IV Congresso da SPCE. Porto: Sociedade Portuguesa de Ciências da Educação, pp. 399-412.

ANTUNES, Fátima (2000a). Novas diferenciações e formas de governação em educação: o processo de criação das Escolas Profissionais em Portugal. *Revista Brasileira de Política e Administração da Educação*, vol. 16 (1), pp. 31-45.

ANTUNES, Fátima (2000b). Novas instituições e processos educativos. A reforma portuguesa do ensino secundário no contexto comunitário (1988-1996). In José A. Pacheco (org.), *Políticas Educativas. O Neoliberalismo em Educação*. Porto: Porto Editora, pp. 109-134.

ANTUNES, Fátima (2001). Os locais das escolas profissionais: novos papéis para o Estado e a europeização das políticas educativas. In S. R. Stoer; L. Cortesão & J. A. Correia (orgs.), *Transnacionalização da Educação. Da Crise da Educação à "Educação" da Crise*. Porto: Afrontamento, pp. 163-208.

ANTUNES, Fátima (2004a). *Políticas Educativas Nacionais e Globalização. Novas Instituições e Processos Educativos. O Subsistema de Escolas Profissionais em Portugal (1987-1998)*. Braga: Universidade do Minho.

ANTUNES, Fátima (2004b). Novas instituições e processos educativos: a educação e o modo de regulação em gestação. Um estudo de caso em Portugal. *Educação & Sociedade*, 87, pp. 481-511.

ANTUNES, Fátima (2005a). A agenda oculta da qualificação de recursos humanos: análise em torno de um estudo de caso. *Revista de Educação*, vol. XIII, n.º 1, pp. 107-132.

ANTUNES, Fátima (2005b). Europeização e reconfiguração da educação: projectos, sentidos e desafios. Comunicação apresentada no painel "Políticas Educativas: Desafios Europeus" do VIII Congresso da Sociedade Portuguesa de Ciências da Educação, *Cenários da Educação/Formação: Novos Espaços, Culturas e Saberes*. Castelo Branco, 7 a 9 de Abril de 2005.

ANTUNES, Fátima (2006). Das políticas europeias às políticas nacionais. Educação e professores em transição – dúvidas, incógnitas e *Princípios Comuns*. Comunicação apresentada no painel "Das políticas europeias às políticas nacionais: perspectivas futuras" do *Encontro sobre Desenvolvimento Profissional Docente: Perspectivas Europeias*. Braga, Universidade do Minho, 26 de Abril de 2006.

APPLE, Michael W. (1988). Work, class and teaching. In Ozga, Jenny (ed.), *Schoolwork. Approaches to the Labour Process of Teaching*. Milton Keynes: Open University Press, pp. 99-115.

ARAÚJO, Helena Costa (2000). *Pioneiras na Educação. As Professoras Primárias na Viragem do Século, 1870-1933*. Lisboa: Instituto de Inovação Educacional.

BARROSO, João. Les mutations de «l'État éducateur»: de la raison visible de l'État à la 'main invisible' du marché. Conferência apresentada ao Séminaire Printemps. Porto/Faculdade de Psicologia e Ciências da Educação, 3 e 4 de Abril de 2003 (texto policopiado).

BECK, Ulrich (1992), *Risk Society. Towards a New Modernity*. Londres: Sage.

BEUKEL, Erik (1993). Education. In Svein S. Andersen & Kjell Eliassen, *Making Policy in Europe: the Europeification of National Policy-making*. Londres: Sage, pp.155-170.

BORG, Carmel & MAY, Peter (2005). The EU memorandum on lifelong learning, old wine in new bottles? *Globalisation, Societies and Education*, vol. 3, n.º 2, pp. 203-225.

BOURDIEU, Pierre (1977). *Outline of a Theory of Practice*. Cambridge: University Press.

BOURDIEU, Pierre (1989). *O Poder Simbólico*. Lisboa: Difel.

BOURDIEU, Pierre (1998). A Escola conservadora: as desigualdades frente à escola e à cultura. In P. Bourdieu, *Escritos de Educação* (antologia organizada por Maria Alice Nogueira & Afrânio Catani). Petrópolis: Vozes, pp. 38-64.

BOWE, Richard; BALL, Stephen J.; GOLD, Anne (1992a). The policy process and the process of policy. In Richard Bowe; Stephen J. Ball (with Anne Gold), *Reforming Education and Changing Schools. Case Studies in Policy Sociology*. Londres: Routledge, pp. 6-23.

BOWLES, Samuel & GINTIS, Herbert (1985). *La Instrucción Escolar en la América Capitalista*. Madrid: Siglo Veintiuno de España Editores.

BOYER, Robert & HOLLINGSWORTH, J. Rogers (1997). From national embeddedness to spatial and institutional nestedness. In J. R. Hollingsworth & R. Boyer (orgs.), *Contemporary Capitalism. The Embeddedness of Institutions*. Cambridge: Cambridge University Press, pp. 433-483.

BOYER, Robert (1987). *La Théorie de la Régulation: une Analyse Critique*. Paris: La Découverte.

BOYER, Robert (2000). Reformas institucionais para o crescimento, emprego e coesão social. Elementos para uma agenda europeia e nacional. In AAVV, *Para uma Europa da Inovação e do Conhecimento. Emprego, Reformas Económicas e Coesão Social.* Oeiras: Celta, pp. 127-180.

BRINE, Jacky (1998). The European Union's discourse of 'equality' and its education and training policy within the post-compulsory sector. *Journal of Education Policy*, vol. 13, n.º 1, pp. 137-152.

BUCHBERGER, Friedrich (2000). Teacher education policies in the European Union: critical analysis and identification of main issues. In Campos, Bártolo Paiva (coord.), *Teacher Education Policies in the European Union.* Lisboa: Portuguese Presidency of the Council of the European Union/Ministry of Education/ European Network on Teacher Education Policies, pp. 9-49.

BUENO, Sylvia (2000). Orientações nacionais para a reforma do ensino médio: dogma e liturgia. *Cadernos de Pesquisa*, n.º 109, pp. 7-23.

BUENO, Sylvia (2006). Descentralização do ensino: para além do consenso. In P. Quaglio; G. Z. A. Maia & L. M. Machado, *Interfaces entre Política e Administração da Educação. Algumas Reflexões.* Marília: Fundepe Publicações, pp. 86-134.

BURNS, Tom (2004). O futuro da democracia no contexto da globalização e da nova política. In José Manuel Leite Viegas; António Costa Pinto e Sérgio Faria (orgs.), *Democracia, Novos Desafios e Novos Horizontes.* Oeiras: Celta, 125-159.

CABRAL, Mariana Seruya (2006). Vigília de protesto contra o Processo de Bolonha. «Vale a pena lutar!». Jornal *Mundo Académico*, edição de 27 de Março de 2006, p. 3.

CAMPOS, Bártolo P. (2000) (coord.). *Teacher Education Policies in the European Union.* Lisboa: Portuguese Presidency of the Council of the European Union/Ministry of Education/ European Network on Teacher Education Policies.

CARNOY, Martin (1999). Globalización y reestruturación de la educación. *Revista de Educación*, n.º 318, pp. 145-162.

CASAL, Joaquim (2003). La transición de la escuela al trabajo. In F. Fernández Palomares, *Sociologia de la Educación.* Madrid: Pearson Educación, pp. 179-201.

CASTELLS, Manuel (1997). *The Information Age: Economy, Society and Culture, vol.II, The Power of Identity.* Oxford: Blackwell Publishers.

CASTELLS, Manuel (1998). *The Information Age: Economy, Society and Culture, vol.III, End of Millennium.* Oxford: Blackwell Publishers.

CEPAL/UNESCO (1992). *Educacion y Conocimiento: Eje de la Transformacion Productiva con Equidad.* Santiago de Chile: Publicación de las Naciones Unidas.

Referências Bibliográficas

CERNY, Philip G. (1990). *The Changing Architecture of Politics. Structure, Agency and the Future of the State.* Londres: Sage.

COCHRAN-SMITH, Marilyn (2002). *Constructing Outcomes in Teacher Education: Policy, Practice and Pitfalls.* Lisboa: Educa.

COMISSÃO EUROPEIA (1994). *Crescimento, Competitividade, Emprego. Os Desafios e as Pistas para Entrar no Século XXI – «Livro Branco».* Luxemburgo: Serviço das Publicações Oficiais das Comunidades Europeias.

COMISSÃO DAS COMUNIDADES EUROPEIAS (1995). *Ensinar e Aprender. Rumo à Sociedade Cognitiva. Livro Branco sobre a Educação e Formação.* Luxemburgo: Serviço das Publicações Oficiais das Comunidades Europeias (COM (95) 590 final).

COMISSÃO DAS COMUNIDADES EUROPEIAS (2001). *Tornar o Espaço Europeu de Aprendizagem ao Longo da Vida uma Realidade.* Comunicação da Comissão de 21 de Novembro de 2001 (COM (2001) 678 final). In http://europa.eu.int/, consultado em 18 de Fevereiro de 2006.

COMISSÃO EUROPEIA (2002). *Educação e Formação na Europa: Sistemas Diferentes, Objectivos Comuns para 2010.* Luxemburgo: Serviço das Publicações Oficiais das Comunidades Europeias.

COX, Robert W. (com Timothy J. Sinclair) (1996). *Approaches to World Order.* Cambridge: Cambridge University Press.

CRESPO, Vítor (2003), *Ganhar Bolonha, Ganhar o Futuro. O Ensino Superior no Espaço Europeu.* Lisboa: Gradiva.

CRESSON, Édith (1996). Pour un espace éducatif européen (entrevista). *Pôle Sud*, n.º 5, pp. 22-25.

DALE, Roger & OZGA, Jenny (1993). Two hemispheres – both 'New Right'?: 1980's education reform in New Zealand and England and Wales. In B. Lingard; J. Knight & P. Porter (orgs), *Schooling Reform in Hard Times.* Londres: Falmer Press, pp. 63-87.

DALE, Roger & ROBERTSON, Susan (2000). *Regional Organizations as a Medium of Globalization of Education.* Comunicação apresentada ao workshop sobre: Reflecting Globalization Effects on National Education Policy: the Perspective from East Asia. City University of Hong Kong, Setembro de 2000 (texto policopiado).

DALE, Roger (1994a). Applied education politics or political sociology of education. In David Halpin; Barry Troyna (orgs.), *Researching education policy: Ethical and methodological issues.* Londres: Falmer Press, pp. 31-41.

DALE, Roger (1994b). A promoção do mercado educacional e a polarização da educação. *Educação, Sociedade & Culturas*, n.º 2, pp. 109-139.

DALE, Roger (1997a). The State and the governance of education: an analysis of the restructuring of the State-education relationship. In A. H. Halsey; Hugh Lauder; Phillipe Brown; Anne S. Wells (orgs), *Education – culture, economy and society.* Nova Iorque: Oxford University Press, pp. 273-282.

DALE, Roger (1997b). Educational markets and school choice. *British Journal of Sociology of Education*, 18 (3), pp. 451-468.

DALE, Roger (1999). Specifying globalization effects on national policy: a focus on the mechanisms. *Journal of Education Policy*, 14 (1), pp. 1-17.

DALE, Roger (2000a). Globalization: a new world for comparative education? In Jurgen Schriewer (ed.), *Discourse Formation in Comparative Education*, Berlin, Peter Lang, pp. 87-109.

DALE, Roger (2000b). Globalization and education: demonstrating a 'common world educational culture' or locating a 'globally structured educational agenda'? *Educational Theory*, 50 (4), pp. 427-448.

DALE, Roger (2001). Globalização e educação: demonstrando a existência de uma «cultura educacional mundial comum» ou localizando uma «agenda globalmente estruturada para a educação»? *Educação, Sociedade & Culturas*, n.º 16, pp. 133-169.

DALE, Roger (2005a). A globalização e a reavaliação da governação educacional. Um caso de ectopia sociológica. In António Teodoro & Carlos Alberto Torres (orgs.), *Educação Crítica e Utopia. Perspectivas para o Século XXI*. Porto: Afrontamento, pp. 53-69.

DALE, Roger (2005b). Globalization, knowledge economy and comparative education. *Comparative Education*, vol. 41, n.º 2, pp. 117-149.

DECISÃO 2006/1720/CE do Parlamento Europeu e do Conselho de 15 de Novembro de 2006 que estabelece um programa de acção no domínio da aprendizagem ao longo da vida. *Jornal Oficial da União Europeia*, L 327 de 24.11.2006, consultado em 23 Fev 07.

DECISÃO N.º 2241/2004/CE do Parlamento Europeu e do Conselho de 15 de Dezembro de 2004. *Jornal Oficial da União Europeia* L390 de 31.12.2004, pp. 6-20.

EDWARDS, Richard (1997). *Changing Places? Flexibility, Lifelong Learning and a Learning Society*. Londres: Routledge.

EUROPEAN COMMISSION (2000). *European Report on Quality of School Education. Sixteen Quality Indicators*. Luxemburgo: Office for Official Publications.

EURYDICE (2002). *The Teaching Profession in Europe: Profile, Trends and Concerns (report I). Initial Training and Transition to Working Life of Teachers in General Lower Secondary Education*. Bruxelas: Eurydice European Unit.

EURYDICE (2004). *The Teaching Profession in Europe: Profile, Trends and Concerns (report IV). Keeping Teaching Attractive for the 21st Century. General Lower Secondary Education*. Bruxelas: Eurydice European Unit.

FALK, Richard (2001). *Globalização Predatória*. Lisboa: Instituto Piaget.

FENPROF (2006). Posição da FenProf a propósito do anteprojecto de decreto-lei dos graus académicos e diplomas do ensino superior. *Sup/Jornal da*

FenProf, n.º 56, suplemento ao *Jornal da FenProf* n.º 207, edição de Fevereiro de 2006, p. 4-5.

FERNANDES, José M. & ABECASSIS, Raquel (2007). Os programas escolares deveriam centrar-se nos grandes objectivos e não nos detalhes. Jornal *Público*, edição de 28 de Outubro de 2007, pp. 12-13.

FERRETTI, Celso J. (2004). Considerações sobre a apropriação das noções de qualificação profissional pelos estudos a respeito das relações entre trabalho e educação. *Educação & Sociedade*, n.º 87, pp. 401-422.

FIELD, Jonh (1998). *European Dimensions. Education, Training and the European Union*. Londres: Jessica Kingsley Publishers.

FIELD, Jonh (2000). *Lifelong Learning and the New Educational Order*. Stoke on Trent: Trentham Books.

FIELD, John (2001). Lifelong education. *International Journal of Lifelong Education*, vol. 20, n.º ½, pp. 3-15.

FORTUNA, Carlos (1987). Desenvolvimento e sociologia histórica: acerca da teoria do sistema mundial capitalista e da semiperiferia. *Sociologia, Problemas e Práticas*, n.º 3, pp. 163-195.

FURLONG, Andy & CARTMEL, Fred (1997). *Young People and Social Change. Individualization and Risk in Late Modernity*. Buckingham: Open University Press.

GIDDENS, Anthony (1992), *As Consequências da Modernidade*, Oeiras, Celta.

GIDDENS, Anthony (2000). *O Mundo na Era da Globalização*. Lisboa: Presença.

HAKE, Barry J. (2006). Late modernity and the learning society: problematic articulations between social arenas, organizations and individuals. In R. V. Castro; A. V. Sancho & P. Guimarães (eds.), *Adult Education. New Routes in a New Landscap*. Braga: Universidade do Minho/Unidade de Educação de Adultos, pp. 31-56.

HOOD, Cristopher (1995). The New Public Management in the 1980's:variations on a theme. *Accounting, Organizations and Society*, 20 (2/3), pp. 93-109.

HOPKINS, Terence K. & WALLERSTEIN, Immanuel (1996) (coords.). *The Age of Transition. Trajectory of the Word-system, 1945-2025*. Londres: Zed Books.

INVÊNCIO, Sandra (2005). Estudantes da Beira Interior questionam aplicação de Bolonha. Jornal *Público*, edição de 9 de Novembro de 2005, p. 28.

JORNAL OFICIAL DA UNIÃO EUROPEIA (2005). *Conclusões do Conselho de 24 de Maio de 2005 sobre novos indicadores em matéria de educação e formação* (2005/C141/04) de 10.6.2005, pp. 7-8.

KWIEK, Marek (2003). The emergent european educational policies under scrutiny: the Bologna Process from a central european perspective. *European Educational Research Journal*, vol. 3, n.º 4, pp. 759-776.

LAVAL, Christian; WEBER, Louis (coord); BAUNAY, Yves; CUSSÓ, Roser; DREUX, Guy & RALLET, Daniel (2002). *Le Nouvel Ordre Éducatif Mondial*.

OMC, Banque Mondial, OCDE, Commission Européenne. Paris: Nouveaux Regards/Syllepse.

Lawn, Martin (2003). The 'usefulness' of learning: the struggle over governance, meaning and the European education space. *Discourse: Studies in the Cultural Politics of Education*, 24 (3), pp. 325-336.

Lawn, Martin & Ozga, Jenny (1988). The educational worker? A reassessment of teachers. In Ozga, Jenny (ed.), *Schoolwork. Approaches to the Labour Process of Teaching*. Milton Keynes: Open University Press, pp. 81-98.

Lawn, Martin & Lingard, Bob (2002). Constructing a European policy space in educational governance: the role of transnational actors. *European Educational Research Journal*, vol 2, n.º 2, pp. 290-307.

Lima, Licínio (2003). Formação e aprendizagem ao longo da vida: entre a mão direita e a mão esquerda de Miro. In AAVV, *Cruzamento de Saberes, Aprendizagens Sustentáveis*. Lisboa: Fundação Calouste Gulbenkian, pp. 129-148.

Lima, Licínio (2004). Políticas de Educação de Adultos: da (não) Reforma às Decisões Políticas Pós-reformistas. In L. Lima (org.), *Educação de Adultos. Forum III*. Braga: Universidade do Minho/Unidade de Educação de Adultos, pp. 19-43.

Lima, Teresa (2004). UM prepara-se para o Processo de Bolonha. Críticas ao Ministério. Jornal *umjornal*, edição de 2 de Julho de 2004, 7.

Lindley, Robert M. (2000). Economias baseadas no conhecimento. O debate europeu sobre emprego num novo contexto. In AAVV, *Para uma Europa da Inovação e do Conhecimento. Emprego, Reformas Económicas e Coesão Social*. Oeiras: Celta, pp. 33-78.

Lourtie, Pedro (2002). Pela organização da diversidade. *DNE Ensino*, edição do *Diário de Notícias* de 5 de Julho de 2002, pp. 94-95

Majone, G. (1990). *Deregulation or Regulation? Regulatory Reform in Europe and the United States*. Londres: Pinter.

Malainho, Raquel & Osório, Tiago V. (2006). Bolonha: o reino das dúvidas e da desinformação. Jornal *Académico*, n.º 20, edição de 8 de Março de 2006, p. 3.

Martins, Ângela M. (2005). Apresentação. In AAVV, *Ensino Médio e Ensino Técnico no Brasil e em Portugal. Raízes Históricas e Panorama Actual*. Campinas: Autores Associados, pp. XI-XV.

Melo, Alberto (2000). Em Portugal, a educação de adultos ainda é gata borralheira. *Saber Mais*, n.º 4, pp. 8-11.

Melo, Alberto (2006). From the hills of the Algarve to the minister desk. In R. V. Castro; A. V. Sancho & P. Guimarães, *Adult Education. New Routes in a New Landscape*. Braga: Unidade de Educação de Adultos/Universidade do Minho, pp. 167-188.

MELO, Alberto; LIMA, Licínio C. & ALMEIDA, Mariana (2002). *Novas Políticas de Educação e Formação de Adultos*. Lisboa: ANEFA.

MÉNY, Yves; MULLER, Pierre & QUERMONNE, Jean-Louis (1995) (dirs.). *Politiques Publiques en Europe*. Paris: L'Harmattan.

MEYER, Jonh; KAMENS, David H.; BENAVOT, Aaron; CHA, Yun-Kyung & WONG, Suk-Ying (1992). *School Knowledge for the Masses: World Models and National Primary Curricular Categories in the Twentieth Century*. Londres: The Falmer Press.

MONTEIRO, Agostinho dos R. (2001). *Educação da Europa*. Porto: Campo das Letras.

MOORE, Robert (1987). Education and the ideology of prodution. *British Journal of Sociology of Education*, vol. 8 (2), pp. 227-242.

MORAES, Maria Célia (2001). Recuo da teoria: dilemas da pesquisa em educação. *Revista Portuguesa de Educação*, 14 (1).

MORAES, Maria Célia Marcondes de & TORRIGLIA, Patrícia Laura (2003). Sentidos de *ser* docente e da construção do seu conhecimento. In Moraes, Maria Célia Marcondes de (org.); Shiroma, Eneida Oto; Evangelista, Olinda & Torriglia, Patrícia Laura, *Iluminismo às Avessas. Produção de Conhecimento e Políticas de Formação Docente*. Rio de Janeiro: DP & A, pp. 45-60.

NESTOR, Jean (2004). Como reforçar o carácter democrático da Europa política? In M. Dehove (dir.), *O Novo Estado da Europa*. Lisboa: Campo da Comunicação, pp. 129-132 (tradução: Maria da Luz Veloso).

NÓVOA, António (1998). *Histoire & Comparaison (Essais sur l'Éducation)*. Lisboa: Educa.

NÓVOA, António (2002). O espaço público da educação: imagens, narrativas e dilemas. In AAVV, *Espaços de Educação, Tempos de Formação*. Lisboa: Fundação Calouste Gulbenkian, pp. 237-263.

NÓVOA, António (2004). Novas disposições dos professores. A escola como lugar de formação. *Correio da Educação* n.º 47, edição de 16 de Fevereiro de 2004 (suplemento).

NÓVOA, António (2005a). Les états de la politique dans l'espace européen de l'éducation. In Lawn, Martin & Nóvoa, António (coords.), *L'Europe Réinventée. Regards Critiques sur l'Espace Européen de l'Éducation*. Paris: L'Harmattan, pp. 197-224.

NÓVOA, António (2005b). *Evidentemente. Histórias da Educação*. Porto: Asa.

NÓVOA, António & LAWN, Martin (2002). *Fabricating Europe: the Formation of an Education Space*. Dordrecht: Kluwer Academic Publishers.

NÓVOA, António & DEJONG-LAMBERT, William (2003). Educating Europe: an analysis of EU educational policies. In David Phillips & Hubert Ertl, *Implementing European Union Education and Training Policy. A Comparative Study of Issues in Four Member States*. Dordrecht, Kluwer Academic Publishers, pp. 41-72.

OLIVEIRA, Raquel (2004). Almejando o alargamento da participação dos adultos em actividades de educação e formação: o caso do modelo EFA. In L. Lima (org.), *Educação de Adultos. Forum III*. Braga: Universidade do Minho/Unidade de Educação de Adultos, pp. 87-110.

ORGANIZATION FOR ECONOMIC COOPERATION AND DEVELOPMENT (OECD) (2001). *Knowledge and Skills forLife: First Results from PISA 2000*. Paris: OECD.

ORGANIZATION FOR ECONOMIC COOPERATION AND DEVELOPMENT (OECD) (2002). *Reading for Change: Performance and Engagement across Countries: Results from PISA 2000*. Paris: OECD.

PEIXOTO, Paulo (2006). Bolonha: o que falta fazer?. Jornal *Público*, edição de 12 de Março de 2006, p. 11.

PERRENOUD, Philippe (2000). *Pedagogia Diferenciada. Das Intenções à Acção*. Porto Alegre: Artmed Editora.

PIERSON, Paul & LEIBFRIED, Stephan (1995). Multitiered institutions and the making of social policy. In S. Leibfried & P. Pierson (orgs.), *European Social Policy. Between Fragmentation and Integration*. Washington D. C.: The Brookings Institution, pp. 1-40.

PLANAS, Jordi (2003). Educación y mercado de trabajo en la globalización. In F. Fernández Palomares, *Sociologia de la Educación*. Madrid: Pearson Educación, pp.165-178.

PONTE, João Pedro (2006). Por uma formação profissional de professores (21 de Março de 2006, documento policopiado).

RAMIREZ, Francisco O. & BOLI, John (1987). The political construction of mass schooling: european origins and worldwide institutionalization. *Sociology of Education*, 60, pp. 2-17.

RIBEIRO, Aquilino (1985). *A Via Sinuosa*. Lisboa: Bertrand Editora (1918).

ROBERTSON, Susan (2005). Re-imagining and rescripting the future of education: global knowledge economy discourses and the challenge to education systems. *Comparative Education*, vol. 41 (2), pp. 151-170.

ROBERTSON, Susan (s/d). The politics of re-territorialisation: space, scale and teachers as a PROFESSIONAL CLASS (TEXTO POLICOPIADO).

RODRÍGUEZ, Víctor (1993). De Roma a Maastricht: 35 anõs de cooperación comunitaria en educación. *Revista de Educación*, 301, pp. 7-24.

ROPE, Françoise & TANGUY, Lucie (1994). *Savoirs et Compétences. De l'Usage de ces Notions dans l'École et l'Entreprise*. Paris: L'Harmattan.

ROSA, Rui N. (2003). O ensino superior e o processo de Bolonha. *A Página da Educação*, n.º 120, p. 13.

ROSE, José (1984). *En Quête d'Emploi. Formation, Chômage, Emploi*. Paris: Economica.

S/A (2006). Por uma formação de professores de qualidade (11 de Abril de 2006, documento policopiado).

Santos, Boaventura de S. (1995). *Toward a New Common Sense: Law, Science and Politics in the Paradigmatic Transition*. Londres: Routledge.

Santos, Boaventura de S. (1997). Por uma concepção multicultural de direitos humanos. *Revista Crítica de Ciências Sociais*, n.º 48, pp. 11-32.

Santos, Boaventura de S. (1998). *Reinventar a Democracia*. Lisboa: Fundação Mário Soares/ Gradiva.

Santos, Boaventura de S. (1999). *A Reinvenção Solidária e Participativa do Estado*. Oficina do CES n.º 134. Coimbra: Centro de Estudos Sociais.

Santos, Boaventura de S. (2001). Os processos de globalização. In Santos, Boaventura de Sousa (org.), *Globalização: Fatalidade ou Utopia?* Porto: Afrontamento, pp. 31-106.

Santos, Boaventura de Sousa (2005). A crítica da governação neoliberal: o Fórum Social Mundial como política e legalidade cosmopolita subalterna. *Revista Crítica de Ciências Sociais*, 72, pp. 7-44.

Santos, Sérgio M. (2002). As consequências profundas da Declaração de Bolonha. *Ensino Superior* n.º 48, suplemento ao *Jornal da Fenprof* n.º 179, pp. 17-22.

Seixas, Ana M. (2003). Ensino superior deve abrir-se a novos públicos (entrevista). *A Página da Educação*, n.º 122, pp. 35-37.

Shiroma, Eneida Oto & Evangelista, Olinda (2003). Um fantasma ronda o professor: a mística da competência. In Moraes, Maria Célia Marcondes de (org.); Shiroma, Eneida Oto; Evangelista, Olinda & Torriglia, Patrícia Laura, *Iluminismo às Avessas. Produção de Conhecimento e Políticas de Formação Docente*. Rio de Janeiro: DP & A, pp. 83-98.

Shiroma, Eneida Oto (2003). O eufemismo da profissionalização. In Moraes, Maria Célia Marcondes de (org.); Shiroma, Eneida Oto; Evangelista, Olinda & Torriglia, Patrícia Laura, *Iluminismo às Avessas. Produção de Conhecimento e Políticas de Formação Docente*. Rio de Janeiro: DP & A, pp. 61-79.

Silva, Manuel A. (2003). A «abordagem por competências» revolução ou mais um equívoco dos movimentos reformadores? (II). *A Página da Educação*, n.º 121, p. 21.

Simão, José V.; Santos, Sérgio M. & Costa, António de A. (2002). *Ensino Superior: uma Visão para a Próxima Década*. Lisboa: Gradiva.

Soysal, Yasemin N. (1993). Immigration and the emerging european polity. In Svein S. Andersen & Kjell Eliassen, *Making Policy in Europe: the Europeification of National Policy-making*. Londres: Sage, pp.171-186.

Stoer, Stephen R. & Magalhães, António (2005). *A Diferença Somos Nós. A Gestão da Mudança Social e as Políticas Educativas e Sociais*. Porto: Afrontamento.

STROOBANTS, Marcelle (1998). La predution flexible des aptitudes. *Éducation Permanente*, n.º 135, pp. 11-21.

TANGUY, Lucie (1999). Do sistema educativo ao emprego. Formação: um bem universal? *Educação & Sociedade*, n.º 67, pp. 48-69.

TANGUY, Lucie (2003). La formation permanente en France, génese d'une catégorie (1945-1971). In AAVV, *Cruzamento de Saberes, Aprendizagens Sustentáveis*. Lisboa: Fundação Calouste Gulbenkian, pp. 119-128.

TEODORO, António (2001). Organizações internacionais e políticas educativas nacionais: a emergência de novas formas de regulação transnacional, ou uma globalização de baixa intensidade. In Stephen R. Stoer; Luiza Cortesão & José A. Correia (orgs.), *Transnacionalização da Educação. Da Crise da Educação à "Educação" da Crise*, Porto, Afrontamento, pp. 125-161.

TEODORO, António (2006). *Professores Para Quê? Mudanças e Desafios na Profissão Docente*. Porto: Profedições.

TORRES, Carlos Alberto & LEVIN, Henry M. (2003). Privatização da educação pública. Carlos Alberto Torres conversa com Henry M. Levin. *Revista Lusófona de Educação*, n.º 1, pp. 147-154.

TORTAJADA, Ramon (1986). La qualification: concept empirique. In L. Tanguy (dir.), *L'Introuvable Relation Formation/Emploi. Un État des Recherches en France*. Paris: La Documentation Française, pp. 181-188.

VICENTE, Luís (2003). Sorbonne, Bolonha, Praga...Notas para uma leitura crítica. *Vértice*, n.º 112, pp. 72-92.

WONG, Bárbara (2006a). Ministério do Ensino Superior quer legislar Bolonha até Março. Jornal *Público*, edição de 24 de Janeiro de 2006, p. 22.

WONG, Bárbara (2006b). Bolonha? 'A minha mãe é que anda mais a par disso'. Jornal *Público*, edição de 24 de Março de 2006, 26.

WONG, Bárbara (2006c). Instituições entregam dossiers de Bolonha sem conhecer regras. Jornal *Público*, edição de 31 de Março de 2006, p. 26.

WONG, Bárbara (2006d). Ensino superior contra planos para formação de professores. Jornal *Público*, edição de 14 de Março de 2006, p. 24.

ZIBAS, Dagmar M. (2005). A reforma do ensino médio nos anos de 1990: o parto da montanha e as novas perspectivas. In AAVV, *Ensino Médio e Ensino Técnico no Brasil e em Portugal. Raízes Históricas e Panorama Actual*. Campinas: Autores Associados, pp. 18-42.

Documentos electrónicos

BOLOGNA FOLLOW-UP GROUP (2005). *From Berlin to Bergen*. In http://www.bologna-bergen2005.no/Bergen/050503_general_rep.pdf, consultado em 31 de Maio de 2005.

Bologna Working Group On Qualifications Frameworks (2005). A Framework for Qualifications of the European Higher Education Area. In http://www.bologna-bergen2005.no/Docs/00-Main_doc/050218_QF_EHEA.pdf, consultado em 6 de Maio de 2005.

Campos, Bártolo (2004). The balance between higher education autonomy and public quality assurance: development of the Portuguese system for teacher education accreditation. *Education Policy Analysis Archives*, 12 (73), pp. 1-33. In http://epaa.asu.edu/epaa/v12n73/[http://www.pa-feldkirch.ac.at/entep/], consultado em 12 de Janeiro de 2007.

Comissão das Comunidades Europeias (2003a), Comunicação da Comissão *"Educação & Formação para 2010". A Urgência das Reformas Necessárias para o Sucesso da Estratégia de Lisboa*, COM (2003) 685 final. In http://europa.eu.int/comm/education/policies/2010/doc/com_2003, consultado em 29 de Dezembro de 2003.

Comissão das Comunidades Europeias (2003b), Comission staff working document. *Implementation of the "Education & Training 2010"*, SEC (2003) 1250. In http://europa.eu.int/comm/education/policies/2010/doc/staff-work, consultado em 29 de Dezembro de 2003.

Commission of European Communities (2005). Commission Staff Working Document. Annex to the Communication from the Commission, *Modernising Education and Training: a Vital Contribution to Prosperity and Social Cohesion in Europe*. (Draft 2006 joint progress report of the Council and the Commission on the implementation of the "Education & Training 2010 work programme"). COM(2005) 549 final. In http://europa.eu.int/comm/education/policies/2010/doc/report06staff.pdf, consultado em 14 de Março de 2006.

Commission of the European Communities (2006). "Commission staff working document. Progress towards the Lisbon objectives in education and training" (SEC(2006) 639). In http://ec.europa.eu/education/policies/2010/doc/progressreport06.pdf, consultado em 2 de Junho de 2006.

Conference Programme. *Conference of European Ministers Responsible for Higher Education*. Bergen, 19-20 de Maio de 2005, consultado em 12 de Maio de 2005.

Conselho «Educação, Juventude e Cultura» (2003), (2503ª sessão), 8430/03 (presse 114), *in* http://eu.eu.int/pressData/pt/educ/75747.pdf, consultado em 28 de Junho de 2003.

Conselho Europeu (2002). Resolução de 27 de Junho de 2002 sobre aprendizagem ao longo da vida (2002/C163/01). *Official Journal of the European Communities* de 9 de Julho de 2002. In http://europa.eu.int/eur_lex/pri/en/oj/dat/2002/C_163/C_16320020709en00010003.pdf, consultado em 14 de Março de 2006.

196 Nova Ordem Educacional, Espaço Europeu de Educação e Aprendizagem ao Longo da Vida

CONSELHO EUROPEU (2006). Modernizar a educação e a formação: um contributo vital para a prosperidade e a coesão social na Europa. Relatório intercalar conjunto de 2006, do conselho e da comissão, sobre os progressos realizados no âmbito do programa de trabalho «educação e formação para 2010» (2006/C 79/01). *Jornal Oficial da União Europeia* de 1 de Abril de 2006. In http://eur-lex.europa.eu/LexUriServ/site/pt/oj/2006/c_079/c_07920060401pt00010019.pdf, consultado em 2 de Junho de 2006.

CONSELHO NACIONAL DE EDUCAÇÃO (2002), A Declaração de Bolonha e o Sistema de Graus no Ensino Superior(Parecer). In http://www.cnedu.pt

COPENHAGEN COORDINATION GROUP (2003), *Enhanced Cooperation in Vocational Education and Training*. Stocktaking report of the Copenhagen Coordination Group, October 2003, in http://europa.eu.int.comm/education consultado em 29 de Dezembro de 2003.

COSTA, João V. (2001). A universidade portuguesa, Bolonha 1999 e Praga 2001. In http://pwp.netcabo.pt/0225914001/artigos/bolonha.htm.

COUNCIL OF THE EUROPEAN UNION (2004), *"Education & Training 2010" The Success of the Lisbon Strategy Hinges on Urgent Reforms*, doc 6905/04 Educ 43. In http://europa.eu.int.comm/education.

CUSSÓ, Roser & D'AMICO, Sabrina (2005). From development comparatism to globalization comparativism: towards normative international education statistics. *Comparative Education*, vol. 41, n.º 1. In http://ugle.svf.uib.no/sofweb1/filer/1284.pdf, consultado em 31de Maio de 2005.

DECLARAÇÃO DE BOLONHA (1999). Joint Declaration of the European Ministers of Education, Convened in Bologna on the 19th of June 1999. In http://www.europa.eu.int/comm/education/bologna_en.html, consultado em 4 Setembro de 2003.

DIRECTORATE-GENERAL FOR EDUCATION AND CULTURE (DGEC) (s/d). *The Integrated Lifelong Learning Programme: 2007-2013*. In http://www.eu.int/comm/education/programmes/newprog/doc/presentation_en.pdf, consultado em 24 de Março de 2006.

ESTRATÉGIA DE LISBOA. Portugal de Novo. Programa Nacional para o Crescimento e o Emprego (PNACE 2005/2008). Relatório do 1.º ano de execução) (2006). In http://www.dgeep.mtss.gov.pt, consultado em 12. Jun.07.

EUROPEAN COMMISSION (2000). *European Report on Quality of School Education. Sixteen Quality Indicators*. Luxemburgo: Office for Official Publications.

EUROPEAN COMMISSION (2004). *Implementation of "Education and Training 2010" work programme. Working Group A "Improving the Education of Teachers and Trainers". Progress Report*. In http://europa.eu.int/comm/education/policies/2010/objectives_en.html#training, consultado em 14 de Março de 2006.

EUROPEAN COMMISSION (s/d1). *Common European Principles for Teacher Competences and Qualifications*. In http://europa.eu.int/comm./education/policies/2010/doc/principles_en.pdf, consultado em 14 de Março de 2006.

EUROPEAN COMMISSION (s/d2). *Testing Conference on the Common European Principles for Teacher Competences and Qualifications, 20th-21th June 2005*. In http://europa.eu.int/comm/education/policies/2010/doc/confreport.pdf, consultado em 14 de Março de 2006.

FEJES, Andreas (2005). The Bologna Process – governing higher education in Europe trough standardisation. Comunicação apresentada à terceira conferência sobre *Knowledge and Politics – the Bologna Process and the Shaping of the Future Knowledge Societies*, Universidade de Bergen, 18-20 de Maio de 2005, Noruega. In http://ugle.svf.uib.no/svfweb1/filer/1288.pdf, consultado em 31 de Maio de 2005.

HABILITAÇÕES PROFISSIONAIS PARA A DOCÊNCIA (HPD). Disponível em:<http://www.min-edu.pt/ftp/docs_stats/Habilitações%20Prof%Docência_22_Fev_06.pdf>, consultado em 14 de Março de 2006.

KARLSEN, Gustave E. (2005), "The Bologna process – a judicial confirmation of EU's policy of education?", comunicação apresentada à Third Conference of Knowledge and Politics at the University of Bergen, 18-20 de Maio de 2005. In http://ugle.svfuib.no/svfweb1/filer/1290.pdf, consultado em 31 de Maio de 2005.

LENEY, Tom (2004). Achieving the Lisbon Goal: the Contribution of VET. Executive Summary. In http://www.vetconference-maastricht2004.nl/pdf/bgstudy-ExecSummary.pdf, consultado em 14 de Dezembro de 2004.

LOURTIE, Pedro (2001). *Furthering the Bologna Process. Report to the Ministers of Education of the Signatory Countries*, Praga, Maio de 2001. In http://www.bologna-berlin2003.de/pdf/Lourtie_report.pdf.

MAASTRICHT COMUNIQUÉ on the Future Priorities of Enhanced European Cooperation in Vocational Education and Training (VET). (Review of the Copenhagen Declaration of 30 November 2002). In http://europa.eu.int/comm/education/news/ip/docs/maastricht_com_en.pdf, consultado em 14 de Dezembro de 2004.

MATHISEN, Gigliola (2005). Chasing quality. WTO and UNESCO; multilaterals at work. Comunicação apresentada à terceira conferência sobre *Knowledge and Politics – the Bologna Process and the Shaping of the Future Knowledge Societies*, Universidade de Bergen, 18-20 de Maio de 2005, Noruega. In http://ugle.svf.uib.no/svfweb1/filer/1288.pdf, consultado em 31 de Maio de 2005.

MÉHAUT, Philippe (2004). Knowledge economy, learning society and lifelong learning. A review of the French literature. In http://www.lest.cnrs.fr/lesdocuments-detravail/mehautknowledge.pdf, consultado em 19 de Abril de 2006.

NEAVE, Guy (2004). «Mr Prometeus – unbound, shackled or released on parole? Being certain Adumbrations on the Marvellously Changing Relationship between Government and Higher Education in Western Europe». In http://www.ccla.pt/brainstorms/release1.0/flash.htm, consultado em 1 de Outubro de 2004.

NEWSLETTER, (2003). *Education and Culture at a Glance*, Newsletter 14 July 2003. In http://europe.eu.int/comm/dgs/education-culture/publ/news/newsletter, consultado em 19 de Dezembro de 2003.

NYBORG, Per (2005), From Berlin to Bergen. Presentation of the General Report of the BFUG to the Bergen Ministerial Conference 19-20 May 2005. In http://www.bologna-bergen2005.no/Bergen/050519 Gen rep Nyborg Per.pdf, consultado em 31 de Maio de 2005.

ORGANIZATION FOR ECONOMIC COOPERATION AND DEVELOPMENT (OECD) (2004). Internationalisation of Higher Education, Policy Brief de Agosto de 2004. In http://oecd.org.dataoecd/6/27/33730442.pdf, consultado em 13 de Dezembro de 2004.

ORGANIZATION FOR ECONOMIC COOPERATION AND DEVELOPMENT (OECD) (2005). *Teachers Matter: Attracting, Developing and Retaining Effective Teachers* (Overview). In http://www.oecd.org/edu/teacherpolicy, consultado em 12 de Janeiro de 2007.

ORGANIZATION FOR ECONOMIC COOPERATION AND DEVELOPMENT (OECD) (2006). *Oecd Work on Education*. In http://www.oecd.org/dataoecd/35/40/30470766.pdf, consultado em 10 de Janeiro de 2007.

PROCESSO DE BOLONHA. In http://www.mces.gov.pt/docs/ficheiros/processo_bolonha_0.pdf.

REALISING THE EUROPEAN HIGHER EDUCATION AREA. *Comuniqué of the Conference of Ministers responsible for Higher Education in Berlin on 19 September 2003*. In http://www.bologna-berlin2003.de/en/aktuel/index.htm, consultado em 29 de Dezembro de 2003.

REDING, Viviane (2003a). Making the EU a prominent figure in the World Education Market (speech/03/254). In http://europa.eu.int/comm/commissioners/reding/speech_en.htm, consultado em 29 de Dezembro de 2003.

REDING, Viviane (2003b). Making European Higher Education a worldwide reference (speech/03/270). In http://europa.eu.int/comm/commissioners/reding/speech_en.htm, consultado em 29 de Dezembro de 2003.

REICHERT, Sybille & TAUCH, Christian (2003). *Trends in Learning Structures in European Higher Education III. Bologna four Years After: Steps Toward Sustainable Reform of Higher Education in Europe*. In http://www.bologna-berlin2003.de, consultado em 29 de Dezembro de 2003.

RODRIGUES, Maria João & RIBEIRO, José F. (2000). Inovação, tecnologia e globalização: o papel do conhecimento e o lugar do trabalho na nova economia. In R. Carneiro (coord.), *O Futuro da Educação em Portugal. Tendências e Oportunidades. Um Estudo de Reflexão Prospectiva.* Tomo II-As Dinâmicas de Contexto. In http://www.giase.min-edu.pt/aval_pro/pdf/rcarneiro/Tomo2/tom_2_4_pdf, consultado em 6 de Maio de 2005.

SMITH, Mark K. (1996, 2001). Lifelong learning. *The Encyclopedia of Informal Education.* In *http://www.infed.org/lifelonglearning/b-life.htm,* consultado em 10 de Março de 2006.

SORBONNE JOINT DECLARATION (1998). *Sorbonne Joint Declaration. Joint Declaration on Harmonization of the Arquitecture of the European Higher Education System by the four Ministers in Charge for France, Germany, Italy and the United Kingdom.* Paris, the Sorbonne, May 25 1998. In http://www.bologna-berlin2003.de/pdf/Sorbonne_declaration.pdf.

TANGUY, Lucie (2001). De la evaluación de los puestos de trabajo a la de las cualidades de los trabajadores. Definiciones y usos de la noción de competencias. In http://168.96.200.17/ar/libros/neffa/stanguy.pdf, consultado em 19 de Abril de 2006.

THE COPENHAGEN DECLARATION (2002). *Declaration of the European Ministers of Vocational Education and Training, and the European Commission, Convened in Copenhagen on 29 and 30 November 2002, on Enhanced European Cooperation in Vocational Education and Training.* In http://europa.eu.int/comm/education/copenhagen/index.en.html

THE COPENHAGEN PROCESS – *the European Vocational Education and Training Policy – Frequently Asked Questions (FAQ).* In http://europa.eu.int/rapid/pressReleaseAction.do?reference, consultado em 14 de Dezembro de 2004.

THE EUROPEAN HIGHER EDUCATION ÁREA – ACHIEVING THE GOALS. Communiqué of the Conference of European Ministers Responsible for Higher Education, Bergen, 19-20 May 2005. In http://www.bologna_bergen2005.no/docs/00-Main_doc/05/05/20_Bergen_Comuniqué.pdf, consultado em 20 de Maio de 2005.

TOWARDS A EUROPEAN AREA OF HIGHER EDUCATION AND RESEARCH. STRATEGIES AND PERSPECTIVES. In http://www.bologna-berlin2003.de/de/aktuel/Friedrich/Friedrich_Interview_eng.htm.

TOWARDS THE EUROPEAN HIGHER EDUCATION AREA, COMMUNIQUÉ OF THE MEETING OF EUROPEN MINISTERS IN CHARGE OF HIGHER EDUCATION IN PRAGUE ON MAY 19TH 2001. In http://www.europa.eu.int/comm/education/bologna_en.html, consultado em 16 de Abril de 2003.

WORK PROGRAMME 2003-2005 FOR THE BOLOGNA FOLLOW-UP GROUP (2004). In http://bologna-bergen2005.no/B/BFUG_Meetings/040309Dublin/BFUG2_3.pdf, consultado em 22 de Março de 2005.

ZGAGA, Pavel (2003). *Bologna Process Between Prague and Berlin. Report to the Ministers of Education of the Signatory Countries.* In http://www.bologna-berlin2003.de/pdf/zgaga.pdf.

Normativos legais

Decreto-lei n.º 74/2006, Diário da República – I série-A de 24 de Março de 2006.

Despacho n.º 484/2006 (2ª série), Diário da República – II série de 9 de Janeiro de 2006.

Apêndice 1

Sentidos de aprendizagem ao longo da vida

	Temas	Propostas	Discursos
E & F 2010[1]	Acesso aos sistemas (I6); oportunidades (I2); processo interno (I7); redes de instituições (I4)	Competências-chave/grupos desfavorecidos/reconhecimento-validação (I6); sistemas de pontes/programas flexíveis/redes de instituições (I4); atractibilidade, participação/validação/ aprendizagem não formal/ cultura de aprendizagem (I2; I4; I6; I7)	"Facilitar o acesso de todos aos sistemas de educação e formação, à luz do princípio orientador da aprendizagem ao longo da vida" (CE, 2002: 12) (I6; I4)
Resolução ALV	Aprendizagem múltipla da pré-escola à pós-reforma (I4); conhecimento necessário para participar sociedade conhecimento e mercado trabalho (I6); ALV para mobilidade, prosperidade, competitividade (I1); financiamento misto (I2)	Aprendizagem no local de trabalho em colaboração com estabelecimentos educação e formação e parceiros sociais (I4; I2); envolvimento dos parceiros sociais e financiamento público e privado (I2); validação resultados aprendizagem, crucial para pontes entre tipos aprendizagem e pré-requisito para E/ALV (I4, I7)	"desenvolver iniciativas para estimular investimento privado na aprendizagem" (I2); "desenvolver estratégias para identificar e aumentar a participação de grupos excluídos da sociedade do conhecimento em resultado de baixos níveis de competências básicas" (I6).
PALV (2007-2013)	Competição, globalização, economia do conhecimento (I1); inclusão social (I6); uma sociedade do conhecimento avançada (I1); interacção, cooperação, mobilidade entre SEF's da UE (I4; I2).	Cidadania, línguas, dimensão regional (I7); instituições europeias de educação e formação (I7); apoio a associações europeias (I7); mobilidade (I7); parcerias (I7; I2); redes (I4);	"contribuir, através da aprendizagem ao longo da vida, para o desenvolvimento da Comunidade enquanto sociedade avançada baseada no conhecimento, caracterizada por um crescimento económico sustentável, com mais e melhores empregos e uma maior coesão social, (…) protecção adequada do ambiente(…)" (I1); "promover, em particular, os intercâmbios, a cooperação e a mobilidade entre os sistemas de ensino e formação na Comunidade" (I7); "aumentar a participação na aprendizagem ao longo da vida de pessoas de todas as idades" (I6)

Significados/interpretações que informam os documentos E&F 2010; Resolução ALV; PALV (2007-2013).

---

[1] Neste quadro, são as seguintes as traduções das siglas usadas: E & F 2010 (Programa Educação & Formação 2010); Resolução ALV (*Resolução* do Conselho Europeu de 27 de Junho de 2002 sobre aprendizagem ao longo da vida); PALV (Programa de *Aprendizagem ao Longo da Vida*); I1, I2, I3, I4, I5, I6, I7 são as siglas para as interpretações (I) enumeradas no quadro da nota 17 do capítulo 5.

ÍNDICE

Introdução 7

**A europeização das políticas de educação e formação: percursos, pro-
cessos e modalidades (1957/71-2006)** 13

Introdução 13
I. Globalização, união europeia e políticas educativas nacionais 14
II. Percursos: a educação no contexto comunitário 17
    1. 1ª etapa (1957/1971-1992): a emergência da intervenção política
    comunitária no campo da educação 17
    2. 2ª etapa: (1992-200...): a edificação de uma política comunitária
    na área da educação e do espaço europeu de educação/formação.. 19
        2.1. 3ª fase: O TUE e a ampliação da esfera de intervenção da
        União Europeia (1992-1998/9) 19
        2.2. 4ª fase: A edificação da articulação sistemática de políticas e
        do espaço europeu de educação/formação (1998/9-200...) 21
3. Processos: uma matriz de políticas, o controlo ex-post e mudanças em
    cascata 23
        3.1. A definição de uma matriz de políticas e o controlo a posteriori .. 23
        3.2. Educação & formação 2010: a agenda globalmente estruturada
        para a educação e a europeização das políticas educativas na-
        cionais 26
        3.3. O Processo de Bolonha 27
        3.4. A nova arquitectura e o novo elenco no campo da educação ... 31
        3.5. A vertigem de mudanças (in)visíveis 39
III. Notas Finais: a europeização das políticas educativas nacionais –
    percursos, processos e metamorfoses 39

Governação e espaço europeu de educação: regulação da educação e visões para o projecto 'Europa' 43

1. Introdução 43
2. A agenda para a educação: constituição e conteúdo 44
    2.1. Efeitos desejados: alinhar a educação na Europa 45
    Bolonha, desregulação e alinhamento 49
    2.2. Alinhar a educação na Europa: sentidos, instrumentos e projectos 54
    Sentidos prováveis: mercado e cosmopolitismo 54
    Uma nova trilogia: garantia da qualidade, acreditação, reconhecimento 56
    Tempos de Bolonha: Ecos dos dias que correm 60
    Projectos para a educação na União Europeia 65
    Visões úteis: O espaço europeu de educação e a educação ao longo da vida 65
    Em demanda da 'Europa'. Um espaço comum, uma comunidade de destino, um sujeito-cidadão: novos mitos legitimadores?...... 68
3. Efeitos indirectos: o espaço/mercado europeu de educação e a aprendizagem ao longo da vida 70

Educação e trabalho no século XXI: o processo de copenhaga e o europass. individualização e dualização social? 75

1. Roteiro 75
2. Largada: Educação e trabalho – perspectivas no século XXI 77
    2.1. Primeira coordenada: o reposicionamento da educação na regulação social 77
    2.2. Segunda coordenada: a nova ordem educativa mundial e o lugar de formação dos capitais humano e social 79
    2.3. Terceira coordenada: para desafiar o pensamento único, educação, cidadania e competitividade, tensões e articulações 81
3. Mar Alto: educação e trabalho, um olhar desde a semiperiferia europeia 83
    3.1. Europass: as qualificações e competências como 'moeda comum' através da Europa 83
    3.2. A refundação dos sistemas de educação e formação: competências e educação não-formal 87
    3.3. Tensões, opções e ambivalências: individualização e dualização social 90
    3.4. O espaço europeu de educação e a educação/aprendizagem ao longo da vida 95

Índice   205

4. *Ancoragem*: Articulações entre educação e trabalho, a agenda Europeia: hegemonia e o exercício do olhar de Janus 98

A nova ordem educativa mundial e a União Europeia: a formação de professores dos princípios comuns ao ângulo português 101

Introdução 101

1. A profissão de professor na Europa: da *questão* aos *princípios comuns* 105

   1.1. Da questão ao documento político: um processo em cinco andamentos 106

   1.2. Quanto ao método: a redução técnica do político 109

   1.3. Os termos de discussão da questão 110

   1.4. O regresso à questão: princípios comuns de que modelo de formação? de que profissão? 112

   1.5. Apesar do método, o retorno do político 113

2. Habilitações profissionais para a docência: O ângulo português 117

3. A educação e os professores, cenários para o futuro 120

   3.1. Tempos regressivos 120

   3.2. A escola do futuro nem com os professores nem sem eles: pode alguém ser quem não é? 124

   3.3. A economia do conhecimento, o Estado neo-liberal e a modernização reflexiva 126

4. Um roteiro em três dimensões: das pressões e projectos globais às organizações internacionais e equações políticas nacionais 130

Globalização e individualização: educação ao longo da vida entre a economia do conhecimento e a coesão Social 133

Introdução 133

1. Mutações do capitalismo ou da modernidade? 134

   1.1. Aprendizagem ao longo da vida, globalização e mutações do capitalismo 138

   1.2. Aprendizagem ao longo da vida, individualização e transformações da modernidade 142

2. Educação/Aprendizagem ao longo da vida: alinhar a educação para gerir a mudança social 145

   2.1. A UE em movimento: prospectivas 148

   2.2. Uma trilogia de mudanças: biografias, instituições, regime. O Programa Educação & Formação 2010 150

3. A distância que separa... é ainda grande 161

   3.1. Quatro notas de leituras e três períodos da ambivalência inicial à regra da qualificação 163

   Da União à qualificação: O défice e a regra 163

   Ambivalências: Dos programas de acção à acção dos programas e aos programas em acção 168

4. Educação/aprendizagem ao longo da vida, o poliedro irregular: regime, instituições, biografias e subjectividades 171

Últimas Notas 177

Referências Bibliográficas 183

Apêndice 201